丝路百城传

丝路百城传

特立，不独行

维尔纽斯的一处波兰—立陶宛风格的天主教堂。老城里有许许多多的教堂，包括天主教教堂、东正教教堂、基督教新教教堂以及犹太会堂等等。

多云雨的立陶宛与雾霭沉沉的维尔纽斯，近处是从中世纪保留下来的老城，远处是20世纪修建的新城，兀然耸立的钢筋混凝土高楼打破了城市原先曲曲折折的天际线。

维尔纽斯老城筑在维利亚河和内里斯河交汇之处。老城里未经人为规划的街巷在夜幕下沿着蜿蜒的河水向着远处如叶脉一般展开。

老城内街巷里鳞次栉比的商店。从维尔纽斯建城起陆续有外国客商定居于此。尤其是犹太商人的到来，让这里成为了东欧与西欧之间重要的商贸与文化中转站。

DVARAS
KARAVAN SARAY

始建于 1387 年维尔纽斯大教堂坐落于格迪米纳斯山脚下宽阔的教堂广场上，旁边是高大的白色钟楼。教堂内有巴洛克风格的圣卡西米尔礼拜堂，堂内有展示这位著名圣徒生平的壁画和他的银棺。

维尔纽斯的制高点之一——三十字架山。传说中有 7 位殉道的方济各会修士曾在此地被斩首。17 世纪起开始修建木制十字架。三十字架山的对面是城堡山，从山上可以俯瞰维尔纽斯全城。

“丝路百城传”丛书

刘传铭　主编

THE BIOGRAPHY Of VILNIUS

琥珀之城

维尔纽斯传

Vilnius

［立陶宛］莱蒙纳斯·布里迪斯——著　胡爱博——译

CIPG 中国国际出版集团　新星出版社 NEW STAR PRESS

感谢
Thank you

立陶宛共和国驻中华人民共和国大使馆
Embassy of the Republic of Lithuania to People's Republic of China

立陶宛共和国文化中心
Lithuanian Culture Institute

维尔纽斯大学图书馆
Vilnius University Library

立陶宛科学院图书馆
Library of the Lithuanian Academy of Sciences

立陶宛艺术博物馆
Lithuanian Art Museum

立陶宛国家博物馆
Lithuanian National Museum

以及
And

大使 伊娜·玛丘利奥尼婕
Ambassador Ina Marčiulionytė

前文化随员 贝爱杰
Former Culture Attaché Agnė Biliūnaitė

文化随员 托马斯·伊万奥努斯卡斯
Culture Attaché Tomas Ivanauskas

封面照片摄影师 马里乌斯·尤维萨
Cover photo photographer Marius Jovaiša

彩色照片摄影师 莱蒙纳斯·休尼斯
Colored photos photographer Laimonas Ciūnys

对本书出版给予的帮助和支持。
for your help and support to the publication of this book.

总 序

刘传铭

如果说丝绸之路研究让我们洞见了一部全新的世界史，一定会有人表示惊讶与质疑；

如果说城市的创造是迄今为止人类文明进程中最伟大的事情，则一定会得到人们普遍的支持与认同。

“丝路百城传”丛书的策划正是发轫于这样一个历史观的文化叙述：

丝绸之路是一条无路之路；

丝绸之路是一条既古老又年轻，“不知其始为始，不知其终为终”的漫漫长路；

丝绸之路是一条历史时空里时隐时现，变动不居，连点成线，连线成网的超级公路；

丝绸之路是点实线虚、点变线变、点之兴衰即线之存亡的交通形态，那些关山阻隔、望洋兴叹的城市，便如一颗颗璀璨的明珠镶嵌在路；

丝绸之路是一个文化概念，叠加其上的影像曾被不同国家不同民族的人们呼作：铜铁之路、纸张之路、皮毛之路、奴隶之路、铁蹄之路、黄金之路、朝贡之路、宗教之路；

丝绸之路是中西文明交流与传播、邦国拓展、民族融合之路，也是西方探秘中国、解码东方之路，更是我们反躬自问“我是谁？我从哪里来？我向何处去？”的寻根之路、回家之路；

丝绸之路是今日中国走向世界的新起点、新思路，是“一带一路”中国倡议走向人类命运共同体的未来之路……

无可否认，一个世纪以来，丝路研究之话语为李希霍芬、斯文·赫定、斯坦因、伯希和、大谷光瑞、于格、橘瑞超、芮乐伟·韩森、彼得·弗兰科潘等东西方人所主导。然而半个世纪以来的大国崛起，正在使“夫唯不争”之中国快速走向文化振兴。我们要将《大唐西域记》《真腊风土记》的传统正经补史、继绝往圣、启迪民智、传播正信，同时也将丝绸之路城市传文学以实为说、以城为据、芳菲想象、拒绝平庸的创作视为新使命、新挑战。让“城市传”这样一个文学体裁开出新时代的鲜花。

凭谁问：昆仑巍峨、河源滔滔、玉山储秀、戍堡寂寞；

凭谁问：旌节刻恨、驼铃悠远、琵琶起舞、古调胡旋；

凭谁问：秦汉何在、唐宋可甄、东西接引、前路正新；

凭谁问：八剌沙衮今何在？罗马的钟声谁敲响；

凭谁问：撒马尔罕的金桃今何在？帕米尔上的通天塔何时建成、何时倾倒？

凭谁问：伊斯兰世界的科学造诣何时传到了巴黎和伦敦；

凭谁问：鉴真大师眼中奈良和京都的樱花几谢几开；

凭谁问：乌拉尔河上何时传来了伏尔加河的纤夫号子；

凭谁问：杭州湾的帆樯何时穿越马六甲风云……

诗人说：这条路是唐诗和宋词的吟唱，是太阳和月亮的战争；

军人说：这条路是旌旗卷翻的沙漠，是铁骑踏破的血原；

商人说：这条路是关涉洞开的集市，是金盏银樽的盛宴；

僧侣说：这条路是信仰鲜花盛开的祭坛，是生命涅槃的乡路……

一个个城市的前世今生，一个个城市的天际线风景，一个个城市的盛衰之变，一个个城市的躁动与激情，一个个城市的风物淳美与人文精彩，一个个城市的悲欢离合，一个个城市的内动力发掘与外开拓展望，一个个城市的往事与沉思，一个个城市的魅惑和绝世风华……

从长安到罗马和从杭州湾到地中海是卷帙浩繁的“丝路百城传”丛书的框架结构。也是所有参与写作的中外作家和编辑们共同绘制的新丝路蓝图。《尚书·舜典》有“浚咨文明”之句，孔疏曰：“经纬天地曰文，照临四方曰明。”《论语·雍也》曰：“质胜文则野，文胜质则史，文质彬彬，然后君子。”又《易经·贲卦·彖辞》曰：“刚柔交错，天文也；文明以止，人文也。观乎天文，以察时变；观乎人文，以化成天下。”故文化乃“人文化成”而以文教化“圣人之教也”。“周虽旧邦，其命维新”，丛书编纂与出版岂非正当其事，正当其时也！

读者朋友们，没有踏上丝路，你的家就是世界；踏上丝路，世界才是你的世界、你的家园……唯祈丛书阅读能助君踏上这样一个个奇妙无比的旅程。

丝绸之路从远古走向未来，我们的努力也将永无休止。

戊戌谷雨前五日于松江放思楼

中文版序言：维尔纽斯在中国

龙年的最后几天，也就是欧洲战争爆发后的第二个冬天——1941 年 1 月——向维尔纽斯的居民公开了一个包含几千人名字的解密名单，维尔纽斯是那时新成立的立陶宛苏维埃社会主义共和国的首都。名单上的人（相当多都是维尔纽斯的当地人或长期居民）被苏联当局单独挑出，要求他们立即出国。表面上看，这份清单提供了通过苏联的安全通道。在这个问题上，从根本上说，很少有人能够公开讨论这件事，离开苏联而不被指责为叛国，这简直就是一个奇迹。尽管如此，那仍是政治不确定和备战的时期，这让该市居民反复揣测每一条来自官方的消息。城里的每个人都明白，在名单上找到自己的名字是件喜忧参半的事，因为它提供了飞往未知的航班。这份名单显然是苏联限制移民规定的例外，但看起来仍像是张将决定人命运的法院传票。名单上的人及其直系亲属被要求立即离开这个国家，并且他们明白没有机会能再回来了。无论如何，大多数人都知道，与其留在立陶宛期待更好的结果，不如离开这里。

战争包围了这个国家，在第二次世界大战开战前的两年，名单上的许多人已经变成了无国籍人士。名单上的大多数人都是波兰公民，这是由德国与苏联瓜分波兰的政治变化所造成的，他们发现自己成了自己家乡的难民。事实上，维尔纽斯也是一个风雨飘摇的城市。在一年的时间内被不同军队占领了三次，正式的地名也被更改。战前，维尔纽斯使用其波兰语地名——威尔诺（Wilno）。在两次世界大战期间，威尔诺曾是波兰的一个省会，具有优势地位的多数人口讲波兰语，犹太人也是一支重要的少数族裔，他们占人口总数三分之一以上。据官方记载，这座城市于 1939 年秋改称维尔纽斯，经过短暂的苏联时期后，该市被移交给了立陶宛政府。尽管发生了民族和意识形态上的变化，维尔纽斯大体上保留了战前波兰和犹太族裔混合的特征。这个城市的面积确实相对较小，经济欠发达，但却能展现出欧洲现代犹太人的精神。由于众多民族混居于此长达数个世纪，因此维尔纽斯曾是一个使用多种语言的地方，其犹太居民的母语是意第绪语，这是一种在西欧中世纪形成的日耳曼语的俗语。随着时间的推移，意第绪语成为了解立陶宛和波兰犹太人生活中各个方面的关键因素，同时也为该市提供了一条独特的故事线。这座城市以维尔纳（Vilna）的名字闻名于犹太传统文化世界，也被比喻为北方的耶路撒冷，一个神圣的、传说中的地方，在那里，正如一位当地诗人所写，每块石头上都要求写意第绪语字母。

到了 1940 年的夏天，维尔纽斯——一个人口不超过 20 万的城市——已经接收了数千名难民，其中大多数是与立陶宛有家庭联系的波兰犹太人。他们中的许多人逃离了德国和波兰，来到这个波兰犹太人的城市，无论在语言还是民族上这都不是个陌生的城市。事实上，许多新来的人找到了家人、朋友和熟人，并与他们住在一起。然而，作为难民，他们不断遭到驱逐的威胁，因为立陶宛政府和苏联都没有让他们在此居留。实际上，虽然他们对维尔纽斯并不陌生，但他们发现自己处在被怀疑的阴影之下，用一位难民的话来说，他们被迫从一个国家游荡到另一个国家，从一个边境到另一个边境去寻求栖身之所。诺贝尔奖得主切斯瓦夫·米沃什

(Czeslaw Milosz）是本地人，他是一位来自波兰的美国裔立陶宛诗人，他描述维尔纽斯当时的状况就像生活在焦躁的巴别塔中，人们讨论着各种逃亡路线和异想天开的逃离方案，但要实现这些计划却无从下手。许多犹太难民甚至本地的一些居民琢磨着到远方去，如去美洲，或者去英国控制的巴勒斯坦。正如当地居民所记得的那样，所有寻求离开欧洲的人都必须记住地图集和地球仪，并且要博学多识以便制定最复杂的逃亡路线。事实上，维尔纽斯连同立陶宛都像是一块下沉中的浮冰，所有通往欧洲的路线都被切断了，整座城变成了一个牢笼。到了 1941 年的冬天，据被列入维尔纽斯名单的人中的一位回忆，离开这儿的唯一途径是借道俄罗斯，但是持波兰公民身份的犹太难民获得苏联过境签证的机会却十分渺茫。当然，即使难民能够安全地离开俄罗斯，他们仍然需要来自那些到达巴勒斯坦或美国等必经国家的签证。逃亡似乎太复杂了，而且成功的可能性极小。

维尔纽斯名单是根据拿到当时驻立陶宛的日本领事杉原千亩（Chiune Sugihara）所颁发的日本过境签证的人员而编制的。签证是货真价实的，但缺乏一定程度的合法性，因为它们尚未得到东京政府的授权。理论上讲，这些签证只能发给那些已经获准进入第三国的人。因此，矛盾的是，虽然日本签证允许通过日本，但并不一定允许进入别国。大约仍有一半持有日本签证的人无处可去。最后，杉原千亩决定再赌一把，让难民有机会能安全地通过欧洲。苏联政府不情愿地接受了日本所发的过境签证，前提是如果日本拒绝入境，任何人都不允许返回立陶宛。它还迫使难民接受奢侈度假者的角色。包括儿童在内的每个难民都被迫从苏联旅行社（Intourist）用硬通货购买从立陶宛铁路到太平洋港口城市符拉迪沃斯托克的一等火车票，以及昂贵的全包莫斯科数日游套餐。对许多人来说，穿越俄罗斯和西伯利亚的休闲旅行费用高得令人望而却步。由于无法为这次旅行筹集资金，他们不得不留在维尔纽斯。

从波罗的海到日本海岸，几乎穿越整个欧亚大陆，这让人想起了传说中的丝绸之路。然而，难民却寻求在远东以外土地上的安全，因为战火已经烧到了这里。立陶宛很少有人信任苏联人，在许多人看来，他们的头等舱游览很可能并不尽如人意。西伯利亚庞大的监狱系统是众所周知的流放之所；因此，旅行者最担心的问题是被卡在跨西伯利亚铁路的太平洋终点站上。离开维尔纽斯就意味着是否要寄希望于一个遥远的、几乎无法想象的、陌生的地方。幸好，一切都是按照计划进行的。乘客刚一到达符拉迪沃斯托克，便可乘坐轮船安抵日本，他们被允许暂时留在神户。

许多人能够在几周之内继续自己的行程并离开日本，但有超过 1000 名没有其他国家签证的人被安置到了旅客收容所。到目前为止，他们仅作为过境旅客抵达日本，维尔纽斯旅行团成了无家可归的弃儿。因此，日本警方这次拟定了一份新名单，上面有立陶宛难民的名字，他们会被带走。有传言说，难民会被强行带到上海，据列在名单上的许多人来说，上海就是一条不归路。当时，日本占领下的上海基本上是一个难民城，挤满了数十万流离失所的人，其中有数千名来自欧洲的犹太难民。因此，对于在神户寻求庇护的人来说，上海并不是一个完全没有听说过的地方，但他们对中国的普遍印象是一个极度贫困而且遭受巨大战争破坏的地方。难民们认为如果被驱逐到上海的话，那么这种命运不会比被流放到西伯利亚更糟。虽然去往上海对在日本的难民来说不能算是个好消息，但维尔纽斯犹太社区的情况却每况愈下。随着德国入侵苏联，那些无法或不愿离开立陶宛的人是拿他们的命运在做赌注。赫尔曼·克鲁克（Herman Kruk）就是其中之一，他受到苏联秘密警察的阻止无法离开维尔纽斯，他决定自己编写一部这座城市的战时编年史。1941 年 6 月 24 日是德军进入维尔纽斯的那天，克鲁克写道："一切都真的失去了。我在支付了苏联旅行社的（维尔纽斯至）符拉迪沃斯托克的火车票时就这样觉得了。再也不可能去美国了。……除非奇迹发生，否则一切都真的失去了。我们周围发生的事情清楚地表明，首先，我们是德国的人质。这是新时代的开始，也许是我们一生中最艰难的时期。”[1]

1941年8月下旬的一天晚上，一艘大型日本货船浅间丸号（Asama Maru）停靠在上海外滩附近的黄浦江上，船上有数百名乘客——来自立陶宛的难民。这艘船被称为海洋女王，她于1928年首航，她将会航行在跨太平洋的航线，这条航线被认为将唤醒历史上的丝绸之路。因此，游泳池是古罗马的风格，吸烟室是早期都铎王朝的风格，带餐厅的双层休息室是乔治王朝时期的风格。毫不逊色的套房卧室采用中国丝绸进行装饰，起居室则采用了纯日本式的风格。不可避免的是，随后的战争使服务质量和乘客等级都下降了。这艘船上不见了昔日的辉煌，她最终被用于公共服务，成了一艘庞大的救援船，载着来自太平洋战区不同冲突地区的撤离人员和日本士兵。作为客轮的最后几趟航行之一，浅间丸号将维尔纽斯逃亡人员的货物运送到注定要成为他们外国避风港的城市。（其后不久，这艘船被日本军队征用，变成了运送英国和美国战俘的“地狱船”之一。）

到9月底犹太圣日结束时，来自立陶宛的大约1500名未能获得目的地签证的神户难民被驱逐到了上海。同月，德军在立陶宛及周边地区杀害了数十万犹太人后，在维尔纽斯为该市约三万名幸存者建立了一个隔都（ghetto）（译注：特指德国人在城市中把犹太人社区与其他社区隔离开而规划的区域，并迫使他们在极端恶劣的条件下生存）。克鲁克写道，进入隔都就像进入黑暗，熄灭了琥珀般的微光。与城市其他地方隔绝的隔都里讲的是意第绪语，但这是该语言在维尔纽斯最后的时刻：战前，大约有6万犹太人住在维尔纽斯——而到1943年年底，柏林政府宣布，德国占领立陶宛时已没有犹太人。维尔纳的隔都纯粹是一个纳粹灭绝营，最终几乎所有此地的居民都在附近的森林里被杀害。

从神户被驱逐的难民是从欧洲到达中国的最后也是最小的难民群体；尽管如此，他们的到来明显改变了上海欧洲社区的特征。上海的犹太人具有不同的国家、宗教和意识形态背景，但立陶宛新移民最普遍的影响是他们都是使用意第绪语的。在上海的少数犹太人中，“意第绪语——这种表情达意的语言之前仅在家里使用——是一种由德语、希伯来语、俄语和其他六种东欧语言混合而成的奇妙语言。这种语言突然在公开场合出现了，而且出现了意第绪文的报纸和杂志；19 世纪晚期，在欧洲和美国的东部以创造性的热情爆发的意第绪语戏剧突然出现在他们中间。即使在收音机上，每天都会有短暂的时间，人们可以听到意第绪语的新闻报道、音乐评论甚至演讲”。这些都是用维尔纳犹太人的母语公开播出的。出于这个原因，立陶宛犹太人的到来“为上海的犹太人带来了新的意义。”[2] 不仅如此，许多新来的人都致力于恢复犹太信仰的传统习俗，在上海的宗教学校重建了类似于立陶宛历史悠久的土地上曾经存在过的宗教场所。一位久居上海的居民写道，来自立陶宛犹太神学院的学生与其他欧洲人非常的不同：“这些留着胡子的年轻人盘有侧边发辫，穿着长长的黑色外套，戴着毡帽，他们对于在上海的中国人和外国人都是一景。我也这样认为，每当我看到他们成群地走在街上时，他们就会说意第绪语。”[3] 从本质上讲，最后的难民把欧洲犹太人生命力的碎片带到了中国，这些就像小块的琥珀，如同他们祖国的语言符号一样。

日本最终迫使所有无国籍的犹太难民居住在上海的虹口区。其中一名难民描述苏州河沿岸的居住区是最为贫穷而且受战争蹂躏最严重的街区之一，破旧的房屋、炮击后的废墟、只剩下梁架的工厂和被炸毁的商店。实际上，与提篮桥监狱（以前称为华德路监狱）接壤的地区变成了隔都。不过，与维尔纽斯的贫民窟不同，所谓的上海隔都既不是永久性的，也不是一块完全被封锁的领土。许多隔都的居民在区外工作或上学。此外，在虹口，欧洲难民的住房条件与这一地区的中国居民一样。犹太流亡者和中国当地人在一起生活，没有谁比谁过得更好或更差，犹太人基于对整个社区福祉的责任，他们对上海形成了一种独特的归属感。将西方传统、犹太传统与中国人的生活方式融为一体，这些难民，特别是年青一代，采用了上海本地人或欧洲本地人的身份。在美国飞机轰炸虹口期间，当中国和犹太人的救援人员不知疲倦地共同努力解救死者并将伤员送往医院时，彼此的友情和支持就变得不言而喻了。与此同时，在维尔纽斯，贫民区的生活空间变得越来越窄，气氛也变得越来越凝重。克鲁克写道，没有人愿意为此担保，但每个人都明白——这座城市里犹太人数百年的生活史正在走向悲惨的结局。

尽管日本占领期间生活困难，但与欧洲形成鲜明对比的是，几乎所有在上海的犹太难民都在战争中幸存了下来。但在 1945 年夏天德国和日本投降之后，来自维尔纽斯的消息传到了上海，一股难以抗拒的失落感淹没了这个小小的意第绪语社区。在第二次世界大战期间，立陶宛有超过百分之九十的犹太人丧生，在维尔纽斯的 6 万犹太人中，只有少数人在德国占领期后幸存下来。在了解了发生在欧洲的大屠杀之后，上海的意第绪语报纸——《意第绪之声》(*Yiddishe Shtime*) 中写道："波兰的田野在哀叹，立陶宛的树木在啜泣，被诅咒的欧洲在哭泣——我们的犹太人在哪里。为什么我们的地球成了他们的坟墓？"[4]

立陶宛和中国之间的联系来自上海的维尔纽斯难民，他们失去了他们所知道的一切，但仍然能够为后代保存他们家乡的语言和记忆。他们把维尔纳的犹太精神带给了世界。维尔纽斯名单上一个个的人和他们的家人不是立陶宛大屠杀的唯一幸存者；但是，虽然在德国人占领立陶宛期间少数人在偏远或隐蔽的地方幸存了下来，但上海的这个群体却没有被迫失去或伪装他们的犹太人身份。从这个意义上说，他们成了离散的犹太人中的离散犹太人，这是维尔纳、立陶宛（和波兰）的一小部分，是它们活生生的组成部分——超过 1000 条生命——被送往中国而得到解救。考虑到今天在立陶宛生活的犹太人不到 2000 人，这可不是一件小事。多年以来，笔者在世界各地都遇到了一些上海的幸存者，从中了解到笔者故乡这座小城维尔纽斯里不为人知的一面。对于难民来说，维尔纽斯和上海并不是他们在世界里徘徊的开始或结束，但这两个城市都成了他们在生活中奋斗的基石。

21 世纪，在当代的上海，在不离开中国的情况下，最近的一个能了解二战以前维尔纳的地方就是长阳路上海犹太难民博物馆周围的地区。在某种程度上，我们对犹太维尔纽斯的了解来自上海幸存者的记忆。几年前笔者曾在上海逗留了较长一段时间，在这段时间笔者发现了很多，也曾有过一段神奇的经历。这对于笔者来说像是开启了一扇通往秘密通道的大门，穿过这扇门回到了未曾了解的过去，因此这仍然是维尔纽斯的未知领域。在虹口的街道和庭院里，笔者在冥想，在倾听在维尔纽斯再也听不到的意第绪语。在上海邂逅、聆听和阅读维尔纽斯名单上难民的故事，笔者找到了很长一段时间里一直在立陶宛寻找的东西：一种叙事关联，它使这个国家成了广泛的全球故事的一部分，这种关联不仅是在个人层面上的，而且也是在社区归属感层面上的。获得这一启示之后，笔者开始认为中国离维尔纽斯的距离比人们想象中的还要近许多。

在参观虹口的犹太博物馆时，笔者曾向策展人咨询在哪里可以找到日本占领期间和抗战后波兰和立陶宛难民在上海出版的意第绪语报纸的原件。他们建议我去徐家汇的图书馆——著名的徐家汇藏书楼，里面藏有上海图书馆的外文书。图书馆果然收藏了一系列意第绪语的印刷材料，包括一些报纸；但保存在那里的副本很少，而且由于太过脆弱并且十分珍贵，所以无法直接利用原件。尽管如此，笔者还是慢慢地发现了图书馆里的其他宝藏，其中大部分是 20 世纪 20—30 年代在中国出版的报纸原件的复制装订本，这些报纸以上海的大型欧洲社区使用的各种语言出版——俄文、英文、法文和德文。

据当地新闻报道，1942 年，在上海法租界登记的 122 人申报为立陶宛人。可能还有一些立陶宛人住在这个城市的其他地方。与当时居住在上海的数百万人相比，这个数字微不足道。尽管如此，令人惊讶的是，尽管立陶宛是一个鲜为人知的小国，并且他们仅占上海外国人总数的极小一部分，但立陶宛和维尔纽斯的名字仍在当地的外文出版社中反复出现。例如，笔者发现“立陶宛的回声”出现在宣布维尔纽斯政局变化的新闻公告中，而且（令人感到奇怪）它也出现在政治漫画和刺激的犯罪故事中。还有与立陶宛有关的移民小社区的讣告、商业广告、文化公告和社会新闻。维尔纽斯与上海不太可能相提并论，世人把当时的上海看作世界上最国际化的城市，不过维尔纽斯也被认为是一个具有多元文化和多种语言的地方。当然，上海是一个超级大都市——如当时的旅游手册上所说——它是亚洲的未来；米沃什说，维尔纽斯是一个偏狭遥远的小镇，它不安地坐落在欧洲最麻烦的角落之一。因此，民族主义、意识形态冲突、战争和外国占领似乎成了上海读者读到的关于维尔纽斯的主要新闻。一份犯罪报告尤为引起了笔者的注意，报告里详述了二战开始前的几天，在波兰人控制下的维尔纽斯关于一名讲俄语的医科学生的谋杀案。这个故事发表在一份俄文期刊上，毫无疑问，旨在激起那个时期的民族主义紧张气氛。显然，这名学生因为捍卫这座城市里俄罗斯文化的权利和荣誉而被决斗中的一名波兰人射杀。三周后，同一份报纸宣布苏联红军占领了维尔纽斯；一个月后，立陶宛重新获得了对该城市的控制权。而几个月内，苏联人又回来了，宣称俄语是工人阶级的通用语言。表现立陶宛被斯大林劫持的漫画出现在上海的报纸上。来自立陶宛和波兰的犹太难民对维尔纽斯的了解更为细致。一方面，对他们来说维尔纽斯意味着家庭的记忆，这种记忆因为他们担心留在那里的人的未知命运而变得更加尖锐。而另一方面，上海对他们来说是新生活的开始，（如果不是实现了希望的话）这里也是承诺了希望的地方。维尔纽斯的难民在外滩登陆两个月后，当地的俄罗斯和英国报纸宣布将在犹太俱乐部举办一场慈善舞会，以支持他们未来在上海的生活。

在徐家汇藏书楼的外文阅览室花了好几天翻阅了这些材料之后，通过读到的新闻报道片段，笔者被一种来自维尔纽斯的感觉吸引住了。藏书阁本身让笔者回想起维尔纽斯大学的老图书馆。当然，藏书是不同的；但是藏书阁的建筑，尤其是阅览室，有着与维尔纽斯图书馆隐蔽隔间里相同的审慎而机密的气氛。这种与图书目录的亲近感远远超过了眼睛看到它们时的感觉。尽管处于非常不同的历史时期，但这两座图书馆都是由耶稣会士建立的学习机构。上海的藏书楼于 1847 年开放，与此同时，在 16 世纪下半叶成立的维尔纽斯学院图书馆在沙俄政府关闭大学后逐渐被拆解。在早先的几百年里，维尔纽斯的耶稣会学院曾发挥过一些小小的作用，将中国与欧洲联系了起来。立陶宛的卢安德（英文：Andrzej Rudamina，立陶宛文：Andrius Rudamina）于 17 世纪毕业于维尔纽斯的耶稣会学院，他随后前往中国布道。当时，维尔纽斯是立陶宛大公国的首都，这是一个与波兰具有政治联盟的中东欧大国。鲁达米纳（译注：卢安德的姓氏，在此指卢安德）所出生的家族具有古老的立陶宛血统：一个靠近维尔纽斯的小镇仍然以这个家族的名字命名。然而，正如当时许多受过教育的立陶宛贵族一样，他选择的语言可能是波兰语。鲁达米纳花了几个月的时间在学院的图书馆学习宗教思想和古典语言，如拉丁语和希腊语。在发誓之后，他离开维尔纽斯去世界各地闯荡，耶稣会士要求他去布道，他首先到了印度，并于 1625 年前往葡萄牙的殖民地澳门。随后，鲁达米纳去了杭州，后来由于健康问题，他得到允许在福建定居。他于 1631 年在福州去世，其墓地目前仍可以找到。

鲁达米纳是最早寻求在中国社会里过中国普通人生活的欧洲探险家之一。他首先是一名耶稣会的牧师——鲁达米纳十分谦逊，生活质朴，在倡导天主教信仰的同时他也探望病人并安抚他们，以便更好地了解中国人的生活观。随着时间的推移，他取了卢安德这个中国名字，并且熟练地掌握了汉语，能够用汉语撰写大量书信。大多数情况下，他以外国传教士和当地皈依者之间对话的形式撰写关于宗教问题的神学辩论。他写的关于这个主题的书是欧洲人编写的最早的中文手稿之一。这本书在四个世纪后仍在出版，它为学者们提供了有关中欧关系史的材料。卢安德对中国哲学报以极大的尊重，他试图在道德、信仰和共同的社会价值观的基础上建立起中西文化间诠释性的对话。与其他传教士相比，卢安德用汉语布道和告解，同时用儒家的自我修养观作为天主教精神运动的话语切入点。他比大多数欧洲传教士更了解中国，他渴望将自己对这片土地及其文化的了解传达给立陶宛的同胞。为此目的，卢安德一有机会就会从中国寄回书信，有时还是用中文写的，这些书信是寄给维尔纽斯的耶稣会士的。他寄往维尔纽斯的材料很少能到达立陶宛，但在几个世纪之后，徐家汇藏书楼以迂回的方式证实了立陶宛与中国关系的早期联系。尽管有着不同的历史，但这两个图书馆却都是同一棵树的不同分枝。

建于 19 世纪的圣伊格内修斯大教堂（Saint Ignatius Cathedral）位于上海的图书馆附近，这是一座耶稣会教堂。大教堂里的一个小教堂中供奉着神圣慈悲圣像。这幅圣像的构思是基于 20 世纪 30 年代耶稣显灵给一位波兰修女时出现的一系列幻影。绘画原稿藏在维尔纽斯的一个小教堂里，这里距离大学图书馆只有一箭之遥，图中画着从耶稣的心中散发出希望之光。有趣的是，笔者在图书馆做着研究，从旧的外文报纸上寻找立陶宛的痕迹，中途休息时走进了这个来自维尔纽斯的遗迹。在惊讶的一刹突然想到，笔者所寻找的来自故土的碎片突然就来到了身边，这就像在波罗的海的沙滩上发现了一小块琥珀一样。这是一个私密的——不可侵犯的——发现，一个从不认为是世人所需要知道的公共秘密。

在上海偶然发现的这件来自维尔纽斯的原件复制品提醒我们，永远无法想到两个看似毫无关联的地方之间会有怎样的联系。从此以后，把立陶宛和中国放在一张相互关联的全球版图上，这揭示出这幅地图能在广泛的、更为普遍的世界观中捕捉到来自个人的、不稳定的而且隐秘的不足之处。这几乎跨越了整个欧亚大陆的巨大地理距离，决定了立陶宛与中国之间的历史关系。随便看一下这幅地图，就能讲述这个关于最遥远距离的故事：两国之间是俄罗斯（和白俄罗斯）和哈萨克斯坦（以及蒙古），这两者分别是世界上最大的和第九大的国家。这是一片深处内陆的、难以衡量的而且难以想象的广阔空间。此外，立陶宛位于波罗的海东南沿岸，在地理上它位于北欧广阔的边缘地带，很难直接或富有想象地将这里与历史悠久的丝绸之路联系起来。立陶宛是北境的北部，它拥有众多湖泊、河流和沼泽，可以方便地通往大海。事实上，根据一种解释，立陶宛这个名字来自立陶宛语的“雨”这个单词——lietus。无论如何，水构成了立陶宛，而我们将丝绸之路描绘成一连串的沙漠绿洲。一方面，这里有深绿色的森林和深蓝色的湖泊；另一方面，还有山脉间干燥的岩石和黄色沙丘里的沙子。

过去，立陶宛与中国的贸易联系很少，也很罕见。当有贸易往来时，与中国往来的商品、新闻和故事通常都会经过外国作为中介。然而几个世纪以来，人们一直认为波罗的海是琥珀的主产地，琥珀是一种享有美誉的、闪亮的而且如石头般的化石。人们普遍认为，琥珀来源于分泌树脂的树木，这种树木曾一度十分繁盛，而现如今已在北欧灭绝。一些（最有价值的）琥珀就像开向过去的一扇窗子，用玻璃状的外壳将史前昆虫永远地锁在里面。无论在欧洲还是中国，古人都将琥珀与魔法联系在一起，认为它是太阳的残石或圣火冷却后的余烬，它是来自天堂令人惊叹的纪念品。在立陶宛及周边地区，常常能在暴风雨后发现冲上岸的琥珀，在海边也能找到琥珀。人们把它收集起来作为暴风雨平静后的信物。立陶宛的诗人偶尔会用琥珀作为维尔纽斯动荡历史的隐喻。一位意第绪语诗人写到这座城市时如是说，“你是立陶宛的黑暗护身符，你的身影在不安分的石头上虚弱地闷烧。”[5] 仿佛是在回应意第绪语的韵律，另一位诗人只在这次用德语写道，在这个城市里可以随意“发现黄色的石头，它在月光下燃烧”。[6] 在公元最初的几个世纪，当中国和罗马帝国之间的丝绸贸易处于鼎盛期时，琥珀被誉为最昂贵的商品之一。因此，仿佛是与丝绸之路对应似的，商旅们建起了连接波罗的海沿岸和东地中海的琥珀之路，琥珀从那里被带到热情的东方买家手中。虽然没有考古证据可以证明立陶宛的琥珀曾在古代到达过中国，但丝绸之路作为一系列相互关联的商业交易的性质使我们能够想象到，在某个时间点，在某个遥远的贸易站，商旅们曾用琥珀换取丝绸。

可以说，在 13 世纪和 14 世纪迅速扩张的蒙古帝国时期，中国和立陶宛成了邻国，它们连接起亚洲和欧洲的不同地区。当时，立陶宛的领土面积也在迅速扩大，最终成了欧洲最大的国家之一。维尔纽斯和北京在此期间显示出了各自的重要性：北京于 1279 年首次成为中国的首都，而自 1323 年以来维尔纽斯一直是立陶宛的首都。在欧亚大陆上，立陶宛和蒙古相互接壤，并曾互派过外交使团。或许，那个时期的一两位旅行者曾将目光投向了中国和立陶宛的首都。尽管如此，由于地理上相隔甚远，这两个国家似乎来自两个世界。举个例子，维尔纽斯距离北京直线距离只有 6500 多千米。但两个首都城市之间没有直达航班，然而幸运的是，这样的距离也可以在 12 小时内飞抵；但这仍是长达一天的旅程，更何况还有 5 个小时的时差。从立陶宛的角度来看，一天时间的旅行总是出国之旅，是一场离开熟悉的故土进入异国他乡的冒险。整个国家横跨的长度可以在不到这一半的时间内驾车穿越——三到四个小时——在这个时长内，你可以乘坐飞机前往欧洲的大多数首都。

立陶宛和中国之间直接进行陆路交通的可能性来自于 19 世纪末建造的跨西伯利亚铁路。在过去，即便不是完全不可能的话，政治边界的改变和来自地缘政治的挑战实际上也使这样的旅程在很大程度上变得不切实际。因此，用许多人的话来说，当解释立陶宛的犹太难民出现在上海之前经历过怎样的困难时，这个城市里的每个人都感到了诧异。然而事实上在

1917 年沙皇政权垮台之后以及俄罗斯内战之后（或者由于这个原因），大量来自立陶宛的人口最终进入了哈尔滨。而哈尔滨是跨西伯利亚铁路主要的东部枢纽。立陶宛外交使团在两次世界大战期间曾在哈尔滨开展工作，根据领事馆的说法，1923 年立陶宛约有 1300 人居住在中国。仅在哈尔滨，据 1935 年的官方人口普查记录，登记过大约 100 个立陶宛家庭；虽然是来自非官方的消息，但据报道，该市周围有大约 2000 名立陶宛人。很难说这个数字有多准确，但在这群人中，只有少数人是立陶宛人，而其余的则是俄罗斯人、白俄罗斯人、犹太人和混血儿。简而言之，立陶宛人在中国的民族构成反映了历史上立陶宛的民族划分，立陶宛一直融合着不同的语言和文化背景。关于这种立陶宛民族融合的最引人注目的例子之一是老巴夺（Lopata）家族，这个家族曾在哈尔滨建立了中国第一批也是最大的卷烟工厂之一。老巴夺家族的两个兄弟来自维尔纽斯旁边的一个小镇，他们属于名为卡莱特人（Karaites）的少数民族。老巴夺家族属于哈尔滨波兰社区的一部分，现如今仍然可以在哈尔滨看到老巴夺的名字。然而在立陶宛，这个家庭之所以被人们记住是因为在一战后他们做过慈善工作，曾帮助当地人重建了家乡。哈尔滨老巴夺建造的会堂仍然是立陶宛卡莱特社区的中心。

在地图上，中国和立陶宛似乎处于平等的地位，但实际上，以下这个事实就是摆在人们面前的真相。如果在地理上将中国和立陶宛进行比较的话，那么这将是一个完全逆转的故事，因为两国的一切都能形成鲜明的对比。即使按照欧洲的标准，立陶宛在领土和人口方面也都是一个很小的国家。立陶宛居民人口不到 300 万，仅占中国总人口的百分之零点二，或者说是上海人口的十分之一。维尔纽斯是立陶宛最大的城市，但人口仅有 50 万多一点，按中国的城市标准，它是一个小型的地级市。所有这些都使得中国与立陶宛之间的关系是不对称的，立陶宛人对中国的了解（或者更准确地说，他们自认为对中国的了解）比中国人自认为对立陶宛的了解要多。然而，维尔纽斯还是通过极其细微的千丝万缕的联系与中国建立起了关系。总的来说，立陶宛经常被置于欧洲历史叙事的次要地位；因此，总的来说，维尔纽斯常被外国人所忽视。一个细小的联系是不易察觉的，但与之不同的是，人们可以从最初很容易被忽视的关联中发现一个奇妙的故事。维尔纽斯可能就像在丝绸之路的某个地方丢失的琥珀一样。这本书是作为维尔纽斯的历史旅行指南而写的，笔者在努力纠正维尔纽斯在外国人心目中的地位：这本书向世界展示了立陶宛，同时也邀请中国读者来到立陶宛。

1.Herman Kruk, *The Last Days of the Jerusalem of Lithuania: chronicles from the Vilnag hetto and the camps*, 1939-1944 (New Haven: Yale University-Press, 2002),p.49.

2.Marvin Tokayer and Mary Swartz, *The Fugu Plan: the untoldstory of the Japanese and the Jews during World War Two* (New York:Weather-hill,1979),p.203.

3.Willens, Liliane, *Stateless in Shanghai* (Hong Kong: Earnshaw Books, 2010), p.122.

4."Flightand Rescue"in The Holocaust Encyclopedia. https://encyclopedia.ushmm.org/content/en/article/flight-and-rescue.

5.Mošė Kulbakas, *Vilnius* (Vilnius: Vaga, 1997), p.17.

6.Johannes Bobrowski, *Shadow Lands* (New York:New Directions Books, 1994), p.23.

目录

Vilnius
维尔纽斯传

莱蒙纳斯·布里迪斯

前言
出发

卷首插图，出自《普通宇宙志》（*La cosmographie universelle*），1556 年。（维尔纽斯大学图书馆）

这幅地图
用钉子挂在墙上，
画线标出一个地名，
这是一座未被发现的城市，
这条通往城市的路，
已标注于图上。

——《警惕》，约翰内斯·鲍勃罗夫斯基（Johannes Bobrowski）

人们或许可以说，整个欧洲都一定会聚拢到立陶宛的首都维尔纽斯（Vilnius），因为这个城市位于欧洲大陆的十字路口处。1989 年，法国国家地理研究所的科学家把欧洲中心标定在北纬 54°54’，东经 25°19’的地方。在这一点上，从欧洲地图的极端点处延伸出来的直线——即从极北端的斯匹次卑尔根岛（Spitsbergen Island），极南端的加那利群岛（Canary Islands），极西端的亚速尔群岛（Azores）和极东端的北极乌拉尔地区（Arctic Urals）这四点处延伸出来的直线——会相交于不起眼的贝尔诺泰（Bernotai）山丘上，这个地方位于维尔纽斯以北约 25 千米处。冷战使欧洲大陆发生了分裂，而对这个欧洲焦点的数学计算恰逢冷战的瓦解期，但在 1990 年苏联解体和立陶宛独立重建后，大变革时代的政治变迁和社会变迁却令它黯然失色。10 多年来，欧洲的中心点是维尔纽斯隐藏的秘密。它的象征性特征仅在立陶宛加入欧盟的那一天才变得更为突出了一点。2004 年 5 月 1 日，在这里竖起一尊白色的花岗岩纪念碑，这是对立陶宛加入欧盟隆重的献礼，纪念碑上面点缀着一个坠有星星的花环——这是欧盟的象征。

欧洲实际上不是一个大陆，而是名为欧亚大陆（Eurasia）的更大地理实体的一部分。欧洲的名字源于古希腊人，希腊神话中，泰尔（Tyre）的国王有个年轻漂亮的女儿。欧罗巴公主成了奥林匹克众神诡计的牺牲品：她受到诱惑然后被宙斯所诱拐，宙斯的目的是为了幽会，他把自己变成了一头雪白的公牛。在他强壮的牛背上，宙斯驮着惊恐万分的欧罗巴从她在小亚细亚（Asia Minor）故乡的海岸渡海来到克里特岛（Crete）上，在那里，他们二人尽享了一番鱼水之欢后，宙斯让她成了岛上的女王。欧洲和亚洲之间在地理上分隔诞生于这种关于神明罪责的传说。虽然这个神话赋予了这片陆地欧洲的身份，但历史（或者更确切地说是一种对欧洲特定的绘图和解读方式）却赋予了它特定的地理特征。由于缺乏任何能探测到的物理边界，将欧洲作为一个独立大陆的划分方式主要是作为一种独特的地理概念而发展起来的。那么，欧洲地图更多地体现出历史想象力的力量，而不是任何自然力量。因此，寻找欧洲中心的活动首先而且也主要是通过欧洲式思维而进行的旅程。

对中心的追求总是伴随着对外围的划分而开始的，因为在没有首先识别出边界然后测定边界的情况下是无法找到中点的。是边界支持了中心的存在，是边界给了它一种引力感，让它保持活力。没有边界的中心会倒塌并成为一个有争议的空间。换句话说，它变成了前沿地带。寻找欧洲在地图上的中心面临着另一个挑战，因为它需要测量一种思想确切的空间参数。将地理上的视觉提炼成一连串数字并且给出一个数学表达式，这就让这项计划变成一种对宇宙的神秘学解释。然而，在科学地绘制欧洲地图的背后，并没有发现什么秘密的公式。欧洲的极外围界线是由地理学家们所确定的，指导他们的是历史和地缘政治。法国人在计算欧洲的范围时包括了马德拉群岛（Madeira）和加那利群岛——从技术上说这其实是非洲的一部分，但在历史上和政治上却与欧洲国家有关——这并不是例外的情

威尔诺，J. 布乌哈克（J. Bułhak）摄，约 1939 年。（立陶宛科学院图书馆）

况。因此，历史间接地通过地理学将欧洲的心脏安在了维尔纽斯旁边。然而，这个位置应该提醒人们，历史和地理从来都不是由同一个人写的。几个世纪以来，维尔纽斯一直生活在欧洲的阴影之下，即使这种新发现对于欧洲大陆的意义也只是重申了它处于欧洲的周边地区。欧洲联盟新近划定并且圈定的边界让欧洲的中心挪到了立陶宛首都以东约 30 千米的地方，现在欧陆的中心非常靠近白俄罗斯，在其边境上，“无国界的欧洲”这一政治项目目前即将停止。

然而，中心与边缘的关系绝不仅仅是关于中心的力量和对周边的征服。边缘渗入中心，边缘最大限度地将自身的不确定性和不安全感带入中心从而不断地削弱其影响力。维尔纽斯遭到边缘化的中心地位也是如此：这座城市汇聚了欧洲的历史，并将欧洲历史延伸向未知的方向。从这个意义上说，维尔纽斯更像是一个门槛，而不是一个中心或外围区域。用沃尔特·本杰明（Walter Benjamin）的话来说，这个门槛不是一个边界或一个点，而是时空膨胀的区域。它不是一个地方，而是一种条件，是“一种带有极端主义倾向的流动着的破坏力或分隔力，它既不能被测定也不能被本地化。”[1]杨·布乌哈克（Jan Bułhak）表达了这种将威尔诺（Wilno）（维尔纽斯的波兰语名称）当成门槛处的情感，他是一位20世纪著名的波兰摄影师，他用他那令人着迷的黑白照片来讲述，并试图捕捉其多变的本性。布乌哈克将这座城市置于人类内心世界里流动的景观之中，他将这作为一种对欧洲固化而让人熟识的时空参数的挑战。用摄影师的话说，威尔诺是一种难以置信的悬置：

> 真正的威尔诺仍然保持着封闭，并对那些假内行保持着沉默。是否值得向为了猎奇而寻找纪念品的那些文物破坏者和无知的笨蛋展示你真正的宝藏呢？这座城市轻声说出了几个简单却高贵的字——这里并不适合每个人。它并不像小贩那样大喊大叫或吹嘘自己的优点——它只会引领一个思想开明的旅行者前去发现。来自遥远国度的游客已经成功地找到了真正的威尔诺，而且对许多人来说，与这座城市的相遇是一次伟大的精神体验。这些客人会终其一生仍保持着对这座城市的忠诚，并用艺术化的语言明智地赞美它。当然，也有很多冷漠的访客带着冷嘲热讽离开了这座城市。他们只看到了它的质朴、缺点和不完美之处，他们永远不会知道与威尔诺的会面是一次对灵魂的试验，是一次对人类感知力的考验。这样的测试对某些人来说是具有诱惑力的，但对其他那些未受过启蒙的人来说，这项测试则是一个危险的陷阱。
>
> 所以这是我们的威尔诺：有人会说这座城市是个肮脏、贫穷而且沉闷的地方；而其他人断言这是一个值得热爱的，富有特点而且充满贵族气息的地方。我们今天能说些什么呢？我们应该从哪方面开始对我们的威尔诺进行调查呢？它深深地没入双河之间的河谷之处，周围尽是叠翠的山峦与崎岖的丘陵，还有优雅的教堂塔楼，塔楼的形状像

是古老的乡村庄园里那些螺旋状白杨树。

让我们不要在城里匆匆走过，而要在城里的大门处徘徊片刻。威尔诺坐落于山峦之间，远观则可尽赏其美。因此，让我们享受远观这座城市的乐趣吧。

这本书的内容是关于距离、不确定性和发现的，也是关于那个关键时刻的——那是一个未知的区域——它将维尔纽斯与外国游客分开来。这本书的叙事方法是从陌生人的角度来看这座城市，描述其历史和地理的细节部分来自亲身反思、官方记录、私人信件、新闻报道、军事观察和各种访客的旅行述录。因此，这本书不仅涉及维尔纽斯，还涉及欧洲。这本书相当于一张欧陆地图，依靠这幅地图走过了维尔纽斯的大街小巷。

在不同的派别，国家和对欧洲的解释之间，维尔纽斯始终起到的是一种关键的联结作用。这里经常被描述成东西方之间的桥梁，但是，与任何在战略上模糊不清的地点一样，它也是一处兵家必争之地。因此，这座城市从未有过一种单一的身份。犹太人称呼这个地方为维尔内（Vilne），波兰人称之为威尔诺（Wilno），俄罗斯人和法国人称之为维尔纳（Vilna），德国人称之为威尔纳（Wilna），白俄罗斯人称之为维尔诺（Vilno），而立陶宛人则称之为维尔纽斯。这些不同的地志学领域可能包含着相同的地形区域，但它们会带来截然不同的经历和对这个地方的记忆。最初，笔者撰写本书的目标在于进行平行的比较，并且如果可能的话，将这些人对这座城市不同的描述并列地展示出来。作为一名历史和文化地理学家，笔者期望通过找到跨越各种语言、宗教和意识形态界限的具体叙事线来描绘出这座城市的都市景观。为此，我阅读并浏览了一系列官方记载和个人叙述。然而，随着每次新的语言学或意识形态的探索，笔者却被这个地方引向了一种不同的地理轨迹。我的研究地点——维尔纽斯市——它分散地展现在我的眼前，笔者对这座城市的观察没有汇聚到城市中某个具有代表性的交

维尔纽斯有多种语言的名字：德语为 Widaw，意大利语为 Vilna，立陶宛语为 Wilenski（古白俄罗斯语？），波兰语为 Wilna，法语为 Vilne，拉丁语为 Vilna。1696 年在威尼斯出版的立陶宛地图的细节。（维尔纽斯大学图书馆）

叉点上，笔者发现自己通过不同的叙事路径离开了这座城市。

在笔者的调查进行到某处时，笔者开始意识到自己所遇到的并不是对维尔纽斯的不同解释，而是对欧洲的不同描述。无法在所有这些关于这座城市的叙事中找到一个历史主题的原因很简单：笔者是在不同的欧洲地图中寻找着一座统一的城市。因此，笔者决定从欧洲的不同文化点和语言学的角度进入这座城市，而不是去描绘那些分散的、当地的叙事路径，并循着这些独立的轨道离开维尔纽斯。随后，笔者调查的核心任务就从寻找维尔纽斯的叙事关系转到了探寻关于欧洲观念转变的问题上来。

虽然分析方法的变更改变了笔者的研究过程，但并没有改变进行探索的意图。维尔纽斯拥有多层次的文化景观，仍然是笔者兴趣之所在，但此时的研究主要集中在欧洲地理与维尔纽斯历史之间的相互作用上，这就使本书成了一本阐述本地意义与外国诠释之间相互作用的故事书。尽管如此，这种调查流程的逆转不可避免地改变了这座城市应该展示出的地形：维尔纽斯从一个本地的、熟知而且平凡的地方，变成了一个外国的、奇怪的甚至是充满异国情调的地方。尽管如此，我相信我作为本地人对这座城市的理解的某些方面还是在这种转换中保留了下来，仅仅是因为笔者最初的分析目标和对这个地方的个人知识使笔者能够站在本地人的角度去描述这个地方。在维尔纽斯，这种本地人对欧洲的探寻揭示了各种政治斗争，意识形态摩擦和欧洲大陆的各种文化碰撞对这个地方的影响。它还使笔者能够以更具活力和想象力的方式去追踪和体察旅行者的体验，从而引领笔者进入这场地理调查新的理论前沿和叙事前沿。这本书基于有关维尔纽斯的书面记录，靠这些根本不能绘制出一幅经得起推敲的地图。但它的作用同样重要，因为它用旅行者的声音、经历和幻想使这个地方的历史变得鲜活了起来，使这座城市成了他们自我发现之旅的终点。简而言之，笔者对维尔纽斯的叙述是一则旅行故事，笔者把这座城市的历史描绘成了一个从熟悉的世界进入未知领域的通道。

维尔纽斯从来就不是一个旅游城市，与罗马、巴黎、伦敦、柏林、维也纳或莫斯科这样的欧洲名城不同，维尔纽斯从未有过一本可以引导外国游客纵览其历史和地理的，兼具叙事性和代表性的经典之作。维尔纽斯的历史反映了欧洲的历史，但维尔纽斯只是其宏大叙事的变异而扭曲的回声。当然，欧洲的每个地方都有自己的声音，能够打乱欧洲大陆统一的节奏，使其略微变得走调。但在这种共鸣变奏的复调中，维尔纽斯的曲调完全不同寻常。尽管这座城市的历史充满了戏剧性，它所经历的变化经常是悲剧性的，但当地的人物和所发生的事件很少进入欧洲共同的历史词汇之中。直至今日，维尔纽斯还是一个欧洲大陆的门外汉，一个陌生的角色——在欧洲的这本精心设计的故事脚本中维尔纽斯扮演了一个侵入者的角色。

欧洲人不熟悉这里并不意味着维尔纽斯就缺乏与外人的接触。相反，在它数百年的历史长河中，这座城市经历了无数陌生人的入侵，它所经历的大多数时间都是在战争中和外国占领期度过的。这些遭遇都具有边疆的特质，因此很少有人把维尔纽斯本身设想为一个目的地，在此逗留的人也不会把它当作目的地——正相反，人们把这里视为一个通道，一个可以通往其他目的地的地方，换句话说，它是一个入口。游客在维尔纽斯的逗留是短暂而无意的，这种特点塑造了外国人对这个地方的认知方式。在维尔纽斯的外国人更像是拾穗者（或者更糟糕——是掠食者），在欧洲历史这场盛宴中，他们把维尔纽斯看成并且想象成是几粒残渣剩饭，他们在这里的体验也经常告诉他们确实如此。虽然我曾使用外国人作为这座城市的讲述者，但这本书并不怎么试图改变这一观念，而是去揭示另外的一面。虽然外国人的意见往往使维尔纽斯遭到边缘化，但他们的叙述往往是在不知不觉中将欧洲的思想和实践置于当地历史的核心位置。换句话说，陌生人看到的是外围的东西，而笔者所写的是这个中心。

表征层次结构的倒置使笔者能够缓解外国人与当地人之间的隔阂，这在某种程度上对应了维尔纽斯的历史转型。历史和地理使这座城市成了移民的地方，将陌生人和当地人，新移民和居民，外籍人士和当地人的经历融合成了无数种交织在一起的叙事和记忆，这些叙事和记忆很容易违反不同的时空秩序。在某种程度上，在维尔纽斯的每个人都可能是一个陌生人，这不是因为她或他的外国血统，而是因为这座城市拥有如此多的名字和历史，以至于单一的人类身份几乎无法接受它。

不同的外国口音和母语发音使维尔纽斯难以置于单一的正字法世界中。笔者在整本书中试图使用维尔纽斯在原始文献中所使用的名称；因此，这座城市的名称会在当代立陶宛语地名与更多历史上的、语言学上的和个人所专用的地名之间交替，如威尔纳、维尔纳、维尔内和威尔诺。其他所有的当地地名和人名也是如此。为了帮助读者能更顺畅地航行于这片具有不同正字法印记的群岛之间，在本书的结尾处提供了一个包含所有地名的索引。

第一章 欧洲的边缘

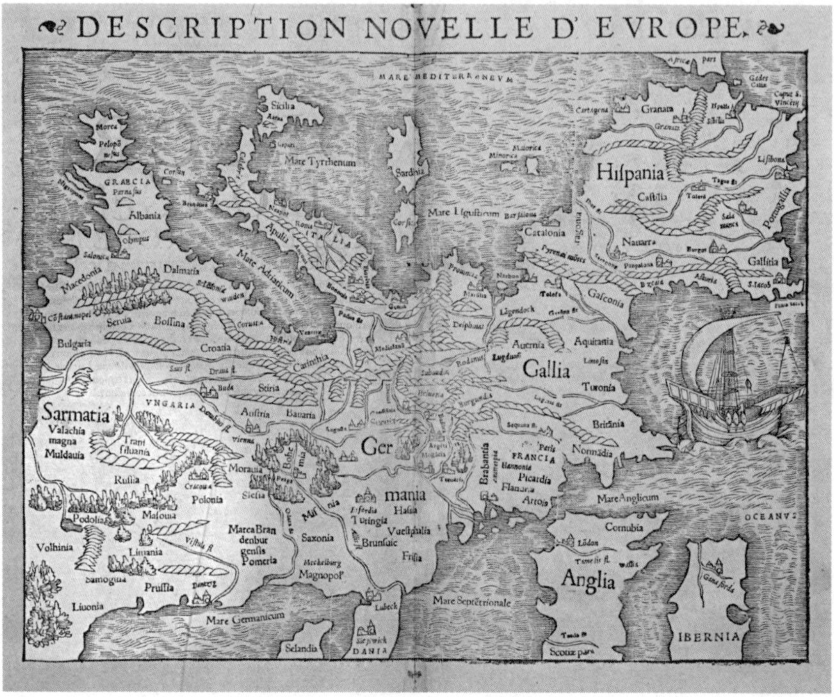

“欧洲新地图”，来自《普通宇宙志》（*La cosmographie universelle*），1556 年。欧洲在图上被定位在南部。立陶宛连同利沃尼亚和普鲁士被定位在地图的左下角部分，在日耳曼海（波罗的海）的东南岸。（维尔纽斯大学图书馆）

也许它来自一个长期被以罗马（Rome）为中心的基督教世界（Christendom）认为是东部边缘的地区，因此这使人们对变化着的重心更加敏感，因为它象征着诸如“西方”和“东方”等术语的流动性。

——切斯瓦夫·米沃什（Czesław Miłosz）

维尔纽斯出生于欧洲，在这片基督教信仰海洋中，它是一个精神异常的异教徒城市。1323 年，教皇在南部城市阿维尼翁（Avignon）收到了一封书信，这封信预示了维尔纽斯的诞生。一位苦行僧带着这封信从波罗的海（Baltic）港口城市里加（Riga）借着密史脱拉风（mistral）刮起的第一阵颤抖的强风来到了这座由灰色巨石建成的教皇宫里。密史脱拉风到来的时候，通常也是基督降临节（Advent）到来的时候，此时，天主教历法又开始了一个新的周期。这封信据称是由格迪米纳斯（Gediminas）授权的，他是一位自封的“立陶宛人和许多俄罗斯人的国王”，这封信本身也预示着一个新的开端。这封文书是用拉丁文精心撰写的，里面充满了外交辞令，立陶宛国王请求教皇——这位“罗马王位的最高级牧师”——接受他的王室的皈依，并为他和他的同胞举行基督教的圣餐礼。这个请求让教皇若望二十二世（John XXII）感到高兴，他曾经历时数年试图说服格迪米纳斯接受天主教的洗礼，但均未成功。但是，这封信上没有签名，也没有注明日期，并且没有明显的地理来源或回信标记。这种缺乏书信礼仪的做法使它看起来不那么可信，如果不是完全错误的话，教皇也会怀着一种保守的政治不确定感来阅读这上面的信息。

无法信任格迪米纳斯的理由有很多。首先，他是一个异教徒——而且是欧洲最后一位信异教的统治者。更糟糕的是，他的遗产——立陶宛（Lithuania）——是一个叛变的国家。在13世纪中叶，其统治者明道加斯（Mindaugas）接受了教皇亚历山大四世（Alexander IV）的洗礼，两年后他放弃了信仰。一个多世纪以来，立陶宛人一直是天主教徒（Catholics）的死敌，立陶宛人袭击了他们的城堡，抢劫了他们新建的城镇，烧毁教堂，屠杀牧师而且还奴役着基督教在波罗的海边境的新皈依者。教皇一再呼吁对他们进行圣战。失去耶路撒冷（Jerusalem）之后离开圣地（Holy Land）的条顿骑士团（Teutonic Order）在北欧十字军（Nordic Crusade）中充当了急先锋的角色。

该骑士团是一个僧团组织，其成员发过贞操誓言要为他们的罪过悔改。条顿骑士团随即为人所知，他们建立了一个由发愿成为忏悔者的战士组成的兄弟会，这些人的手里不仅持着剑而且还拿着十字架，从而确保他们用这些不信教的人、异端和叛教者的血来拯救他们自己。在13世纪之交，他们从地中海（Mediterranean）一路走到了波罗的海沿岸，条顿骑士团已经成为一种高效的军事机器，他们使徒般的使命是在这些土著的异教徒当中传播和维护天主教信仰。数位教皇祝福过他们并给他们免罪，以确保他们对母教会（Mother Church）的忠诚，神圣罗马（Holy Roman）帝国的列位皇帝也赐予他们广阔的领土，这使得条顿骑士团的统辖之地成了欧洲最大的封建领土之一。作为他们在社会和宗教地位上享有特权的标志，操多种语言的欧洲贵族们为他们捐款，而且还把他们越来越多的闲散子弟派到骑士团来。尽管有着国际上的支持，条顿骑士团仍然从德语区的人口众多的贵族阶层中汲取了不少人力；这也正是“条顿”这个名字的来源。结果，它的传教热情被染上了封建扩张主义、社会压迫和文化变革的色彩。与十字架一起，骑士们还将德国的先进文化带到了波罗的海地区，为了维持他们的统治，这些人建造了强大的城堡，也建成了商业城镇、男爵庄园和天主教教区。这些僧兵的追随者是俗世中的德国定居者，这些人来自汉萨同盟的城镇（Hanseatic towns），他们的到来使得这种宗教使命成了一场殖民运动，在19世纪浪漫主义的民族主义时代，这场运动被命名为“Drang nach Osten”，即“向东方的驱动”。

在教会、皇帝和贵族的三方支持下，骑士们在利沃尼亚（Livonia）和普鲁士（Prussia）建立了一个有着强大防御工事的王国，这片被征服的土地位于立陶宛的北部和西部边界，因此实际上它是将异教国家与使用拉丁文的欧洲分隔开来了。在一两代人所积累起来的财富和声望中，骑士团越来越独立于它的恩主。僧侣统治了波罗的海之滨这片被征服的土地，他们对帝国或教会当局没有任何忠诚可言。政治上的成功，军事上的勇猛以及商业上的精明，这些使得他们有恃无恐，他们对使用拉丁文的欧洲的那种复杂的等级制度几乎没有半点尊重。但欧洲并没有忽视骑士团这种傲慢的做派。虽然教皇若望二十二世经常把这些骑士称为天主教会心爱的儿子，但他们并没有受到罗马教皇的支持者——法国国王的喜爱。

教皇若望二十二世是一位出身不佳的法国人，他于1316年当选教皇，为了满足法国王室的需要，他们把前任教皇从罗马迁到了位于法国南部的阿维尼翁地区。尽管他年事已高——若望二十二世在他当选时差不多已经70岁了——但教皇并没有表现出嗜睡的迹象。在意大利，他对当地那些反对法国主导教皇权的国家进行了漫长而野蛮的讨伐。在这场战争中，他将巴伐利亚（Bavaria）的路德维希（Ludwig）逐出了教会，这个人曾经焦躁不安地觊觎着神圣罗马帝国（Holy Roman Empire）的皇位，他也是欧洲反教皇联盟的主要煽动者。教皇若望二十二世也忙于清洗各个教派的教堂。他颁布的教皇敕令将一个有影响力的教派——方济各兄弟会（Franciscans brothers）逐出教会，因为他们被称为精神主义者，坚持基于耶稣（Jesus）和使徒们（Apostles）没有物质财产的主张，这是福音派守神贫的原则。在1323年7月的一次相反的举动中，他又把托马斯·阿奎那（Thomas Aquinas）这位具有神学智慧的“天使博士（Angelic Doctor）”

封为圣徒。

在收到格迪米纳斯的第一封信后不久，一个来自里加的代表团访问了教皇，该代表团又带来了立陶宛统治者的另一封书信。格迪米纳斯指责条顿骑士团的侵略政策是立陶宛人顽固地拒绝天主教信仰的原因。不过，教皇不必怀疑格迪米纳斯接受洗礼的意图。教皇若望二十二世还从代表团那里了解到，格迪米纳斯曾对欧洲的其他国家大肆宣扬他的这种转变，他将要献身于基督教事业。国王还发出了几封其他信件，写给“分散在世界各地的所有基督徒，包括男人和女人”，其中他还宣布教皇的使节预期会来到立陶宛。从战略上讲，这个重要宣言的主要目的地被缩小到了“著名的吕贝克（Lubeck）、施特拉尔松德（Stralsund）、不来梅（Bremen）、马格德堡（Magdeburg）以及从科隆（Cologne）到罗马的其他值得推荐的城镇”。格迪米纳斯还告知了最大的天主教修道院——方济各会和多明我会（the Franciscan and Dominican Orders）——他渴望成为一名基督徒，并邀请他们的教友来他的王国，向他的臣民传播教义和善行。根据重要公告的习惯做法，格迪米纳斯要求接到他的来件的匿名收信人重抄他的信件，并将一份副本钉在最近的一座教堂的前门上，其目的是为了通过中世纪欧洲的邮政链将其内容传递到下一个城镇或修道院。这样，这份邮件的作者宣布，将与大家分享这份“上帝的荣耀”。公报中精心选定的会面日期强调了格迪米纳斯的神圣意图。第一包信件是在 1 月 25 日签署的，那天庆祝使徒保罗（Paul the Apostle）的皈依，他负责在外邦人中传播基督教信仰。第二轮于 5 月 26 日签署，即基督圣体节（Corpus Christi）那天盖印，显扬圣体圣事的圣礼和基督道成肉身的奇迹。[2]

在这些信件到达他们预定的基督徒收件人之前，维尔纽斯城是一个未知的、无名的地方。在格迪米纳斯于 1315 年左右上台之前很长一段时间内，这个地方肯定是有人类定居点的，但他这番与使用拉丁文的欧洲进行和解的言辞却被载入了欧洲历史的记录之中。因此，维尔纽斯的年龄可追溯到 1323 年，与托马斯·阿奎那成为圣徒的时间相同。

历史记载中维尔纽斯的诞生在当地传说中得到了印证。通常，传说比档案更为古老，但就维尔纽斯而言，传说和档案之间的时间距离可以忽略不计。事实上，关于这座城市起源的传说可能是为了回应这段有记载的历史而编造的。这可能解释了这样一个事实，即传说和历史记载中的主角是相同的，都是格迪米纳斯，他面临着同样的地缘政治困境，即如何使立陶宛成为一个受到世界公认而且被人接受的国家。无论是传说还是历史记录——这些信件——都试图通过建立维尔纽斯这座城市来作为两个领域的交汇点，以便建立本地和外部世界之间的联系。

据传说，维尔纽斯诞生在一个梦中。在未来之城周围森林茂密的环境中狩猎时，疲惫不堪的格迪米纳斯休息了一下。在他的梦中，他看到了一只凶猛嚎叫的铁狼。他对这个不同寻常的幻象感到困惑，格迪米纳斯向异教的大祭司请求解释。神谕将国王的梦解释为一种对国王所承担的义务的挑战。祭司指示国王在他做梦的那个地方建一个小镇，这将为他的名字和立陶宛带来世界的声誉。格迪米纳斯没有浪费时间，立即将这种愿景化作了石匠的工作。一座高耸的城堡建在最高的山上，它俯瞰着两条河流的交汇处，在这两条蜿蜒曲折的河流旁边就是这座城市。

维尔纽斯最有可能得名于两条河流中较小的那条，即维尔尼亚（Vilnia）河。这个词在立陶宛语中还有一层意思，指的是波浪起伏、潺潺流动而蜿蜒曲折的河。这个名字也暗示了这个地方与另一个世界的距离。立陶宛语中与 Vilnius（维尔纽斯）有着相同词源的还包括 velionis（离去的）、vėlė（鬼魂）和 velnias（魔鬼），维尔纽斯是立陶宛的异教徒心中最神圣的地方之一。维尔纽斯这个词表明这个地方具有特殊甚至神奇的特征。它表示宇宙中不同的、相反的领域之间的联系，这使维尔纽斯成了一个脉动着的地方——它更像是一个时刻而不是一个物理位置——它将生者与死者联系到了一起。[3]

维尔纽斯的词源（名称）、传说（叙事）和历史（事实记录）表明它就是起源于当地。建立在基督教世界的波罗的海边境上的许多城镇，如里加、塔林（Tallinn）和哥尼斯堡（Königsberg），都是为了在被征服的土地和土著民族中推进和加强外国霸权而建立的。在精神和身体上——即在法律措辞和社会功能上——它们都是殖民城镇。而维尔纽斯却与众不同——它是本土的，属于异教的而且未被征服的，它加强了当地的传统。这个地方成了立陶宛首都的目的是应对外国的入侵。因此，如果异教的精神是维尔纽斯的教母，那么与天主教世界长期而令人筋疲力尽的战争就是它的教父。格迪米纳斯选择维尔纽斯作为他的王室居所，因为它深处立陶宛的中心腹地，不仅受到异教的诸神、高效的军队和良好的预警系统的保护，而且还受到广阔的森林、蜿蜒的河流、无人居住的沼泽地带以及反复无常的天气的影响——所有这些都对那些想通过这座城市的外国人摆出了一个艰难的问题。

尽管该地区兼具地理隔离和防御的性质，但格迪米纳斯却将维尔纽斯视为欧洲的聚会场所。在他承诺皈依的信中，他邀请欧洲的天主教徒——包括商人、骑士、教士和工匠——来到新建立的立陶宛首都定居。他承诺新移民在宗教、法律和文化上拥有排他性的特权，但对他们的忠诚和对当地异教传统的尊重有着严格的要求。因此，唯一被明确排除在这种慷慨提议之外的人是条顿骑士团的僧兵。

当然，在他们进行传教活动的这种孔武好战的热情中，骑士们是立陶宛外交与和平皈依的最强烈的反对者。既然选择了通过战争来传播福音这条拯救之路，他们决心让立陶宛继续保持异教信仰。骑士们看到在维尔纽斯建立了一个基督教社区，而他们却没有参与其中，这直接挑战了他们的政治生命和个人生存。如果没有立陶宛异教徒的威胁，骑士团可能会面临土崩瓦解的可能性，就像圣殿骑士（Templars）所遭遇的一样，在法国国

格迪米纳斯在他做梦的地方建造了一座城堡：19世纪浪漫主义画作中表现的创立维尔纽斯的神话。（立陶宛艺术博物馆）

信异教的立陶宛人崇拜火、橡树和花园中的蛇，出自《普通宇宙志》（*La cosmographie universelle*），1556年。（维尔纽斯大学图书馆）

王严厉的指控之下，他的兄弟会遭到了前任教皇克雷芒五世残酷的镇压。幸运的是，对于条顿人的兄弟会，法国的新国王——年轻而暴躁的查理四世（Charles IV）再次策划了将耶路撒冷从穆斯林统治中解放出来的计划，他对波罗的海的事务几乎没有任何兴趣。法国人把立陶宛人皈依的问题留给了教皇，而教皇的心里对骑士的这种传教热情仍然怀有一些钟爱。

为了强调其世俗活动的必要性，条顿骑士团将未征服的立陶宛献给了圣母玛利亚（Virgin Mary）。这种虔诚的姿态使得凌驾在这个国家之上的政治霸权成为一种宗教问题。神圣罗马帝国皇帝批准了这种宗教上的交易，但教皇不同意，因为他并不急于与享有政治权利的骑士分享这种精神征服的荣誉。只要其统治者接受天主教，教皇若望二十二世愿意维护立陶宛的主权。他从遥远的阿维尼翁发出两封信：一封给格迪米纳斯，称赞他接受天主教的决定，另一封给条顿骑士团，训斥了他们的不顺从。教皇通过在异教的立陶宛与周围的天主教大国之间达成一项为期六年的和平条约来激怒骑士团，以实现他使立陶宛皈依的目标。条顿骑士团不情愿地承认了外交上的失败。

在 14 世纪上半叶，基督教世界的状态远非理想。天主教和东正教信徒之间在教义上不可调和的差异使基督徒永远处于分裂的状态。在天主教徒中间，神学上的分裂和封建政权之间的仇恨同样不利。罗马教皇的权力只不过是一种宗教商品，可以接受讨价还价，被购买、篡夺以及争夺，或者只是转移给某人。教皇处于法国国王的监视和财政控制之下，在阿维尼翁的天主教教宗（Vicar of Christ）只是一个徒有其表的流亡者而已。在政治方面，教皇一定觉得自己是一支已经衰竭的力量。而幸运的是，立陶宛的皈依为恢复教皇的精神权威和社会地位提供了独佳的机会。立陶宛位于不同政治权力和宗教权威的利益相互交叉的地区，它是欧洲各种宗教、军事和贸易路线的交会处。虽然立陶宛的统治者是异教徒，但他们已将政治控制权扩张到了信仰基督教的那些斯拉夫省份。在西部和北部，这个不断壮大的国家与天主教国家比邻而居；在东部和南部，它又纳入了俄罗斯信仰东正教的那些省份；在东南方向的边缘，它又穿过了给蒙古——鞑靼汗国纳贡的那些地区。拉丁式的洗礼不可避免地使立陶宛在一个宗教忠诚度不稳定的地区成为天主教的堡垒，它可以为罗马教皇主持下希腊和拉丁裔信徒之间的理想联盟创造一个完美的环境。教皇不得不认为，他这条走向幸福，甚至圣洁的来世的道路可能会引导这位遥远的信奉异教的立陶宛国王接受洗礼。

对于这样一个至关重要的使命，教皇若望二十二世选择了四名代表：两位著名的法国神学家，一位主教和一位男修道院院长，他们都是本笃会（Benedictine Order）的成员，还派去了里加的大主教，他是预期中格迪米纳斯的精神教父，由于条顿骑士团与当地天主教教会的教权阶级之间的不断对抗，他曾经遭受了多年的放逐。经过艰苦的陆路和海上旅行后，在1324年初秋，代表们到达利沃尼亚的首府里加。他们发现这座城市处于动荡之中。在篡夺了利沃尼亚政治和教会控制权的条顿骑士团和里加的市民之间正在酝酿着一场低强度的战争，后者试图保护日益增长的商人阶级的公民权和商业利益。大主教支持商人，他们反过来寻求信异教的立陶宛人的军事支持。在维尔纽斯签署和平条约之前，异教徒和天主教徒之间出现了这种违反基督教的联盟，用意在于共同对付条顿兄弟会（译注，即条顿骑士团）。面对这个不虔诚的联盟所带来的新危机，代表团立即派遣了一名特使前往维尔纽斯为格迪米纳斯的受洗仪式去做准备。

在波罗的海地区，陆路旅行的最佳时间是仲冬时节，沼泽、湖泊和河流此时都已经冻结实了。但是鉴于这一事件的紧迫性，使徒的先遣队在冬季来临之前离开了里加并于11月初在万圣节（All Saints Day）后的一个星期六到达了维尔纽斯。他们是第一批前往立陶宛的首都并留下造访记录的外国人。对于最早这批游客的个人特征——他们的姓名或国籍——我们一无所知，但是代表们撰写的关于他们使命的一份详细报告后来送到了教皇那里。

根据他们的报告，在他们抵达维尔纽斯后，教皇使节受到了格迪米纳斯礼貌的欢迎，他亲自为他们提供了丰盛的膳食和舒适的住宿。第二天早上，信使们加入了一个由（外国）天主教僧侣组成的小社区，他们一起参加了早晨的弥撒，感谢上帝保佑他们安全抵达并祈求他们的任务取得成功。之后，他们去了城堡的客厅面见格迪米纳斯。令他们不满的是，外交官发现格迪米纳斯被众多顾问簇拥着，这些人代表了他的王国里所有的宗族和宗教信仰。虽然异教徒主宰着这次的集会，但也有一些俄罗斯东正教的代表，皇室顾问中可能还有天主教的僧侣。聚集的人群向代表们表示不信任，并且在没有任何客气的开场白或外交礼仪的情况下，格迪米纳斯向首席特使询问了他们来访的原因。这位外交官给出了一个坚定不移的答案：他们代表圣父来到维尔纽斯讨论格迪米纳斯受洗的事宜。格迪米纳斯不耐烦地问他们是否知道发给教皇的信中写的是什么。其中一位使者回答说："是的，它表达了你成为基督徒的愿望。"而格迪米纳斯回答道："废话，我从来没有打算过，但如果你这样理解，那一定是贝特霍尔德（Berthold）修士的错。他写了这封信，并应该对错误承担全部责任。"立陶宛统治者大声喊叫着："如果我曾想过皈依，就让魔鬼自己来为我洗礼吧！"[4]

在这次不祥的斥责之后，重新平静下来的格迪米纳斯证实了这封信里的措辞，除了他要接受基督教这一条之外。他通过援引宗教宽容和平等的观点解释了他对天主教信仰的拒绝。在立陶宛，其统治者自豪地宣布，允许宗教信仰自由：波兰人、德国人和其他天主教徒以拉丁语进行礼拜；而俄罗斯人则遵循他们独特的东正教传统；并且"我们这些异教徒根据我们古老的仪式来崇拜神明"。然而，格迪米纳斯最后总结道："我们崇拜的是同一个神。"[5]教皇外交官对此予以反对，并对天主教信仰至仁至慈的观点进行了辩护。他们的教条主义立场再次激怒了这位信异教的国王，他以一场即兴发表的演讲结束了这次接待，他讲述了天主教信仰的双面性。“为什么你总是谈论基督徒的爱？如果不是在基督徒中间，你在哪里可以找到如此多的苦难、不公正、暴力、罪恶和贪婪？尤其是那些穿上虔诚僧侣的长袍，但却在各处只散布邪恶的十字军。”[6]

被羞辱的代表们在维尔纽斯这个小小的天主教社区里与世隔绝地隐居下来，他们度过了这次失败的任务中剩下的几天。他们经常为格迪米纳斯那迷失的灵魂进行祈祷，但并没有什么令人欢欣的结果。这位异教徒统治者以一个尊贵的鞑靼代表团的到来为由，拒绝了与他们再次会面。相反，他的几位顾问访问了这些代表，他们建议来访的天主教徒找到他们自己人中的罪魁祸首。异教徒的这句神秘的话语引发了一波指控和谴责。多明我会的会士指责一名方济各会的僧侣——一名受雇于格迪米纳斯的抄写员——他在写给教皇的信中使用了错误的措辞。作为回应，方济各会则指责多明我会的会士挑唆格迪米纳斯反对教皇，他们指责后者建议格迪米纳斯应该接受强大的波希米亚（Bohemia）国王和匈牙利（Hungary）国王的洗礼，而不是接受那个遥远而弱小的教皇的洗礼。双方都指责条顿骑士团，指责他们用各种昂贵的礼物贿赂各路异教的酋长，让他们反对格迪米纳斯受洗。最后，格迪米纳斯的翻译老神父赫内金（Henekin）总结道：“我确信国王真诚地写了这些署名信，并决心接受洗礼。但为什么他又改变主意——我不知道，但在你我之间，我确信这一定是撒旦自己种下了邪恶的种子。”[7]

在得知了格迪米纳斯放弃他受洗的意图之后，教皇毫不犹豫地呼吁对立陶宛人进行新的十字军东征。在签署的六年和平条约到期之后的第一年，他们计划于 1329 年举行圣战，一律赦免参战者的所有罪责。这场大规模的十字军东征由波希米亚国王约翰（John）领导，他谴责异教徒是“基督的瘟疫之敌”，并称赞条顿骑士们那种“令人难忘的圣洁生命”，“他们将自己变成了一堵坚不可摧的墙，以捍卫信仰对抗立陶宛人和他们的游击军，无论他们是谁，也无论他们是干什么的”。[8]

作为一项规则，进入立陶宛的军事行动是一种正规化的例行事务。它以德语名称reysa（远征）而闻名于使用拉丁文的欧洲，成为中世纪骑士文化的重要组成部分。远征首先是一场社交活动，是一场男性的盛会，包括骑士比赛、狩猎活动、节日，以及表现财富与虔诚的饮酒和礼仪活动。在这些盛会之间，并且在天气允许的情况下，十字军通常会花上几个星期通过荒野突袭进入异教徒的土地。通常情况下，特定的远征——北方十字军的东征——会带有特定的民族色彩，因为骑士倾向于成群地抵达目的地，这一点与现代游客不同。因此，立陶宛“在1323年遭到了波希米亚人（Bohemians），在1324年遭到了阿尔萨斯人（Alsatians），在1329年遭到了英国人（Englishmen）和瓦隆人（Walloons），（以及）在1336年遭到了奥地利人和法国人的”[9]侵略。乔叟（Chaucer）在《坎特伯雷故事集》（*Canterbury Tales*）中描绘了一段骑士的冒险经历：“他经常在国外游走，他去过所有的国家，也到过普鲁士。他曾经在立陶宛远征，也曾经到过俄罗斯，没有几个基督徒能达到他的水平。”[10]当代的法国人称“远征”为鏖战（belle guerre），“来自法兰西王国和其他地方的骑士、绅士和贵族

一名条顿骑士，出自《普通宇宙志》（*La cosmographie universelle*），1556年。（维尔纽斯大学图书馆）

的伟大集会”所干成的“一件大事”。[11] 但是，当个人救赎和社会炫耀的欲望驱使欧洲十字军进入信奉异教的立陶宛时，这场“圣战”的作案手法（modus operandi）就是由自然力量所决定的了。

平均而言，每年有两次探险——冬季“远征”和夏季“远征”——每次探险都要有具体的军事目的和战术。每次“远征”的最终目标是占领异教徒的城堡。然而，每次探险的成功与否在很大程度上取决于这个季节多变的气候条件。在大多数情况下，十字军都满足于掠夺大量的奴隶、家畜、物资和贸易货物。作为回应，立陶宛人也掠夺了条顿骑士团定居和殖民的领土。因此，尽管这种“远征”带有盛会般的气氛，但十字军的袭击并非没有致命的后果。无数人被杀、被奴役或被驱逐出家园，这使得处于缓冲地带的维尔纽斯的大片领土在骑士团的入侵下基本变成了人口稀少的荒野。王室也因此成为战争的牺牲品。波希米亚国王在“远征”期间双目失明，并从立陶宛森林中带回了一个新的皇家绰号——瞎子约翰（John the Blind）。1341 年，格迪米纳斯在与十字军的战斗中战死。格迪米纳斯的后裔在 15 世纪继续与条顿骑士团激战。在 1410 年他们取得了决定性的胜利，当时，骑士团的军队被立陶宛波兰联军击败。这支部队由格迪米纳斯的孙子维陶塔斯（Vytautas）和约盖拉（Jogaila）领导。到这个时候，约盖拉 [波兰语为雅盖沃（Jogiełło）] 是波兰国王，而他的堂兄维陶塔斯统治着立陶宛大公国。两国联合起来成了欧洲最强大的力量之一。

当立陶宛第一次出现在世界地图上时，它仍然带有异教徒这个耻辱的称号。1375 年，犹太裔西班牙制图师亚伯拉罕 · 克雷斯克斯（Abraham Cresques）和他的儿子一起受到阿拉贡（Aragon）统治者的委托，绘制了当时最为详细的宇宙图，并以此作为送给年轻的法国国王的礼物。这套地图被称为卡塔兰地图集（Catalan Atlas），它展示了当时人所认知的宇宙中的宇宙志和航海事务之间的统一，绘图者通过地中海海员的棱镜绘制出了已知的世界。结果，波罗的海沿岸大部分遥远和寒冷的地区被描绘得很糟糕，图上留下了充足的空白，足以通过一种中世纪思想的幻象来填补。虽然简洁，然而却令人回味的是，克雷斯克斯将立陶宛人居住的地方概括地称为信异教的立陶宛（Litefanie Paganis）。

立陶宛信奉异教的精英们最终在1387年接受了天主教信仰，条件是40岁的约盖拉和12岁的波兰女王雅德维嘉（Jadwiga）之间的婚约。伴随着这桩婚姻，维尔纽斯的神圣景观里清理掉了异教徒的遗物：天主教的大教堂建在被毁坏的异教神坛的遗址上。作为送给立陶宛的结婚礼物，约盖拉根据德国马格德堡镇的公民宪章授予了维尔纽斯市政权。尽管如此，这种皈依并没有结束对立陶宛人进行一年一度“远征”的传统。条顿骑士团于1383年包围了维尔纽斯，但由于格迪米纳斯后裔之间的内斗，骑士团对这座城市的攻击持续了10年。具有讽刺意味的是，在十字军对立陶宛具有数百年历史之久的征讨史上，骑士团对维尔纽斯最为成功的袭击之一竟是维陶塔斯（立陶宛历史上最受尊敬的统治者）领导的，他反对约盖拉对这座城市的世袭权力。

已知的第一个留下关于维尔纽斯描述的人是一个名叫吉尔伯特·德·兰诺伊（Guillebert de Lannoy）的失败的十字军战士，他是一个来自佛兰德斯（Flanders）的贵族，拥有典型的贵族血统和世界主义的忠诚。兰诺伊出生于1386年，也就是约盖拉与雅德维嘉结婚的那一年。他骨子里是个好战的人，13岁那年他成了一个流浪的骑士。他在英格兰、勃艮第和西班牙都打过仗，之后他于1413年冬季抵达普鲁士，参加“远征”以对抗“北方的撒拉逊人（Saracens）”。他来晚了几年，因为1410年遭遇失败之后，骑士团处于一种崩溃的状态。“远征”被迫取消，这让兰诺伊没有什么行侠仗义的事可做。这位弗兰芒（Flemish）骑士铤而走险，摇身一变成了一位外交官。首先，他去了位于诺夫哥罗德（Novgorod）和普斯科夫（Pskov）的北部俄罗斯公国，在那里他被当作间谍驱逐出境。接下来，他来到邻国立陶宛，与俄罗斯形成鲜明对比的是，他受到了亲切友好的欢迎。八年后，兰诺伊（这次他的官方身份是英格兰亨利五世国王的大使）在前往叙利亚和埃及途中经过立陶宛，这次他的秘密使命是复活耶路撒冷王国（the Kingdom of Jerusalem），在那里，早期的十字军曾遭受过失败。

Littaw
Littaw iſt auch ein weitte gegennt gegen dem auffgang an die Poln ſtoſſende ſchier alle ſeeig vnnd weldig
Vitoldus ein bruder Vladiſlai hat daſelbſt geregirt vnnd nach verlaſſung der abgötterey das ſacrament
Criſti mit dem Polniſchen königreich empfangen vnd zu ſeinen zeitten ein groſſen namen gehabt. Den fürchteten
ſeine vnderthanen alſo ſere weñ ſie von ime gehaiſſen warden ſich zeerhencken. ſo wolten ſie ime lieber gehorſam
erſcheinen deñ in ſein vngnad fallen. Welche ime widerſpennig warñ die lieſz er in ein bernhawt neen vnd den le‑
bendigen bern zezerreiſſen fürwerffen vnd auch mit andern grawſamen peynen verfolgen. wo er ritte ſo füeret er
alweg einen geſpañten bogen. wenn er dañ ymant erſahe der anderſt geparet deñ ime gefielle ſo ſchoſſe er ine alſz‑
pald mit einem pfeil. vnnd tödtet vil menſchen durch ſpil diſer plütig wüettrich. Sindugal ſein nachkomen neret
ein berin die was gewenet prot auſz ſeinen henden zenemen. offt in die welde zelawffen vnnd widerkomende bis
an des fürſten ſchlafkamer zegeen vnd an allen thüren zekratzen vnnd mit den füeſzen anzeklopffen ſo yne hungret
ſo tete ime deñ der fürſt auff vnd gab ime die ſpeyſs. Ettlich edel iungling macheten einen anſchlag vber diſen für‑
ſten vnd komen mit gewappenter hand für des fürſten ſchlafkamer an der thür nach weiſe der berin an klopffen
de. Sindugal mainet die berin wer da vnd eröffnet die thür vnnd wardt alſzpald von den edel lewten erſtochen
Darnach gelāget die herrſchūg diſs lāds an Caſimirū. zu ſumer zeitē iſt vor waſſern zu dē Littawern nit leichtig‑
lich zekomē. zu wintterzeit fert man vber die gefrornē ſee. Die kawflewt zyhē auff dē eyſe vñ ſchne vñ fürē ſpeyſs
auf vil tag mit ine. Alda iſt kein rechter gepanter weg. ſo ſind auch alda ſeltē ſtett vñ wenig dörffer. Bey dē littawin

“立陶宛”，幻想中这个国家的肖像，出自《世界编年史》（*Weltchronik*），1493 年。（维尔纽斯大学图书馆）

从英格兰通过立陶宛到埃及的旅程似乎听上去不太可能，但在 15 世纪初，立陶宛大公国（Grand Duchy of Lithuania）急剧扩大，政治上也处于稳定期，它将使用拉丁文的欧洲与伊斯兰世界联系了起来。那时，没有其他大陆强国能做到这一点。尽管如此，找到并且抵达维尔纽斯则依然是一种挑战。一旦当他走近立陶宛的边界，兰诺伊就记起在“拥有一大片树林和纵横河流的极其空旷的乡村”和冰冻的湖泊中徘徊，他两天两夜没有看到一个活人。只是在维尔纽斯附近才看到人类活动的迹象，用外交官的话来说，这些是“被条顿骑士团强迫皈依的基督徒”。对于兰诺伊来说，只是在维尔纽斯觐见了维陶塔斯大公之后，穿越立陶宛的旅行才变得更加舒适起来，因为立陶宛的统治者觉得“为所有通过他的领地的外国人确保自由和舒适而感到非常荣幸”。维尔纽斯仍然像强大的欧洲国家里的那种石头建造而且堡垒坚固的城镇。这座巨大的木质城堡统治着这个地方，它是建在“非常陡峭的沙质山丘上，它是用石块、泥巴和砖块加固的”。而这座城镇本身被挤成了“长而窄”的一条，“这些木制房屋令人不舒服地挤在一处，中间有几座石头盖的教堂”，城里是一片没有防护墙或大门的空地。当地居民说着“他们自己的语言”，“男人留着齐肩而且散开的长发，年轻女性的穿着较为简单，就像在皮卡第（Picardy）一样”。[12]

兰诺伊最感兴趣的是特拉凯（Trakai），一个位于维尔纽斯以西“七英里”处的湖畔小镇。1391 年，特拉凯老城被十字军摧毁。出生在那里的维陶塔斯在湖上建造了一座新的、保护良好的公爵城堡。这个新城镇拥有君主的特权并受到王室的关照，它成了立陶宛的国际中心，“这里有德国人、立陶宛人、俄罗斯人和许多犹太人（Jews），他们说着各自独立的语言，在一起共同生活着”。在所有教派的犹太人和基督徒中间，有许多鞑靼人住在特拉凯。兰诺伊强调说：“鞑靼人，他们是真正的撒拉逊人，对耶稣基督的教义一无所知。”然而维陶塔斯接受了这个地方的多样性，这种多样性部分是由于他自己允许不同信仰的人们定居在维尔纽斯及其周围地区的政策所造成的。他两次受洗——第一次是接受条顿骑士团的洗礼，第二次是波兰的首领——维陶塔斯在宗教和文化方面非常信奉实用主义。兰诺伊毫不犹豫地将维陶塔斯描述为“一位征服了十二或十三个王国的非常强大的君主”，而且也是一位富有的王子，“拥有不下一万匹备鞍的马”。他用更富有告诫性的语调对维陶塔斯在信仰生活上的松懈评头论足，他发现国王和“撒拉逊异教徒”一起用餐，连星期五都有鱼和肉。作为统治者保护异教徒的标志，兰诺伊指出维陶塔斯对胡斯派（Hussites）给予了热情的支持，后者是波希米亚被逐出教会的异教徒和罗马教皇的死敌。

虽然天主教成为立陶宛统治者信奉的宗教，但拉丁教会却未能将其统治权扩展至维尔纽斯。在15世纪上半叶，天主教和东正教居民的公民权和宗教权得到了平等对待，这使得这座城市成为基督教的两个支流有效的交汇点。犹太人应该是在这个世纪的中叶开始在维尔纽斯定居的，因为早在15世纪80年代犹太社区就已经有了自己的墓地。1495年，犹太人在不太宽容的亚历山大(Alexander)大公的命令下离开了立陶宛。后者以西班牙王室为榜样，急于通过征用犹太人的财产来证明他是个够格的天主教徒。然而，这项禁令却是短暂的，到了1501年，他允许犹太人返回并将所有的财产归还给了他们。

黎明门（Ostra Brama，波兰语）或 Aušros Vartai（立陶宛语），1924年。大门是该城的城墙唯一留存下来的结构，并已成为现代维尔纽斯最知名的地标之一。（维尔纽斯大学图书馆）

亚历山大热衷于将维尔纽斯打造成一个国际贸易中心。他颁布了一项法令，禁止外国商人在穿越立陶宛时绕过维尔纽斯，他放手并允许这些人在此建造住宅。这种强制让外国人居留的政策带来了城市的发展和繁荣，但也带来了新的疾病。在 1498 年，也就是在那不勒斯首次记录到梅毒后不到四年的时间，这场疫情席卷了维尔纽斯。为了更好地保护和控制城市，亚历山大指挥修筑了一道绕城而建的，拥有九座大门的城墙。绕城而建的这道城墙花了 20 年的时间才建好，城墙高数米，全长三千米。城墙竣工时，武器装备的进步和新颖的军事战略又使这道城墙变成了一个弱小的防御工事。相对隔绝的地理环境再次提供了当地居民可以祈求的最佳保护。

在第一批外国外交官抵达立陶宛近两个世纪之后，另一位教皇的使节，塞巴斯特（Sebaste）的名义主教扎恰利亚·费雷里（Zaccharia Ferreri）访问了维尔纽斯，他在圣地失去了天主教圣座（Catholic See）。费雷里于 1479 年出生于意大利北部，他是在帕多瓦（Padua）接受的教育，他属于拥有文艺复兴时期精神思想的一代神职人员。1513 年，他被教皇逐出教会，因为他支持针对天主教会的改革派，之后他逃往法国。利奥十世（Leo X）当选后的第二年，他又重新显赫起来。利奥十世是美第奇家族的后裔，他致力于用贵族的财富和艺术想象力去制造那些铺排的，颂扬罗马的大场面。

1520 年，费雷里接受教皇的委任去说服西吉斯蒙德（Sigismund）国王（他是亚历山大的兄弟，也是随后的立陶宛大公）参加一场反对奥斯曼人（Ottomans）的新运动，奥斯曼人迅速扩张的帝国已经到达了立陶宛南部的边界。为了将混战不休的基督教各派团结起来对抗穆斯林，教皇派费雷里在波兰—立陶宛和条顿骑士团之间缔结永久的和平。教皇还期望他前往莫斯科，通过要求沙皇参加十字军东征，将他从那些持东正教信仰的分裂派中“拯救”出来。费雷里在这两件事上都失败了：骑士团与波兰之间的和平条约是通过神圣罗马帝国皇帝（教皇的老对手）谈判缔结的，而西吉斯蒙德国王则阻挠了他前往莫斯科的行程，他对费雷里的传教资格和外交技巧几乎没什么信心。

但是，费雷里这个狂热的天主教徒成功地说服了波兰国王与新兴的新教思想进行搏斗。在波兰，他组织了对路德派书籍的公开宣判活动（auto-da-fé，欧洲最早的此类行为之一），并促成了一项禁止出版路德派书籍的法令，并推动了禁止路德出版物的法令。初次成功让他大喜过望，这位使节又点燃了一场针对东正教信徒的火热运动，这场运动波及了立陶宛的大多数人口。在这场双边的神学之战中，费雷里找到了一个帮凶，他的生平故事使他能够进入维尔纽斯。一段时间以来，罗马的教皇办公厅不断收到波兰—立陶宛最高世俗统治机构和教会当局的请求信，他们请求启动亚历山大和西吉斯蒙德的哥哥卡西米尔王子的封圣程序。教皇利奥十世（Leo X）认真地接受了这一请求，并指示费雷里收集有关这位逝去的王子圣徒行迹的材料和目击证据。

卡西米尔是约盖拉的孙子，也是格迪米纳斯的曾孙。他出生于1458年，是国王的第二个儿子并被培养成为统治者。在他的哥哥夺取了波西米亚的王位之后，他的父亲将13岁的卡西米尔送到匈牙利，并宣称他拥有这个国家的王室头衔。战争迅速恶化：得不到军饷而又士气低落的雇佣兵军队四散奔逃，这让这位手无寸铁的年轻的冒牌王子蒙羞。他由于失败而变得谦卑，卡西米尔从战场上回来后就像变了一个人似的。他拒绝了宫廷里奢侈而舒适的生活，将他充满活力的青春投入独身和禁欲主义之中，王子将他的关注点转向了慈善事业和传福音的工作。尽管这位王子过于虔诚而且健康状况不佳（他害了肺痨），但卡西米尔的父亲还是选择了他作为波兰王位的接班人。由于有来自父权的鼓励，卡西米尔在波兰积极理政，并在他定期访问立陶宛的时候，呼吁他的父王通过限制东正教徒的宗教自由来加强该地区的天主教会。然而，王子无视家人的计划，拒绝迎娶神圣罗马帝国皇帝（Holy Roman Emperor）的女儿。有传言说卡西米尔如天使般英俊，他在祈祷中度过了每个夜晚，他完全拒绝圆房和生育，即便这是家庭和皇室成员的责任。御医在他父母的祝福下规劝他说与一位美女同房是对他所罹患肺病（并且可能是阳痿）的最有效的解毒剂，但他却宣称偏爱死亡和天堂里来世的生活，而不是这种罪恶的采阴补阳的乐趣。1484年3月4日寒冷的清晨，他时年20岁，在立陶宛某城镇里一座教堂的门口处，以一种跪地祈祷的姿势离开了人世。他的遗体被带到了维尔纽斯并安葬在大教堂的皇家地下室里。

虔诚的行为和独身生活并不足以让卡西米尔成为圣徒。一场成功的封圣典礼需要神迹，所以费雷里去维尔纽斯寻找神迹。在从波兰到维尔纽斯一个月的长途旅行中［根据一些同时代人的描述，这里非常靠近北极（North Pole）］，费雷里越来越意识到上天在导引着卡西米尔。在他的旅程中，暴雨猛烈而肆虐地倾泻在大地上，雷鸣般的暴风宣示着世界末日即将到来。然而，这位使者却从未感到过沮丧。每天的洪水只是在夜间或旅客到达避难所时才开始暴发。事实上，用使者的话来说，暴风雨的天气让旅行变得更加轻松，因为“在白天云层遮住了炎热的太阳。而夜间的降雨对我们来说似乎是一种天赐的祝福，因为它从沙路上冲走了尘土（这使得在这儿的旅行变得如此曲折），所以它对我们的眼睛没有任何伤害。我们对自己的运气感到惊讶，我们理解这是上帝恩赐的奖励，因为我们正在对神佑的卡西米尔的成就进行研究，这是我们深切关注的圣徒的生平故事”。[14]

大气层所导演的这出戏剧在维尔纽斯的城门处达到了高潮，在“穿越原始森林，无人居住而且满是泥泞的地形”之后，这位使节遇到了一群兴高采烈的当地居民。在感恩节弥撒和晚宴结束之后，费雷里参加了“维尔纽斯、基辅（Kiev）和卡法（Kaffa）主教、地方法官、神职人员和无数天主教和分裂派（东正教）教徒的欢迎会”，然后他准备进入这座城市。此时天空又变成了一种看起来险恶的颜色。一阵狂风在远处轰隆作响，贵族们都穿着“镶有黄金宝石的丝绸”服装，还有不计其数的平民紧张地朝天上张望。幸运的是，只有当游行队伍聚集在大教堂高高的圣坛周围后，这场风暴才平息了下来。对于费雷里来说，这是卡西米尔无玷圣徒地位的明证。[15]

费雷里一定听说过另一位教皇特使，特兰西瓦尼亚（Transylvania）的雅各布斯·皮索（Jacobus Piso），他在六年前，即 1514 年经过这座城市。皮索来到维尔纽斯是为了庆祝波兰——立陶宛最近在奥尔沙（Orsha）击败俄军的胜利。莫斯科的这次失败并不能归因于任何神明的干预：胜利的荣誉应由立陶宛军队的盖特曼（hetman）和波兰国王——卡西米尔的兄弟共同分享。皮索在维尔纽斯逗留了五天，写了一首十六行诗，名为《自立陶宛》（*De Lithuania*）（1533 年在维也纳出版），诗里描述了他访问的每一天。在访问的第一天，维尔纽斯提神的清水让这位饱受炎日之苦而疲惫不堪的旅客恢复了活力。第二天，他向这位盖特曼致敬，一天后，胜利的消息得到了公开的证实。第四天，他通过观察敌军战俘的游行证明了“这份国王的荣耀”。最后，在第五天，当一位亲切的国王最终允许这位疲惫的外交官离开这座城市时，“欢乐的时光到了”。皮索用反问自己的修辞手法结束了这首诗：“还有什么要说的？告别，立陶宛人的土地，并且要坚强，因为我不想住在这里，即使我被奉为神明。”[16]

费雷里在维尔纽斯的体验与众不同。他所得到的待遇，如果不是像上帝一般，至少也是像圣父（Holy Father）尊敬的使者一般的待遇。他在这座城市从当年 9 月到次年 2 月一共待了六个月，他非常享受这个过程，因为他来了之后受到的是正式社交礼仪的待遇。费雷里极力利用自己高级神职人员的地位，召集宗教会议并反对新旧两个异端邪说：路德的教诲和俄罗斯东正教的布道。然而，冬天的严寒威胁要破坏他的宗教工作。对于意大利人而言，费雷里写道：“他们习惯了罗马的气候，即便是轻微的寒冷也可能是危险的。”但在“立陶宛，这是一个北极国家，即使是野生动物也会冻死，树木和建造房屋的原木也会因寒冷而分崩离析”，人们很容易被冻伤，然后很快就会死亡。但是全能的上帝展现了他的仁慈；这个冬天是记忆中最温和的。在圣诞节，这些意大利人可以整天待在户外，当他们“向人们布道反对俄罗斯人的异端邪说”时，他们可以从一座教堂走到另一座教堂，而他们敏感的性格也不会受到伤害。虽然费雷里为这宜人天气而感谢卡西米尔，但“立陶宛人一致认为只有我们意大利人才能把罗马的温暖”带到维尔纽斯。[17]

圣卡西米尔。1749 年。这幅圣像在维尔纽斯三个地标（小教堂、城堡山和三十字架山）的背景上描绘了这位圣徒：大教堂中的卡西米尔。（维尔纽斯大学图书馆）

当地人很快就指出了老百姓经历过的卡西米尔施展的神迹。失聪的、失明的、残疾的和患有疾病的信徒们在他的坟墓那里经常能治愈自己的病痛，一个女孩也死而复活了。事实上，据说整个国家的未来都掌握在这位已故的王子手中。一年前，有人告诉费雷里，“在古代很少有人知道，在我们这个时代没人能知道的”一个奇迹已经把立陶宛从完全毁灭中拯救了出来。俄军有六万人的力量——他们涌入了立陶宛，而立陶宛只能召集 2000 名志愿兵。眼见着这个国家陷入绝望。维尔纽斯没有防御能力，这里的居民准备赴死或被囚禁。立陶宛士兵的眼里噙着泪水，要求卡西米尔保护并宽恕他们，因为他自己没有被尊为圣徒。祷告恢复了他们的勇气，“信仰给予了庇护他们的帡幪”，他们无情地击溃了敌人。立陶宛人没有丧失灵魂，他们赢得了胜利。[18]

费雷里煞费苦心地收集了各种关于神迹的证词，包括他自己对这“神佑的”天气状况的描述，他在维尔纽斯时还完成了卡西米尔的第一部圣徒传记。1521 年出版的《圣卡西米尔的生平》（*Vita S. Casimiri*）一书以人文主义的方式描述了这位圣徒的一生，将卡西米尔的神迹般的生平事迹与关于王室家庭、国家历史、地理事实和民族志细节等世俗世界的描述交织在一起。维尔纽斯已经为世界带来了三位圣徒殉道者，但他们却被天主教会排挤，被视为异教徒。1347 年，当地大公王廷里的三名成员皈依了拜占庭（Byzantine）东正教，他们在维尔纽斯遭到了异教暴徒的折磨和杀害。30 年后，他们的遗骸被带到君士坦丁堡（Constantinople）的索菲亚大教堂（Haghia Sophia），这是拜占庭帝国的主教教堂。在奥斯曼人征服君士坦丁堡之后对这三位殉道者的崇拜依然延续了下来，并得到了莫斯科大牧首的强化，他在 1549 年将他们列入了俄罗斯东正教圣徒的总名录。东正教的圣徒录使维尔纽斯成了拜占庭世界的一部分，而费雷里决心要脱离前者，所以他要将卡西米尔封圣，让他成为拉丁语世界的后代。

在这本书中，这位使节热衷于通过指出立陶宛与意大利（分别为 Lituania 和 Italia）这两个单词在正字法上的相似性来建立维尔纽斯和罗马之间的亲密关系。事实上，他将这两个单词合并为立塔利亚尼亚（Litaliania），如果把它看成一个完全是想象中的国家的话，那么它就是一个著名的国家，其“古老的过去因伟大的庞佩乌斯（Pompeus）的支持者所建立的殖民地而闻名”。[19] 尽管有这种宗谱上的联系，但立陶宛仍是“一个苦寒之地的国家，夏天在这里是一位罕见的访客”，它是意大利的对立面。立陶宛不是被地中海（Mediterranean）和阿尔卑斯山（Alps）所庇护，而是“从四面八方被广阔的平原所环绕，这周围遍布着森林、湖泊和沼泽”。这里没有“葡萄园和果园”，但森林里到处都是“很多因其温暖而奢华的皮草而备受赞誉的小动物们”。[20] 尽管如此，通过将意大利与立陶宛融为一体，费雷里将维尔纽斯绘制到了文艺复兴时期的古世界地图上。像古罗马一样，文艺复兴时期的维尔纽斯站在各种贸易路线的十字路口，这些商贸之路带来了“来自德国（北方），萨尔马提亚海（Sarmatian Sea）[波罗的海（Baltic Sea）] 和蓬托斯海（Pontus Sea）[黑海（Black Sea）] 的财富，这些财富甚至来自更远的地方——亚美尼亚（Armenia）、斯基泰（Scytia）、色雷斯（Thracia）、希腊（Greece）和米西亚（Mysia）[小亚细亚（Asia Minor）]”。[21]

费雷里称赞卡西米尔是立陶宛和意大利之间古老统一的化身，他在这本圣徒传记的结尾处写道，为了维尔纽斯有望成为一座象征着基督徒团结灯塔的城市而欢呼庆贺：

> 庆祝光荣而美丽的意大利生下了尊贵的立塔利亚尼亚和立陶宛的贵族，他们给我们带来了卡西米尔。庆祝这广阔无垠的萨尔马提亚征服了霜冻和严寒，当你赤身裸露之时，你却孕育了最为美丽而令人欢喜的生命之树，这棵生命之树上结出了最为甜美的懿行与荣耀的果实。要为圣洁而虔诚的母教会庆祝，它显扬了卡西米尔这位基督（Christ）真正的儿子，这名为信仰而战的斗士。……最重要的是，为维尔纽斯这座辉煌的城市庆祝。卡西米尔的白骨，他备受崇敬的遗体和神圣的遗物将留给子孙后代，这是他不朽和荣耀的保障。让我们与每个基督教教会分享这个消息，让每座有音乐的神庙都能显扬上帝的名字：“这里有圣歌，还有管风琴赞美诗！”[22]

对卡西米尔赞美般的问候提早了一个世纪。梵蒂冈（Vatican）在卡西米尔这位圣徒的一生中没有发现任何瑕疵，但是教皇利奥十世于 1521 年去世，并且费雷里从立陶宛回来后不久也与世长辞了。1527 年神圣罗马帝国军队对罗马的劫掠以及欧洲日益膨胀的宗教纷争使得虔诚的萨尔马提亚王子长期接受教会的宣福。而当新教（Protestant）教义热切地清除了这片偶像崇拜的天地时，信天主教的维尔纽斯就暂时没有守护圣徒了。

第二章 描绘萨尔马提亚

“萨尔马提亚”，欧洲边境上的省份，出自《普通宇宙志》（*La cosmographie universelle*），1556 年。(L. 布里迪斯私人收藏)

（文艺复兴时期的）人们是否能将自己视为欧洲人可以根据地图结构来确定，虽然地图的结构变得越来越明确，但一个国家的人还是可以通过更多的旅行和增加阅读来更多地了解其他国家，但实践中存在着相反的倾向：要知道的东西不一定是要喜欢的。信息开阔了思想；它也助长了偏见。

——约翰·哈勒（John Hale）

已知最早绘有维尔纽斯的地图之一是1513年在斯特拉斯堡出版的名为《现代欧洲的萨尔马提亚地图》（*Tabula moderna Sarmatie Europa*）中的一幅地图。[1]根据绘制这幅地图的传说，该地图是由罗马的红衣主教兼总督尼古拉斯·库萨努斯（Nicolus Cusanus，1401—1464）所制作的一幅早期地图的修订版。他试图将古老的地理知识应用于15世纪欧洲的政治版图之上。在已知的史料中，库萨努斯地图1491年的副本上第一次出现了立陶宛大公国；然而，图上标出的首都只是一个无名小镇。1513年的副本上所画出的立陶宛的领土内只有几个有名的和标记清晰的城镇。具有讽刺意味的是，地图的绘制者这次十分热情地在立陶宛的境内绘上了众多城市和城堡，他在同一张地图上把维尔纽斯标注了两次。第一次他正确地将立陶宛首都标定为威尔诺（Wilno）镇，并将其标于两条无名河流的交汇处。第二次他错误地将这座城市标记为彼尔德（Bilde），并将彼尔德标记在威尔诺原址的南部。在历史上，没有别的地方使用彼尔德这个名字，这个名字似乎是威尔德（Wilde）的讹化版本，在15世纪记载立陶宛的几种德语文献中威尔德指的就是维尔纽斯。德国人使用威尔德作为维尔纽斯的名字［如在威尔德城（in die statt Wilde），为威尔德城（für die Wilde），到威尔德城（zur Wilde）］，源于条顿骑士团的旧编年史，但直到18世纪这个名字仍然可以散见于许多记录和地图中。[2]

立陶宛麋鹿，出自《普通宇宙志》（*La cosmographie universelle*），1556年。（维尔纽斯大学图书馆）

在早期的欧洲编年史中，地理上的误称并不罕见，立陶宛位于边境地带中，地方土语中的地名中会有各种各样的拼写错误和语言变化。然而，与维尔纳（或维尔纽斯）相比，威尔德这个词更受到德意志人的青睐，这很可能与意识形态有关，在这种情况下，这一点也与争夺立陶宛控制权的地缘宗教斗争有关。德语单词Wilde具有非常具体的内涵：der/die Wilde意味着野蛮或狂野。这片广阔的森林地区分割了维尔纽斯与条顿骑士团在普鲁士的财产，由于十字军无休止的突袭，这里的人口减少，在德语中这里被简称为die Wildnis（荒野地带）。这使得每年深入立陶宛进行“远征”的思想和实践与将该国作为已知世界的荒野边陲的认知经验紧密地结合起来。

在立陶宛，城市与荒野——文化与自然之间的密切关系达到了西欧所罕见的水平，在那里，城市更多的是农村（而不是森林）环境中的一部分。即使在条顿骑士团的袭击结束之后，想要抵达维尔纽斯的话也不可避免地要穿越这片漫长的荒野，每个角落都会潜伏着惊喜和危险。一本15

世纪晚期的宇宙学书籍中记载：

> “横贯整个萨尔马提亚（Sarmatia）的这片著名森林在整个欧洲都无可匹敌。森林一直延伸到（波兰首都）克拉科夫，可以通过这片森林徒步走到立陶宛和斯基泰地区。这片大森林像伸出的双臂一样环抱着整个地区，它为大群的野生动物提供了庇护。在森林的北部生活着凶猛的野牛，这种巨大的野兽非常讨厌看到人类；这种牛当作野味会非常好吃，它们的肤色类似于柠檬的颜色；前额是白色的，有凸出的犄角；得需要付出巨大的努力才能捕到它们。”[3]

从任何勇敢到足以进入这片北方荒野的欧洲冒险家的角度来看，维尔纽斯这座城市一定像是一个小小的岛屿，它就迷失在这片无尽的常青树之海当中。但维尔纽斯拥有独特的木屋，这些房子不仅没有被森林所吞没，反而像是从森林里生长出来的一般。与它的那些西欧表兄弟相比，这个小镇并不站在荒野的对立面，而是与荒野具有共生的关系。

毫无疑问，当地异教徒的宗教信仰和宗教实践活动增强了这种看法，他们崇拜自然现象，如太阳、月亮、雷声、动物，尤其是树木和森林。异教徒在立陶宛最重要的圣地位于维尔纽斯的旧中心——涅里斯（Neris）河和维尔尼亚河的交汇处——这里也受到神圣的橡树林的保护。称呼一座城市为威尔德的这种矛盾的说法将它定位到基督教欧洲的城市文明之外，在那里自然界和人类世界之间的界线更为明确，即使这种界线不总是以石墙为标志。因此，借着刀斧之力，不应该对维尔纽斯成为（信仰天主教，使用拉丁文的）欧洲城市这件事感到非常惊讶。1387 年立陶宛的受洗正是由于神圣的橡树林正式遭到破坏所致，这片橡树林位于城堡山下的神圣山谷之中。在清除了这片精神信仰之林后留下的空地上，维尔纽斯建起了第一座天主教大教堂——一座石制的建筑。

在文艺复兴时期，维尔纽斯相对隔绝的地理位置成了它最大的文化资产。它位于欧洲每一个信仰世界的边境地带——无论是天主教、基督教新教、拜占庭的东正教、犹太教、伊斯兰教甚至是异教——这座城市里构成了一幅宗教宽容和文化交融的景象。人文主义思想和文艺复兴时期的美学来到维尔纽斯的时间相对较晚。只是在 1500 年建造的优美的圣安妮教堂（Saint Anne’s Church）上，哥特式建筑艺术才在维尔纽斯达到了一定的高度，而在当时，文艺复兴的曙光已经在遥远的南方开始显露了。1522 年，这座城市里才有了第一台印刷机，这距离古腾堡（Gutenberg）在美因茨（Mainz）印刷第一本书的那个时间晚了将近七十年。但是，在维尔纽斯出版的第一本书是《袖珍旅行指南》（*A Little Itinerary Book*），一本宗教赞美诗集，以及给信仰拜占庭东正教的俗世中人用的教历。这本装饰华丽的书是由接受过天主教教育的人文学者佛朗西斯·斯卡里那（Francis Skaryna）用西里尔（Cyrillic）字母拼写的斯拉夫语 [古白俄罗斯语（Old Byelorussian）] 写成的。几十年后，立陶宛以一种更为正式的方式表达它的宗教宽容政策：1563 年，欧洲爆发了残酷的宗教冲突，而在立陶宛的维尔纽斯，贵族会议却通过了一部保障宗教自由的法律。第二年，大公发布了一项法令，禁止地方当局因仪式性杀牲罪向犹太人收取赎金，除非是基于三名基督徒和三名犹太人的证词。这种平等在欧洲很少见，在那里，在暴民统治下强制执行宗教隔离，而且往往会得到法律的支持。

现在，这个位于维尔纽斯的具有裁决性地位的立陶宛大公法院变得更加国际化，皇室间的婚姻横跨了基督教世界。外国的外交官来到维尔纽斯不仅是为了讨论婚姻问题，还讨论战争与和平的问题。1517 年，当时最成功的外交官之一西吉斯蒙德·冯·赫伯斯坦（Sigismund von Herberstein）在前往俄罗斯途中经过这里，他是为了在立陶宛与莫斯科之间订立停战协议而来的，这个协议最终于 1522 年签署。他于 1526 年返回立陶宛续签条约。赫伯斯坦为欧洲最强大的统治家族哈布斯堡（Habsburgs）家族服务，他个人曾经卷入俄罗斯与立陶宛的冲突中，这证明了在欧洲均势平衡的框架下这两个（仍处于外围地位的）国家的地缘政治意义日益增强。立陶宛是一个由天主教王室统治的，主要信奉东正教的国家，在两个宗教阵营之间它作为调解者的地位是独一无二的。两种信仰之间任何潜在的联盟，以及因此而来的基督教世界统一的可能性问题，都需要通过立陶宛及其首都维尔纽斯来解决。

当他的外交生涯结束时，赫伯斯坦出版了一本名为《俄罗斯笔记》（*Notes upon Russia*）的书，该书成为描述俄罗斯及其周边国家的一部经典之作。书中有两章内容是专门介绍立陶宛的：一章是关于该国的地理、历史和社会性质的，另一章用作者的话说，是留给了一个“关于他们的野兽”的调查。必须从他所承担的外交使命这一角度来阅读赫伯斯坦对维尔纽斯的描述，这一使命试图在莫斯科和立陶宛之间确立一种共同的政治基础（即便它不是文化基础），这也是和平的最佳保障。

赫伯斯坦写道：“维尔纳的周围被一圈城墙所环绕，里面有许多宗教建筑和石头建造的房屋。……它还有一个教区教堂和几所修道院，还有一个方济各会修道院，这些修道院的造价极高，并且因其严格的戒律而著称。其中，俄罗斯教堂的数量比那些谨遵罗马教廷仪轨的教堂要多得多。”[4]大公那支强大的自卫队的战士都“穿着长袍，像鞑靼人一样携带着弓；但他们也有矛和盾，就像匈牙利人（Hungarians）一样”。[5]在城外，“人民很悲惨，受到残酷的奴役和压迫；当任何一个由一群仆人簇拥着的人进入任何一个农夫的家时，他可以肆无忌惮地做任何他认为合适的事，他可以攫取并用掉任何生活必需品，甚至残忍地殴打这个农夫”。然而，腐败和奴役已经隔绝了所有的社会阶层：“不允许农夫们在没带礼物的情况下觐见他们的主人，当主人允许他们觐见时，有人会把他们交给管家和官员，除非这些家伙收到礼物，否则他们不会作任何安排，也不会对申请人的利益做出任何决定。不仅仅是穷人会面临这种情况，贵族也是如此，只要他们希望得到上司的任何帮助的话。我曾经听过某位年轻的大臣，他是国王身边的高官，他说在立陶宛只有一个单词，那就是‘金子’。”[6]但最令人反感的是在立陶宛的森林深处发生的事情，“可能偶尔会看到可怕的景象；因为在那里住着相当多的偶像崇拜者，他们把一种爬行动物当作家神崇拜，它有四只像蜥蜴一样的短脚，身体肥胖而呈黑色，长度不超过三个手掌”。[7]

在赫伯斯坦从事外交活动的那个年代，立陶宛大公国包括了现在的立陶宛、白俄罗斯（Belarus）、乌克兰（Ukraine）和俄罗斯西部的领土。在北部，大公国的近邻是路德宗（Lutheranism）教徒的新据点：包括瑞典（Sweden）、普鲁士（Prussia）和利沃尼亚（Livonia）[现在的拉脱维亚（Latvia）和爱沙尼亚（Estonia）]。在东部，公国的边界深入了与莫斯科（Moscow）接壤的诺夫哥罗德（Novgorod）和斯摩棱斯克（Smolensk）的俄罗斯东正教大公国。在南部，它与穆斯林（Muslim）统治的克里米亚汗国（Crimean Khanate）和信奉拜占庭（Byzantine）东正教的摩尔达维亚（Moldavia）的边界在不断地变化，这就与奥斯曼（Ottoman）帝国所统治的那个世界之间构成了一个巨大的缓冲区。该国包括了许多位于欧洲的地理区域：它从波罗的海地区（Baltic Sea）的林地和沼泽低地一直延伸到黑海（Black Sea）北岸的原始高原草地。它还包括了位于瓦莱尼亚（Volhynia）和波多利亚（Podolia）的喀尔巴阡山麓地区（Carpathian piedmont regions）的肥沃土地，以及俄罗斯森林中的一片林木十分繁茂的地区。

这片辽阔的土地上居住着各种各样的民族：波兰人、立陶宛人、卢森尼亚人（Ruthenians）[乌克兰人（Ukrainians）]、白俄罗斯人（Byelorussians）、俄罗斯人、犹太人、德国人（Germans）、拉脱维亚人（Latvians）、亚美尼亚人（Armenians）、鞑靼人和其他少数民族。这里讲六种语言——波兰语（Polish）、拉丁语（Latin）、古白俄罗斯语、希伯来

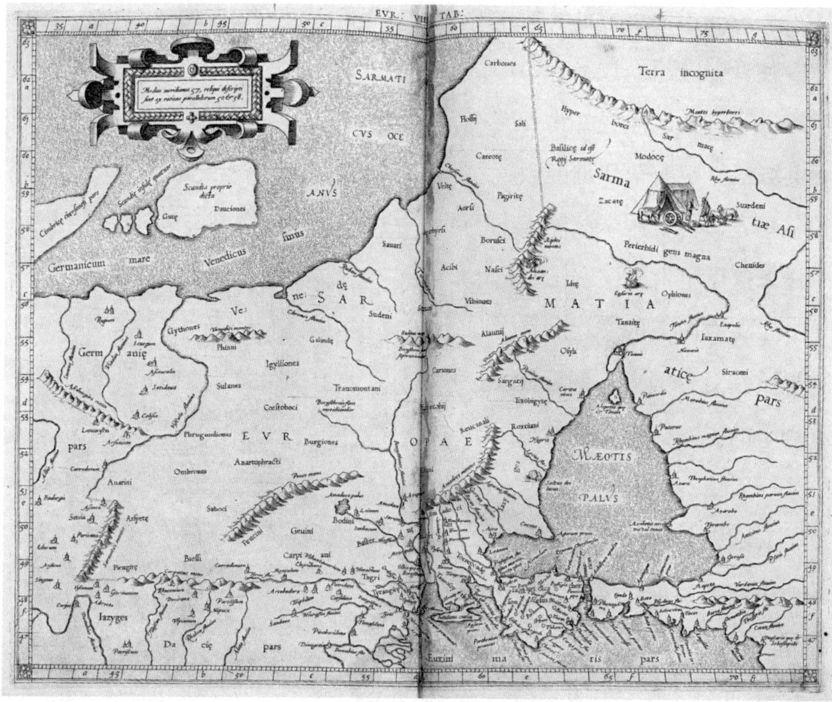

欧洲和亚洲中的萨尔马提亚，出自《地理志》（*Geographia*），1513 年。（维尔纽斯大学图书馆）

语（Hebrew）、德语（German）和亚美尼亚语（Armenian）——这些都是法律上使用的语言。宗教职业同样多样化。在基层，大公国有三种主要的基督教社区：天主教、希腊东正教和新教。1596 年，又增加了第四种——东仪天主教，试图解决希腊和拉丁教会之间在信条和礼仪上的分裂。大多数立陶宛犹太人都源于（西欧）德系犹太人（Ashkenazi），而卡莱特人（Karaites）除外，大公在 14 世纪和 15 世纪把他们从黑海之滨的克里米亚（Crimean）老家带到了立陶宛。卡莱特人被认为是可萨人（Khazars）的后裔，可萨人是一个在 9 世纪接受犹太教（Judaism）的半游牧民族。德系犹太人遵循拉比主导的犹太教仪轨，用希伯来语写作，在大多数情况下，他们使用当地的意第绪语（Yiddish）；而卡莱特人遵循巴比伦式

(Babylonian）的犹太教信仰，使用阿拉伯（Arabic）字母拼写希伯来圣经并讲一种突厥语。也有信伊斯兰教的鞑靼人，他们跟卡莱特人一样来自克里米亚。

立陶宛博大的文化和这种异质性对外国人来说是很难理解的。立陶宛模糊的地理定义进一步混淆了这一点，立陶宛具有两重空间意义：第一，它是一个作为立陶宛大公国而存在的政治国家；第二，它是一个属于格迪米纳斯原初遗产的古老省份。在这两个定义之间，陆地领土的比例存在着差异。在16世纪上半叶，大公国处于鼎盛时期，其面积大致与神圣的罗马帝国（Holy Roman Empire）相当，它是俄罗斯迅速崛起后欧洲最大的政治实体。相比之下，立陶宛这个省（或国家）内只有部分居民是立陶宛人，它只覆盖了维尔纽斯周围较小的一片领土。更复杂的是，立陶宛（大公国或该省）总是与其君主政体的合作伙伴波兰结盟。卢布林联盟（the Union of Lublin）加深了这种政治伙伴关系，该联盟于1569年建立了一个由波兰和立陶宛合并而成的国家，或者在宪法上称为两国联邦（the Commonwealth of

来自亚历山大·瓜格尼尼（A. Gwagnini）的《欧洲萨尔马提亚的介绍》（*Sarmatiae Europeae Descriptio*）中的卷首插图，1578年。该书的完整标题表明萨尔马提亚是一个从波兰、立陶宛、萨莫吉提亚、俄罗斯、普鲁士、波美拉尼亚、利沃尼亚和马佐维亚延伸到莫斯科大公国和塔尔塔里亚西部的地区。（维尔纽斯大学图书馆）

Both Nations)。

只认同这两个国家中的任意一个都不能准确地体现这种地理和文化上的多样性。唯一一个能够包含这种结合在一起的差异性的国家就是这个难以捉摸的萨尔马提亚，在地图上，这个名字的起源最早可以追溯到古希腊人和罗马人的地理和历史著作。据说，希腊地理学家托勒密（Ptolemy）曾将萨尔马提亚人野蛮部落的位置标记在亚速海（Azov sea）和里海（Caspian sea）之间的大草原上。历史学家希罗多德（Herodotus）和其他评论家则将半游牧的萨尔马提亚人的位置向西移动至黑海地区和第聂伯河（Dnieper River）下游流域。一段时间以后，这个永远居无定所的部落又向更北的地方移动，进入欧亚大陆（Eurasia）广阔的南部大草原和平原与波罗的海沿岸地区的北部森林和沼泽地相接的地区。根据罗马学者塔西陀（Tacitus）的说法，这是一片靠近"斯瓦比亚海（Suabian Sea)"（很可能是波罗的海）的未开发土地，在这里，"我们对这个世界的认识结束了"。[8] 文艺复兴时期的地理思想家认识到了古代学者的地理知识是有缺陷的。并将这个地方绘制到了当代欧洲的地图上。波罗的海变成了萨尔马提亚海（Mare Sarmaticum)，从这片海洋向东南方向无限（ad infinitum）延伸出去的那片土地被称为萨尔马提亚（Sarmatia)，这里又可分为两个区域：欧洲萨尔马提亚和亚洲萨尔马提亚。

在文艺复兴曙光初现的时期，欧洲萨尔马提亚被描述成"一片极其广大而寥无人烟的地区，未经开垦而处于荒野之中，气候寒冷。它的东部边界挨着莫斯科大公国（Moschos)（俄国）和顿河（river Don)；它的南部边界挨着达契亚人（Dacians)（罗马尼亚人）和潘诺尼亚人（Pannonians)（匈牙利人）的地盘。它的边境以西是波希米亚人（Bohemians)、摩拉维亚人（Moravians)、西里西亚人（Silesians）和条顿人（Teutons)，它的边境以北则是日耳曼海（German Sea)（波罗的海）和格但斯克港（Harbor of Gdansk)"。[9] 萨尔马提亚的这种巨大的版图令人困惑，萨尔马提亚主义

(Sarmatism）的出现使它的存在变成了一种更加有血有肉的，更加特殊的社会文化存在，这种文化在 16 世纪的波兰—立陶宛贵族中找到了肥沃的土壤。

萨尔马提亚主义是由当地的爱国主义与重新发现的古希腊和罗马文献融合而成的产物。虽然它基于古老的地理传说，但是“萨尔马提亚主义则是文艺复兴时期民族自我定义的独特变体。文艺复兴时期的精神就是回溯源头，欧洲各民族都在寻找或创造他们自己的（神话）起源。萨尔马提亚主义向波兰人表达了这样一种观点，就像其他的欧洲民族一样，他们也起源于古代作家所讨论过的那些民族，但他们的祖先甚至比许多其他欧洲人所宣称的祖先还要古老”。[10] 在缔结卢布林联盟之后，过时的萨尔马提亚神话毫不费力地囊括了立陶宛，因为萨尔马提亚身份的文化边界“逐渐得到扩张，以至于可以纳入联邦（Commonwealth）中的非波兰贵族。联邦中任何为本阶级的政治自由和特权辩护的贵族都被认为是萨尔马提亚人。出于这种神话或观点，出现了一种学说，到 16 世纪末，它成了一封政治和社会现状（status quo）的辩解书”。通过波兰—立陶宛上层阶级的稳定同化，“萨尔马提亚主义本质上成了贵族阶级及其政治权威的一份‘历史’证明材料”。[11] 有雅盖拉（Jogaila）血统的王室被认为是萨尔马提亚遗产的化身：例如，（居住在维尔纽斯的）亚历山大（Alexander）大公是“被认为是萨尔马提亚之光”，因为“所有萨尔马提亚人中没有任何人能够在勇气和崇高的心灵方面与他相提并论”。[12]

最早有关萨尔马提亚（Sarmatia）的学术著作之一是由立陶宛大公的一位意大利军官亚历山大·瓜格尼尼（Alexander Gwagnini，1538—1614）所撰写的。瓜格尼尼曾对立陶宛的历史和地理产生过兴趣，并于 1578 年在克拉科夫出版了一本名为《欧洲萨尔马提亚记事》（*Sarmatiae Europaeae Desciptio*）的拉丁文书。随后，该手稿又重新出版了几个不同的版本并被翻译成了波兰语。瓜格尼尼明确将萨尔马提亚与立陶宛大公国等同起来，

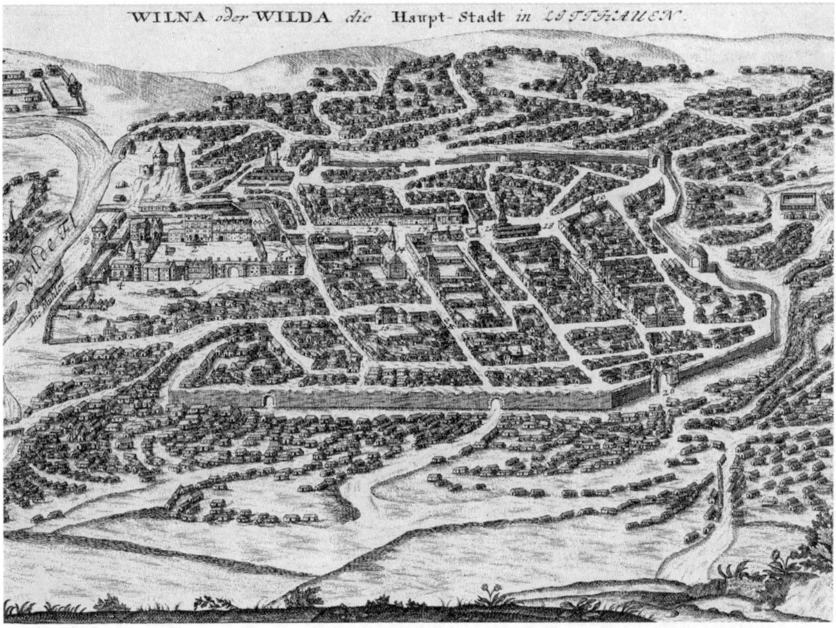

“威尔纳或威尔达（Wilda），立陶宛的首都”，约 1720 年。这张地图是根据该城市的早期规划图绘制的，该规划图于 16 世纪首次出版于 G. 布劳恩的《世界著名城市地图集》中。（维尔纽斯大学图书馆）

他称这个国家是一个“非常辽阔”的国家，在这个国家“明确的领土范围”内涵盖了“许多的公国，不同地名的州和省”。[13]

在卢布林联盟时期，维尔纽斯被描述成萨尔马提亚边境上的一个混乱而粗野的大都市。在 1576 年版的《世界城邦图》(*Civitates Orbis Terrarum*)［佛兰德的（Flemish）艺术家弗兰茨·霍根伯格（Franz Hogenberg）所设计的涵盖世界城市的著名地图集，由科隆（Cologne）大教堂的主持牧师兼制图师格奥尔格·布劳恩（Georg Braun）绘制］中，人们得以首次俯瞰这座城市。这座大城市给人的印象是，它几乎全部是用木材建造的。对这座城市冗长的描述总结了这个地方充满异国情调的特点：

维尔纳是一座人口稠密的大城市，它是立陶宛大公国和主教教区的中心。它被当地居民称为威棱斯基（Wilenszki），但德国人则管它叫 die Wilde（威尔德），它的名字来自当地的一条河流，这条河发源于立陶宛，然后汇入涅曼（Niemen）河，流入普鲁士海（Mare Prutenicum）。这座城市周围环绕着一圈砖垒的城墙，有几扇从未关闭过的城门。……大多数房屋都是木制的，低矮而狭小，没有卧室和厨房（通常没有谷仓，虽然许多居民饲养家畜），这些房子偶尔会盖得乱七八糟的。然而，一些街道，如德国人的街道和城堡街（Castle Streets），两旁都是美丽的石制房屋，这些都是由到这里经商的外国人建造的。维尔纳有两座王宫：其中一座宫殿宏大而壮丽，里面有许多宫室；另一座带塔楼的宫殿则建在山上。虽然立陶宛没有采矿业，但是在山脚下有一座装有各种武器的武器库。教堂大多是砖砌的，但也有一些木制的。不同的教派都有自己的礼拜堂。最优美的伯纳迪恩（Bernardine）修道院以其窑砖砌筑的建筑而闻名。卢森尼亚市场（Ruthenian Hall）里有来自莫斯科的商品，如最好的狼皮、白狐皮、黑貂皮、白貂皮、豹皮和其他兽皮，这些都在这里展出，也很有吸引力。街道上有许多喷泉供居民使用，它们都与德国门（German Gate）附近的泉眼相通。

也有许多市外的住宅，像在所有精心设计的城市中一样，每所住宅都有自己的名字。其中一所房屋被维尔纳河吞没，这所房子看上去显得极为寒酸而且与众不同。由于没有街道，这些小房子建造得毫无章法，仿佛是出于魔法或偶然的原因，仅仅是在这些野蛮居民意愿的引导之下才建了这些房子。任何想盖房子的人都可以带来一些松木板盖起一间原始的小屋。在王宫的大门之外，西吉斯蒙德·奥古斯都（Sigismund Augustus）国王建了一间猎人小屋以逃避城市生活中遇到的麻烦和烦恼。屋子的地面上有一个带小树丛的动物园，里面有各种外国来的昂贵野兽。

维尔纳的居民，尤其是居住在郊区茅舍中的居民，这些人没有受过教育，呆滞、懒惰、闲散而且易于屈从，对艺术和科学没有任何了解或热爱。他们是主人真正的奴隶，没有对自由的渴望。令人惊讶的是，他们对自己悲惨的生活感到非常满意，只对那些无情地责骂和殴打他们的主人表达出热爱和顺从。与此同时，他们通常会逃离那些善待他们的主人。

当地人不酿葡萄酒，但喜欢喝酒。他们喝蜂蜜酒和啤酒，而且非常喜欢温热的葡萄酒，他们吃洋葱和大蒜。他们的房子里总是充满烟雾，因为屋子里没有烟囱。结果人们会失明。世界上没有哪个地方有这么多的盲人。他们的家里没有任何装饰品或昂贵的器具。父母和他们的孩子，以及牛和野兽一起生活在一间肮脏的茅舍里。刚刚生完孩子的女主人就躺在附近坚硬的长椅上，在分娩后的第三天和第四天继续干她的家务和外出工作。整个城市里没有人有床，如果这还不够，那么舒适地入睡被认为是一种罪恶。很多富人都睡在长椅上，只盖着熊皮。贵族的生活并没有好多少，只是他们穿着用金银线绣的更漂亮的衣服。富裕的市民也很乐意给他们的妻子穿上迷人的衣服，而乡下人则总是穿着剪裁方式相同，颜色单调的衣服。

……鞑靼人主要住在郊区。他们照管田地或者充当车夫和搬运工；在冬季，他们帮助当地商人在整个农村运输货物。……一般而言，由于立陶宛完全被沼泽和树林所包围，因此仅在冬季可以往返于这座城市。只有在湖泊和沼泽被冰覆盖之后，通往城市的那些令人厌恶的道路才能通行。本地的驮畜就像它们的主人一样：强壮而野蛮。

……市民们观察到奇怪的宗教习俗。他们虔诚地参加每一次布道，虔敬地跟随神父的每一个姿势，例如，举起圣杯或献上圣礼，他们对宗教极为虔诚。他们重击着自己的胸膛和脸，着了魔似的进行祈祷。那些在前一天晚上非法交媾或自我放纵的人不会进入教堂，而是极为懊悔地待在门外，急切地盯着参加弥撒的神父。这种习俗是如此的普遍，以至于很容易在城里发现每一个走入歧途的青年和负有罪孽的少女。……当死亡最终将他们从那种悲惨的受奴役的生活中释放出来的时候……他们就穿着上好的殓衣入葬，还会埋入陪葬的钱财用于他们的来世之旅。死者还带着他们的亲戚或密友的来信，这些信是写给圣彼得（Saint Peter）的，这样他作为天堂的看门人就会让死者进入天堂。这种习俗和其他迷信的习俗是如此普遍，即使那些仍然拒绝基督教信仰（当地的犹太人和穆斯林）的人也毫无疑问地接受了这些习俗。人们永远不会忘记，当地人在过去崇拜蛇、太阳、雷和火，并把这些当作他们的神。[14]

圣克里斯托弗，维尔纽斯的象征。（维尔纽斯大学图书馆）

总体而言，外国人前往维尔纽斯的话会受到警告。导游警告说："这个大城市里的穷人和病人没有收容所或者医院，在这些地方，他们可以受到那些仁慈之人的怜悯而恢复过来。"而更糟糕的是"这些居民沉溺于蜂蜜酒、温热的葡萄酒或烈性啤酒之中，他们容易发生争吵，互相打架或发生野蛮的战斗，从而导致严重的伤害。当地人不认为杀死一个外国人是一项死罪，罪犯只要缴纳十六泰勒（thaler）的罚款便可获释。但是，如果一名立陶宛人被杀而且凶手逃跑的话，受害者的家人要将死者尸体包裹起来并且不能下葬，直到罪犯被捕并接受审判。如果受害者在审判前下葬的话，犯罪分子可能因缺乏罪证而被释放”。[15]

萨尔马提亚人会不时地在各种文化世界的宇宙志中被描绘成“残忍而迟钝的人”。[16] 西班牙神父，律师兼诗人佩特鲁斯·罗伊苏斯（Petrus Royzius）[他被称为毛罗（Mauro）] 是《第二套立陶宛成文法》（*Second Lithuanian Statute*，1566 年）的合著者，他在维尔纽斯生活了几年。在他的笔下这个地区留下了一种更为令人痛苦的印象。他是第一个用诗歌给萨尔马提亚的城市绘下这幅冷酷肖像的人：

> 可怕的饥荒、可怖的疾病、依然危险的抢劫。
>
> 在家里、教堂和街上将维尔纳征服。
>
> 若这些邪佞汇集于一处，它们就会到处留下尸体。
>
> 谁能克制这种邪魔？
>
> 一边是饥荒，一边却又有大量的食物，一边是致死的疾病，一边却又有救人的药物。
>
> 但劫匪却幸而逃离，因为这座城里没有正义。[17]

在上天的帮助下，维尔纽斯的市民们与这些诽谤性的外国报道（毫无疑问，这是严峻的现实）做斗争。因为给卡西米尔（Casimir）封圣这件事仍然没有着落，所以他们把圣克里斯托弗（Saint Christopher）绘在了城市的封印上。这是一个经过深思熟虑的选择——圣克里斯托弗是旅行者的守护圣徒，到 16 世纪末，关于这座城市的报道就变得更为正面了。在墨卡托（Mercator）的世界地图集中，他把维尔纽斯描述成一座热情好客的城市，这里住着热情好客的人们：“除了政府官员之外，所有市民都是旅店老板，售卖啤酒、蜂蜜酒和温热的葡萄酒。他们欢迎陌生人进入他们的房子，请他们坐在炉膛附近并请他们每人喝上一杯。只有在客人品尝了饮料之后，主人才会让他离去。如果客人有更多要求，或决定与主人的家人一起用餐，他会收取少量的费用。”[18]

关于外国人如何应对这种极度热情好客的历史记录很少，因为他们中很少有人会留下任何书面记录。在萨尔马提亚的文化背景下，旅客们倾向于将立陶宛人与波兰人进行比较，他们发现在社会纪律，文化上的人情世故和性道德方面，与更为西化的波兰社会相比立陶宛社会显得更为宽松。人们会偶尔将立陶宛贵族描绘成鲁莽的酒鬼，他们享受着无尽的狩猎和节日。偶然而至的旅客会注意到，在立陶宛精英的家庭里对性道德的要求异常宽松。立陶宛贵族家庭里的妻子和女儿有时会被描述为男性猎艳者，她们对风月之事的兴趣不亚于她们的丈夫或父亲。根据一些报道，许多未婚女性都与多个伴侣有公开而活跃的性行为，即使在结婚之后，社会也允许她们在丈夫的同意下跟别人维持情人关系。在中世纪晚期的波兰和德国的手稿中详细描述了立陶宛的这种叫婚内伴侣（matrimoniae adiutores）的风俗习惯，早期印刷品中也有这类的记载。并且在后来的几个世纪中，关于当地妇女的风流韵事也经常出现在欧洲的各种宇宙志中。在一件于 1611 年重印的英文版印刷品中，有一篇题为《所有国家的礼仪，法律和习俗》（*The manners, lawes and customs of all nations*）的文章，其中记载立陶宛妇女“在丈夫允许的情况下可以有她们的房内同伴（chamber-mates）和朋友，以及她们称之为婚姻助手或者密友的人，但是对于丈夫而言，通奸则是可耻而且可憎的：在这里，很容易经过双方同意之后而离婚，并且他们还能随心所欲地结婚”。[19] 立陶宛女性亚马孙（Amazon）式的形象符合萨尔马提亚女性的理想形象，在德国的奥格斯堡（Augsburg）市 1516 年出版的拉丁文诗集《萨福颂》（*Sapphic Ode*）中描写道：

有一片广阔而平坦的土地，
它向北延伸到很远之处，

那里有一千条牛耕种的土壤

那里有强壮的萨尔马提亚人。

……

在这里维纳斯（Venus）教会最可爱的女孩，

谁应该配得上朱庇特（Jove）的床，

而且只有谁才能获得阿特拉斯（Atlas）的金苹果。[20]

关于维尔纽斯的绘图知识与外国人对它的认识在不断增长，与此同时，给萨尔马提亚的轮廓绘图的过程也在进行当中，但萨尔马提亚的空间可见性却因欧洲的地理发现而变得模糊。萨尔马提亚与欧洲交织在一起的制图历史揭示了地理与神话之间的密切关系。欧罗巴洲这个地名和它的隐喻源于古希腊神话，但欧洲作为一个地理单元的概念起源于文艺复兴时期基督教世界的可视化表达。随着时间的推移，用约翰·哈勒（John Hale）的话来说，“欧洲已经从神话和地图，地方志，历史和调查进入了思想的世界”。[21] 到了 17 世纪，欧罗巴洲这个来源于神话的地名已经与其地理范围密不可分了：欧洲三面环水，受到海洋的保护，向东逐渐融入亚洲（Asia）广阔的陆地。这种欧洲的地图概念随着制图技术的进步和全球殖民地发现而不断扩大其内涵。在启蒙运动（Enlightenment）开始的时候，欧洲大陆的特性就深深地植根于西方世界里那些受过教育的精英们的头脑之中。萨尔马提亚则是相反的：这个观念诞生在古代学者的思想中，随着时间的流逝，它逐渐消失在了幻象世界之中。到了 18 世纪中叶，萨尔马提亚这个概念又退回到了它的神话起源并离开了欧洲地图。

总的来说，欧洲的早期地图上没有显示出对该大陆西部的偏私。文艺复兴时期的地图没有显示出“政治前沿的迹象……没有被设计成适合从政治角度进行阅读的地图。在地图上快速增多的城镇名称并没有表明（欧洲）西部的经济活力比欧洲东部更重要。这种公平的均匀性起源于制图师对图上空白的恐怖，但没怎么考虑到他们的工作地点和通信网络……这些网络是起源于这些地点的”。大多数地图都是在欧洲的西北角绘制的，这一地区与波罗的海地区有着密切的商业、宗教和政治上的关系。由于存在这些网络，“制图员和交易员都不认为欧洲包括了‘先进’地中海和‘落后’波罗的海地区，或有着复杂的政治和经济往来的大西洋西部和处于边缘的东部地区”。[22]

维尔纽斯是这个欧洲最大的政治实体之一的首都，人们认为它的地位与西欧或南欧的任何一个重要的中心城市的地位都是平等的。相对而言，立陶宛腹地那种具有代表性的空旷也凸显了这座城市在地图上的辨识度。立陶宛的城镇数量少于欧洲其他地区，除了广阔的森林和沼泽地外，没有其他重要的地形要素——诸如需要绘制出来的山脉、大河或湖泊。实际上，文艺复兴早期的制图师通常会夸大立陶宛的地形特征。城市周围如波浪般起伏的景观被描绘成与喀尔巴阡山地区类似的样子；立陶宛——白俄罗斯低地的沼泽地区经常出现与未知海域面积相等的巨型湖泊；小河流也被描绘成庞大的水道。

维尔纽斯在地图上的扩张也与立陶宛作为欧洲文明的地理边界的政治概念直接相关。在西欧，人们普遍认为波兰—立陶宛这个具有统一王朝的国家是“一个坚定的堡垒，不是针对土耳其人（Turks）和克里米亚鞑靼人（Crimean Tatars）的，而是针对其他那些压向西方的‘野蛮人’——俄罗斯人——他们来自从莫斯科大公国（Muscovite）首都周围的心脏地带直到半独立的南方哥萨克人（Cossacks）地区的广阔区域”。[23] 立陶宛这片新获得的区域成了基督教世界的堡垒（antermurale christianitatis），这不仅刺激了西欧的地理想象力（把这个国家描述成一个充满奇异的自然现象，具有奇怪的人民和奇特的当地历史的国家），也促进了地理艺术的传播。1613 年立陶宛大公国制作了一幅堪称杰作的高精度地图，这幅地图由米阔拉斯·拉德维拉（Mykolas Radvila）[波兰语中称为米阔外·拉齐维乌（Mikołaj Radziwiłł）] 委托制作。他是一位世界主义者，是立陶宛贵族中最富有的家族之一的后代。这张详细的地图描绘了从波罗的海沿岸延伸到乌克兰中部地区的广阔地带。其精心的设计将文艺复兴时期精确的制图工艺技术引入了装饰繁杂的巴洛克时代。因此就其地理特征而言，维尔纽斯在地图上被描绘成了一个“著名而伟大的城市”，拥有许多“精美的公共和私人建筑……以及众多奢华的罗马天主教和俄罗斯东正教教堂”。[24]

巴洛克风格直接从罗马来到了维尔纽斯。逝去的卡西米尔又重新得到显扬。1602 年，教皇终于发表了封圣宣言，将当地人崇拜的卡西米尔封为圣徒。两年后，耶稣会（Jesuits）为维尔纽斯的圣卡西米尔教堂奠定了基石—— 一块由 700 人的队伍运到这座城市的巨岩。该教堂仿照罗马的耶稣堂（Il Gesù）而建，是意大利境外首批建造的巴洛克式建筑之一。起初，似乎是圣卡西米尔的精神实现了曾经许诺过的成功，为这座城市带来了财富和荣耀。1610 年，一支统一的波兰—立陶宛军队占领了莫斯科，并将波兰国王的儿子加冕为沙皇。在耶稣会士的帮助下，圣卡西米尔成了立陶宛、波兰和俄罗斯的保护圣徒。10 年之后，作为天主教徒战胜俄罗斯东正教的象征，在 3 月 4 日（他去世的那天）纪念他的宗教节日成为整个天主教会的公共节日。

虽然波兰—立陶宛的胜利是短暂的，但从莫斯科带回的大量战利品却丰富了维尔纽斯，进一步增强了耶稣会士在建筑上的雄心。然而，1618 年给圣卡西米尔教堂的大规模献祭恰逢三十年战争（Thirty Years War）的开始，这场战争使得中欧大部分地区成为废墟。1636 年，圣卡西米尔的遗骸被包裹在银棺中，然后被安放在了城里的大教堂中优雅的巴洛克式小教堂里，此时立陶宛正处于惨遭毁灭的边缘。在波兰—立陶宛，几十年的战争之后是一段灾难性的时期，这个国家既发生了内乱又发生了外患，后

在莫斯科大公国军队破坏立陶宛之后，在拉德维拉（拉齐维乌）王子家族的支持下重建维尔纽斯。(维尔纽斯大学图书馆)

波兰的胜利。这幅来自 17 世纪的庆功版画是为了纪念波兰—立陶宛在东部击溃联邦的对手的战斗。在图片顶部的天空区域中，波兰鹰击败了俄罗斯（拜占庭）双头鹰，而在地面上，披挂西欧铠甲的波兰—立陶宛军队击败了戴着头巾的奥斯曼军队。(维尔纽斯大学图书馆)

来这段时期被称为大洪水时期（Deluge，1648—1667）。沙俄的军队洗劫了立陶宛，并于1655年至1661年占领了维尔纽斯，俄罗斯沙皇阿列克谢·米哈伊洛维奇（Alexei Mihailovich）宣称自己是立陶宛的大公。虽然圣卡西米尔的遗体被撤退的立陶宛军队带走，但俄军却亵渎了该市的许多天主教和东仪天主教教堂。

然而在战争的废墟中，巴洛克风格却得到了蓬勃的发展，以这个时代玄学般的戏剧性丰富了萨尔马提亚主义的内涵。更具体地说，1683年，扬·索别斯基（Jan Sobieski）国王率领的波兰—立陶宛联军将被土耳其围困的维也纳解围，这一胜利以寓言的方式宣告了萨尔马提亚主义所达到的光荣顶点。然而，对于联邦来说，胜利所带来的政治利益是短暂的。从瑞典人（Swedes）到乌克兰的哥萨克人，从奥斯曼土耳其人（Ottomans）到俄国人（Muscovites），外国入侵者所带来的永无止境的破坏性战争横扫了整个国家。尽管如此，联邦暴露的边界却在塑造萨尔马提亚文化的特殊性方面发挥了重要作用。虽然许多当地的“艺术实践源于泛欧洲的巴洛克主义表现方法……但他们在波兰—立陶宛联邦中却形成了独特的表现形式，部分原因在于它与俄罗斯和奥斯曼文明的广泛接触”。[25]

这种大陆上文明间的接触被当地的孤立主义所抵消。面对遭受吞并的政治现实，本土主义替代了世界主义，并且“失去了所有救赎的希望，波兰社会转向了自我，并被‘老萨尔马提亚’那种想象中的理念所迷惑，它开始忽视最起码的现实”。[26]在所谓的撒克森时代（Saxon era，1697—1764），当联邦由两位外国君主（萨克森的选帝侯）统治时，萨尔马提亚主义获得了怀旧的内向性和感伤的本土主义的明确内涵。波兰的贵族（szlachta）往“萨尔马提亚”里填充了对往昔岁月真实的和虚构的回忆。从这个意义上讲，萨尔马提亚更像是一个重写本而不是一个国家，它成了一个可以想象而且可以解读的王国——一种可以辨认的惯用套语——由熟悉的神话、家谱、历史和地理等元素拼凑而成。这是真实的，因为它是可以辨认的。萨尔马提亚这种具象的现实性得到了巴洛克式想象力所提供的戏剧性的支持，这种想象力将古代史诗，圣经场景，异国情调，奇妙的图案和当代欧洲政治事件自由地融合到一出展开的日常戏剧之中。

各种日常仪式、官方典礼、习惯性的手势、雄辩性的抨击，当然还有语言，使波兰—立陶宛贵族的萨尔马提亚国家与其他周边国家区别开来。波兰贵族穿着特殊的萨尔马提亚式服装，遵循着独特的萨尔马提亚式社会和宗教习俗，甚至遭受了一种奇怪病症的折磨，在拉丁语中这种病症被明确地称为波兰纠发病（plica Polonica）。曾有一位 18 世纪的瑞士（Swiss）医生将这种病症描述为“一种刺鼻的黏性体液渗透到了头发里”，其一般症状是“瘙痒、肿胀、出疹、溃疡、间歇性发烧、头疼、疲倦、精神不振、风湿、痛风，有时甚至会抽搐、瘫痪和癫狂”。这种疾病就像是萨尔马提亚国家里的贵族成员一样被认为是世袭的，但是令外国人感到恐怖的是，“在处于恶性状态时这种病症也被证明是具有传染性的”。[27]

很难说维尔纽斯在萨尔马提亚主义的巴洛克时代是怎样的。市政官员的构成揭示了这种族群分裂的模式，波兰人占大约百分之五十，卢森尼亚人占百分之三十，德意志人占百分之八，意大利人（Italians）占百分之四，以及一些立陶宛和匈牙利血统的少数民族。由于犹太人、鞑靼人、低阶级的立陶宛人和外国人不能参与地方政府，所以总人口的构成会更加多样化。宗教团体或贵族的家庭成员也被排除在市民队伍之外。即便在耶稣会领导的反宗教改革（Counter-Reformation）之后，城里的精英们仍然存在着宗教分歧：天主教徒主导城市政治，但只是略具优势，因为他们占当选官员的百分之六十；第二名是东仪天主教徒——大约占百分之三十；然后是新教徒和东正教徒，分别占精英人口的大约百分之三。（应该指出的是，在 1666 年之后，新教徒和东正教徒被禁止在市政府担任公职，这就大大地改变了该市统治阶级的人口统计图。）[28]

就在这座城市中，居住着基督徒（Christians）、犹太人、卡莱特人和穆斯林的多元化社区彼此相邻，因此维尔纽斯成了各种语言的交汇之地：立陶宛语、斯拉夫语（Slavic）[波兰语、卢森尼亚语（Ruthenian）、俄语、古教会斯拉夫语（Old Church Slavonic）]、拉丁语、德语、意第绪语、希伯来语和突厥语（Turkic）。外国人很快在臭名昭著的巴比伦（Babylon）找到了圣经上的等同物。这种暗示具有双刃剑般的意义，因为它既暗示着对当地现实的极度迷恋又暗示着一种严厉的谴责。在许多外国人和一些当地人眼中，特别是在耶稣会士的眼中，这座城市的多元文化主义被视为一种诅咒而非祝福。

维尔纽斯大瘟疫，1710 年。（立陶宛艺术博物馆）

萨尔马提亚主义是贵族的社会特权，乡村庄园是其主要的文化领域。尽管维尔纽斯政治地位下降了，财富减少了，人口减少了而且地方主义的势力壮大了，但它仍是该地区最大的城市。1645 年，维尔纽斯（不包括郊区）拥有约 300 栋砖房和 200 栋木屋，人口约为 5 万人。[29] 然而，当地贵族在文化和政治上都占据了城市的主导地位。总的来说，贵族占波兰—立陶宛人口的 10%左右，他们是欧洲最有特权的社会群体之一。贵族有权集会并有选举国家统治者的义务。他们还能决定税收、外交政策和战争等事宜，甚至享有反抗不受欢迎的国家政策的权利。因为他们手里握有如此大的权利，所以乡下的士绅将这座城市视为他们的后院。事实上，当地贵族拥有城里的许多建筑，并资助建造了许多精美的巴洛克式教堂。维尔纽斯的萨尔马提亚式建筑立面也根据立陶宛贵族上层社会的意见而施以彩色涂装，以保持这种与罗马之间富有寓意的联系。自文艺复兴时代以来，最强大的家族都将他们的宗谱起源追溯至失落的古罗马战士的部落，并将这座城市视为罗马在萨尔马提亚的复制品。虽然并不完美，但这种想象力延长了巴洛克风格的艺术活力，并超越了其在西欧的存续时间。

在 18 世纪维尔纽斯的和平与和谐是极为短暂的，因为一波又一波的外国军队带来了更多的破坏。1702 年，一支瑞典军队洗劫了维尔纽斯；在 1705 年，彼得一世（Peter I）率领的俄军占领了这座城市——不久之后又来了萨克森的军队。在 1710 年，瘟疫杀死了大约 35000 名居民（当然超过一半的人口），并且在 1720 年，下层阶级的暴乱又席卷了整个城市。而且经常会发生毁灭性的火灾：在 1715 年、1737 年（该城市的四分之三都受到这场火灾影响）、1741 年、1748 年和 1749 年都有火灾。在经济和政治方面，这座城市无法从这一连串的社会和自然灾害中完全得到恢复。尽管有这样或那样的灾难性事件，或许也正是因为这些，维尔纽斯恰恰在这时达到了巴洛克式艺术的辉煌时期。在这条审美趣味发生演变的广阔时间线上，1750 年标志着巴洛克与新古典主义（Neoclassical）艺术旨趣之间的分裂。到了这时，对理性启蒙主义的崇拜已经到达了欧洲每一个主要的首都。而且启蒙主义也开始重新塑造这些地方：包括巴黎（Paris）、伦敦（London）、维也纳（Vienna）、柏林（Berlin）、那不勒斯（Naples）和圣彼得堡（Saint Petersburg）。而在偏远的维尔纽斯，旧时代的思想依然占据着至高无上的地位。到了 18 世纪 70 年代，“立陶宛的建筑师发展出了自己原创的风格，这也可以看成是巴洛克或洛可可（Rococo）传统的一种非凡的延伸”。[30] 这就是所谓的维尔纽斯的巴洛克风格（Vilnius

Baroque）成熟的时期，立陶宛的富豪们从广阔的乡村庄园里汲取财富，他们在这座城市里委托匠人建造了更为精致的教堂。由于这种建筑物的不断增多，到了18世纪末，在一座不超过四万居民的城市中，有32座天主教教堂并附有15座修道院，5座东仪天主教教堂并附有三座修道院和一座俄罗斯东正教教堂，一个路德宗教会和一个加尔文宗教会。[31]

维尔纽斯的巴洛克风格逆转了欧洲城市演变的时钟，而不是将城市景观赋予新古典主义的空间秩序感，它似乎重构了这座城市并将其带回到中世纪的起源之处。因此，维尔纽斯没有中轴线，对称的广场或框架式的街景——这是巴洛克式城市的特征。在其他城市，巴洛克式的空间结构向水平方向扩展，而在维尔纽斯，它是垂直向上升腾的，就像来自献祭之火的烟雾一样，它试图安抚上天而非与其竞争。当然，认为巴洛克风格在当地持久地存在，这也是一种幻觉，因为维尔纽斯与波兰—立陶宛的其他地方一样，不免受到当时的学术、审美和政治变化的影响。当这座城市推迟了审美趣味的发展时，维尔纽斯的巴洛克风格也达到了它短暂而优雅的金秋，这是对其幻影般的黄金时代的亲切告别。

在当地，长寿的巴洛克风格并没有让维尔纽斯的游客感到愉快，他们对世界和艺术的看法已经被现代科学的观察方法和世俗判断的启蒙价值观所框定住了。在18世纪中叶，当“巴洛克”一词首次引入法国时，即使它不是贬义词，但它也带来了非常消极的含义。《法兰西科学院词典》（*Dictionare de l’Académie française*，1740）将巴洛克定义为某种“不规则、奇异、（而且）不均匀”的东西，这意味着真实与想象的世界之间没有彼此分离。[32]相比之下，启蒙时代的理性化思想“才有可能将那些在巴洛克风格中被视为统一的东西相互分离开来：包括艺术、社会、道德，等等。简言之，巴洛克风格假定了现实与外观是相互结合的。而开明的思想则看穿了这层外表，揭示出巴洛克式社会的虚构性，因此在艺术与奢侈品、品位与时尚、道德与美学、主体与客体之间画出了界限”。[33]欧洲社会赖以建立的基础原来是戏剧幻想和形而上学的引喻，现在它让位给了自然科学和公众的监督。萨尔马提亚那种炼金术般的欲望要将贫困的现实转化为丰富的幻想，现在它被贬斥为一种轻浮而且对社会不负责任的文化和政治实验。

第三章 启蒙的阴影

通往维尔纽斯之路，《波兰和立陶宛的最新地图》（*Neueste Karte von Polen und Litauen*），1792 年。（维尔纽斯大学图书馆）

蛮族的游牧部落在斯基泰的群山间游荡，

真理、慈悲、自由，但还是会找到一个家园……

哦，时间之书中最血腥的一幅画面，

萨尔马提亚衰落了，无人为它悲悼，也没有犯下任何的罪。

——《波兰》，托马斯·坎贝尔（Thomas Campbell）

当著名的旅行家和博物学家约翰·格奥尔格·亚当·福斯特（Johann Georg Adam Forster）于1784年在立陶宛首都定居时，他发现这座巴洛克风格的城市正在衰落。福斯特给他在德国的好朋友写信说："100年前，威尔纳有80000居民。今天，如果一座城市里有12000名犹太人的话——那么它只有20000名居民。"[1]福斯特的统计观察绝不仅仅是头脑冷静的科学家不经意间做出的评论，这是为人类所处状况感到的一种悲哀，也是一种悲伤的评价。福斯特认为，威尔纳处于人类进步的对立面，这个地处偏远，死水一般的城镇甚至配不上一个城市的称号，更不用说是欧洲国家的首都了。福斯特能设想到的最佳情况是，威尔纳是一个流放犯人的地方——在启蒙运动的科学时代这里就是一座炼狱 ——欧洲的那些既不幸又无知的家伙被禁锢在这个迷信而野蛮的黑暗时代之中。这座城市不再代表欧洲未开化的周边地带，这是一处蛮荒的边疆之地，温文尔雅的文明又恢复了它的野性状态。

福斯特对立陶宛的这座主要城市（虽然贫困，但它仍是一个庞大的国家）的反感是在他所受的国际化教育的扭曲下形成的。在他这个年龄，即使他有着国际主义的学术精神和欧洲旅行所带来的广阔阅历，这种生活方式发生改变的经历也是不同寻常的。福斯特从未在欧洲参加过游学旅行（Grand Tour），这一社交活动在18世纪的贵族青年和知识青年中极受欢迎。相反，他环游过地球。走遍全球的旅行将福斯特吸引到了威尔纳。1772年，他在17岁时追随他的父亲（也是一名科学家）登上了库克船长（Captain Cook）第二次远征南太平洋时的“陛下决心号”（H.M.S. Resolution）帆船。在欧洲几乎无法想象世界另一面的时候，年轻的福斯特对塔希提岛（Tahiti）、新西兰（New Zealand）和火地岛（Tierra del Fuego）那些荒凉岛屿上的居民进行了调查、记录并与他们成了亲密的朋友。之后，福斯特出版了一本名为《环游世界之旅》（*A Voyage Round the World*）的书，详细介绍了这次旅行的科学发现和对于这些地方的个人印象。用这位年轻作者的话说，这套两卷本的书籍以及1200页的手稿，书写了一部“航行的哲学史”。这部书是以英文和德文出版的。[2]

福斯特是一位具有革命艺术家灵魂的科学家。根据与他同时代的人的说法，“通过法国式的优雅与流行的表现形式，英国式的实用主义与德国式的感情和精神的深度结合，展示了他广阔的接受能力和所受的教育程度”。[3] 这部书的插图画得很专业——在探险期间，福斯特的职责之一就是把各种各样的发现画下来——这些成了欧洲那些具有启蒙精神的沙龙里的谈资。虽然更有活力的学者反对作者主观上的认识，但这本书的基调却完美地吻合了新兴的浪漫主义精神，他们追求理性主义和想象力的统一。几十年后，现代地理学和美学的领军人物亚历山大·冯·洪堡（Alexander von Humboldt）感谢福斯特将“观察者的描述力，自然界里那些具有描述性的、生动活泼的东西以及多样化的观点”引入科学之中。[4]

福斯特通过这本书开始了他这位“天生的”科学家的职业生涯。他在卡塞尔（Kassel）的黑塞镇（Hessian town）的卡洛琳奈乌姆（Carolineum）学院任教。这位雄心勃勃的博物学家对这种二流学术职位深感不满，他希望能达到他父亲的那种学术地位，他的父亲在开明君主腓

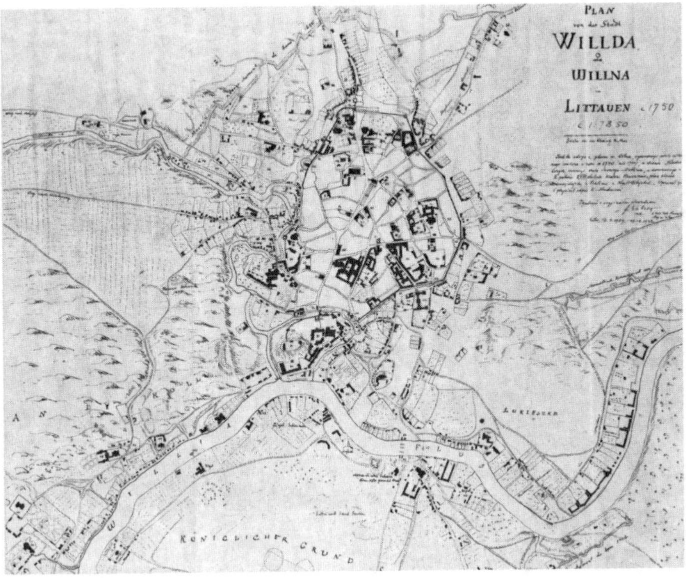

1737“立陶宛的威尔达或威尔纳的规划图”，1737 年。（立陶宛艺术博物馆）

特烈大帝（Frederick the Great）的赞助下成了著名的哈雷（Halle）大学的教授。在 1783 年秋天，福斯特收到了维尔纽斯大学的聘书，由于在德国他看不到自己未来的前景，所以决心搬到立陶宛。

威尔纳位于卡塞尔东北约 1100 千米处。在 18 世纪末，在良好的天气条件下，可以在几周内就能悠闲地抵达威尔纳。福斯特的威尔纳之行持续了将近六个月。他希望能多看看德国的土地，以加深他对这里的专业认知，并获得一些宝贵的学术知识。在旅行期间，福斯特借着他的文学名望愉快地在社会上获取了不少的乐趣。在萨克森（Saxon）的采矿小镇弗赖贝格（Freiberg），博物学家遇见了（小）斯坦尼斯拉夫·波尼亚托夫斯基（Stanislaw Poniatowski）王子，他是波兰国王的侄子也是大公国的财政大臣，用福斯特的话说，“以正面的方式描绘了立陶宛人”。[5] 年轻的波尼亚托夫斯基承认该国的社会和经济问题是由于“人口众多，意见太多”所造

威尔纳大学中的大庭院，1786 年。（维尔纽斯大学图书馆）

成的。他也对“波兰启蒙运动（Aufklärung）”的扩张给予了振奋人心的品评。

王子告诫福斯特要将进步思想缓慢地渗透进立陶宛，但他又将威尔纳描述成一个“波兰最令人愉快的地方，因为威尔纳大学比克拉科夫大学有着更好的声誉”。[6]

在短暂绕道萨克森之后，福斯特来到了维也纳，在那里他逗留了几个月，享受晚宴、沙龙聚会和贵族晚会。维也纳社会很乐意听福斯特那些关于太平洋岛屿的社会习俗和风俗习惯（包括性风俗）的奇闻趣事。反过来，福斯特也认为维也纳是一个天堂，在想到他终将要离开时他感到了痛苦。福斯特写道，当这一天到来时，“我所有的朋友和考尼茨（Kaunitz）王子都鼓励我，希望我在离开波兰后能回到这里。甚至皇帝也对我说：‘我想我们很快就会在维也纳再次见面的，因为你们无法在波兰人那里长期生活。’”[7] 皇帝也对在立陶宛传播启蒙运动的前景表示怀疑：他无法相信威尔纳有一所大学，向当地人教授自然科学知识的前景也对他没什么意义。在学习任何关于科学的知识之前，波兰人对皇帝说，需要先教一张字母表。

在18世纪末，维尔纽斯大学正处于转型期。古老的耶稣会学院（Jesuit Academy）成立于1579年，旨在推进天主教的反宗教改革运动，这一运动奠定了建设这所大学的物质基础，并且这一运动在很多方面也奠定了该学院的知识基础。1773年教皇关闭耶稣会（Jesuit Order）之后，该学院受到了立陶宛国家的直接赞助。1781年，该学院成为立陶宛大公国的最高学府，并由新成立的教育委员会监管，该委员会曾尝试建立欧洲第一个综合教学系统。尽管有这种进步的思想，但财政资源和实施该项目的政治意愿有限。这所大学里大多数的教职员工包括了以前的教授、世俗化的前耶稣会牧师和僧侣，新课程与旧学院教条主义的教学计划差别不大。由普沃茨克（Płock）主教（波兰国王的兄弟）领导的教育委员会积极寻求欧洲的各种学术名人并将他们吸引到威尔纳。大学的自然科学系主席这一职位首先给了福斯特的父亲，他的学术声誉更广。当福斯特的父亲（Forsterpère）拒绝了这份工作后，他巧妙地举荐了他的儿子。委员会同意雇用年轻的福斯特，并约定在他抵达威尔纳后的第一年内需要获得博士学位。除了艰苦的教学责任外，他还希望建立一个囊括立陶宛植物群的植物园，制定农业经济学计划，并对可以利用当地自然资源的工业开展研究并探查其采矿潜力。不幸的是，年轻的福斯特所受的训练不足，无法满足这些愿望。虽然他获得了哈雷大学的博士学位，但他对立陶宛的自然世界、当代畜牧业或发展经济的工业技术知之甚少。

福斯特认为他在威尔纳的职位是解决他个人问题的职业举措。他对卡塞尔的单身生活感到不满，在那里他轻率地加入了共济会（Freemasons），参加了大量的聚会，也背了一大笔债。为了让他在遥远的威尔纳生活得更加舒适并且更有意义，他在寻觅一位终身伴侣。就在前往立陶宛之前，福斯特向他的朋友兼同事、哥廷根（Göttingen）大学古典语文学教授克里斯蒂安·戈特洛布·海涅（Christian GottlobHeyne）的女儿特蕾泽·海涅（Therese Heyne）求婚。没有证据表明这对订了婚的男女之间曾经擦出过什么爱情的火花。福斯特不是一个仪表堂堂的男人，而且，对于他这个年龄来说，他的健康状况也不佳。在海上的这三年，由于坏血病，他掉光了大部分的牙齿，而且患有各种消化疾病、复发性感染和风湿病。特蕾泽比他年轻 10 岁，她是一位既漂亮又受过良好教育的女性，她答应了福斯特的求婚。福斯特这个人善良，享有知识分子的声誉，也具有学术潜力。一旦完成订婚，这桩婚姻就被推迟了一年，直到福斯特能在威尔纳稳定下来为止。在此期间，两人之间通过密信进行交往，每周都会用详细的长信（唉，但他们并不怎么爱对方）互相交流。

福斯特对这个地方最早的印象保留在了他与特蕾泽和他的密友还有家人的密信之中。英联邦对于福斯特而言不是一个异乡，他于 1754 年出生在维斯瓦河三角洲地区（Vistula Delta）的纳森胡本（Nassenhuben）村，这个地方既可以说波兰语也能说德语。这位科学家在一个讲德语的新教家庭中长大，尽管福斯特家族的祖先是 17 世纪 40 年代从苏格兰（Scotland）和英格兰（England）来到波兰的。但由于他出生地周围的地区在 1793 年前一直被波兰人占据，因此福斯特在名义上是一个波兰人。然而他对波兰—立陶宛的态度通常就跟一个陌生人一样。总的来说，德意志人对波兰—立陶宛的态度是居高临下的。在政治上，他们认为这个国家就是一个时代错误，它对启蒙运动的文化毫无价值。歌德（Goethe）在 1790 年从魏玛（Weimar）到克拉科夫进行了为期一周的旅行，他简洁地回顾了德意志人对波兰的看法："在这八天里，我发现了很多非常值得注意的事情，即使在很大程度上它只是非常消极的。"[8]

其他欧洲人对这个国家的看法则更具有戏剧性。福斯特在秋季取道华沙（Warsaw）、比亚维斯托茨克（Białystock）和格罗德诺（Grodno）前往威尔纳，这条路的路况不错。一两个月后，路易—菲利佩·德·塞居尔（Louis-Phillipe de Segur）伯爵也采取了同样的路线，他是路易十六世（Louis XVI）的特使，前往圣彼得堡的俄国宫廷。从普鲁士到波兰边境的这段路程让塞居尔产生了一种远途旅行中的烦躁情绪：

> 在穿越普鲁士国王庄园的东部时，人们似乎离开了剧院，在那里，盛行着一种艺术和精致文明所装点的自然之美。而现在，目见的尽是干旱的沙滩和广阔的森林，这一切让人感到沮丧。但是当一个人进入波兰时，他就会认为自己已经完全离开了欧洲，而且又被一种新的奇观所震惊：一个几乎完全覆盖着冷杉树的巨大国家总是常青的，但总是伤感的，不过思绪又会有很长时间被一些开垦的平原所打断，这些就如同散落于海洋之上的岛屿一般。这里还有贫穷的人口、被奴役的农民、肮脏的村庄，别墅与那些野蛮人居住的茅舍相差不大。这一切都让人想到自己已经回到了10个世纪以前，他发现自己就在成群的匈奴人（Huns）、斯基泰人（Scytians）、威尼蒂人（Veneti）、斯拉夫人（Slavs）和萨尔马提亚人（Sarmatians）中间。

塞居尔与福斯特同岁，和他一样，塞居尔也是一位经验丰富的旅行家（他在北美度过了一段时间）。但这位伯爵的祖上是法国最富有的家庭之一，与那位科学家相比，他可以享受旅行中所有舒适的体验。他曾在冬季乘着雪橇穿过波兰—立陶宛联邦，尽管一开始令人感到沮丧，但他却经历了一次愉快的旅行，他穿越了“古代那几百年和现代这几百年之间不可思议的混合时空，这是君主制精神和共和制精神的混合物，还杂糅着封建时代的骄傲和现代的平等，以及贫穷和富裕”。[10] 尽管如此，他在比亚维斯托茨克和里加之间的某个地方遭遇了不幸，由于暴风雪，他被迫将行李留在那里。这位外交官从未收回过他的财物，几个月后，在回应官方的调查时，他收到了地方当局发来的一份奇怪的报告，称他所拥有的一切都在冰

威尔纳附近的犹太商人。(维尔纽斯大学图书馆)

冻的立陶宛被付之一炬。

威廉·考克斯(William Coxe,1747—1828)是一位博学的英国人,他于1778年在欧洲游学时途经立陶宛前往俄罗斯,这次旅途中他是一位年轻的英国贵族的导师兼旅伴。考克斯认为这里的道路单调而且重复,类似于在海上航行时通过一段平静的水道:“我从来没有看见过像克拉科夫到华沙这样贫瘠的道路。在整个道路上没有一个物体可以暂时引起最好奇的旅客的注意。”[11] 但是如果说穿越波兰是一项沉闷的活动的话,那么徒步穿越立陶宛则是一个漫长的冒险,而你在最后会看到如画般的风景。考克斯说:“这个国家的道路可以完全被忽视掉,几乎没有比人行道更强一点的路。这些小路弯弯曲曲地伸向密林深处,连最起码的人造指向标都没有。它们通常很窄,几乎无法让马车通过,并且路上不断有树桩和树根这些障碍物,在许多地方又都是极为松软的沙地,八匹小马几乎都拉不动我们。”[12] 当疲惫的旅客深入树林时,周围的景色甚至变得怪异起来:“城镇和村庄散乱地排成了长长的一列，所有的房屋，甚至教堂都是木制的；每当我们停下来的时候，一群乞丐都会围着我们的马车；而且不断有犹太人出现。”[13]

在立陶宛，与欧洲和俄罗斯的大部分地区相比，往来的旅客与当地社会的日常交往是通过犹太人促成的，他们管理着这个国家大部分的商业活动和旅行必需品。“如果你需要翻译，他们会给你带来一个犹太人；如果你来到一家旅馆，房东是犹太人，如果你想要驿马，一个犹太人会搞到一匹，然后由另一个犹太人驾马；如果你想买东西，犹太人是你的代理人。这是欧洲唯一一个犹太人耕种土地的国家。在经过立陶宛时，我们经常看到他们从事播种、收割、刈草和其他畜牧工作。”[14]要想让旅行变得更加舒适，犹太人是至关重要的，而且他们“陌生的外表”会使旅客疲惫不堪的心灵活跃起来：

> 我们发现自己身处一个大谷仓或棚屋中间，而在另一端，我们看见了两棵大松树连同其树枝都在没有烟囱的炉膛里燃烧着。围过来几个人，他们全穿着黑色的长袍，留着长胡子，这些人被雇来搅拌悬挂在火上的大埚。如果相信巫术或者有点迷信的话，可能很容易将参加这次聚餐的人描绘成一群在举行神秘庆祝仪式的魔术师。但在走近检查时，我们认出了我们的那些犹太老朋友正在准备他们和我们的晚餐。[15]

顺便提一下，考克斯是为数不多的试图找出波兰纠发病发病机制的外国人之一。他指出了这种疾病的三个主要病因，如“波兰空气的不稳定性，而且这种空气也不利于健康；当地不干净的水源；再加上当地人极其不讲究卫生”。[16]

对立陶宛的这种令人沮丧或幻想般的描绘受到了其他旅客的质疑，他们发现这是对现实夸张的想象。作为对考克斯所述内容的直接回应，二流的德国作家弗里德里希·舒尔茨（Friedrich Schulz）给出了一份修正后的报告。“那些前往俄罗斯旅行的人，回想起或者发现往返柏林的路是多么单调乏味……他们将会感谢我。（通过立陶宛的）路并不比通往柏林的路更长，但是在这里旅行会更便宜、更快捷，他们所通过的乡村里住着一些更和善、更慷慨而且有礼貌的人。不要相信有关危险的谣言。这条路我走过三次了，我的许多熟人也都走过这条路，我们当中没有人在白天或者晚上看见过任何可疑的事情。”[17] 但舒尔茨的报告也并非全是事实；他也依靠他的艺术知识去捕捉来自日常场景的感觉和色彩。有一次，他住在犹太人的旅馆里，直到凌晨时分，他看到“一群不像是俄罗斯士兵的人，还有半裸的立陶宛人、醉酒的波兰人和一大家子以色列人在一起。这家旅馆的许多老顾客都或许能在菲尔丁（Fielding）或贺加斯（Hogarth）的画作中找到。但是这些人让我不知所措，我永远也不会寻求类似的友情”。[18]

福斯特是一个更郁闷的旅客。最初，他对当地人民的贫困和所受的压迫深感气愤，并以谦卑的态度回应着他们的苦难。“这是道路意义上的崩坏和物质意义上的污秽，这里的人民处于半野蛮（Halbwildheit）半开化（Halbkultur）的状态，目光所及之处尽是黑森林所覆盖的沙地，这超越了任何我本来可以提出的概念。在孤独的时候我为自己而哭——然后，我逐渐地恢复了神志，也为那些深陷不幸的人们而悲恸。”[19] 后来，他的情绪发生了转折。福斯特对他的朋友弗里德里希·海因里希·雅各比（一位德国感觉论主义哲学家）说：“那时我犯了糊涂。但现在我完全康复了，认识到了我那些荒谬的行为。”[20]

日复一日的旅行让福斯特越来越习惯立陶宛。他从格罗德诺给特蕾泽发去社会学报告，在议会（Sejm）召开期间，“整个波兰和立陶宛的贵族”都聚集在一起。“我开始慢慢地熟悉了这个原始民族的风俗……最初的诧异感已经消失，我可以毫无怨言地观察事情……（并且）尽管这个王国的自由宪法存在一些不足之处，但我非常高兴地看到每个高贵的波兰人都享有这种自由。”[21]福斯特向其他通信人讲，这些当地人，他们崇拜法国的一切，并讨厌德国的一切。福斯特认为，这具有消极的文化效应：“在波兰称某人为德国人——这是一种最严重的侮辱。其结果是，上层贵族的教育完全掌握在了堕落的法国理发师和女装女帽店老板的手里。”[22]尽管“波兰贵族信仰法国精神，但他们仍然迷恋那种肤浅的、百科全书式的时尚并用那种视角来看待一切”。[23]

几天后，在前往威尔纳的路上，福斯特参加了一场别开生面的讨论。在一个不起眼儿的旅馆里，他加入了一个聚会，一位快乐的天主教神父和一位上了岁数的犹太邮政局局长在喝伏特加酒。有些密友喧闹的闲谈逗乐了这位科学家，在这里，各种形式的权威都被打倒在地。他们俩诅咒了所有人：从神圣罗马帝国皇帝和波兰国王到威尔纳主教和当地的修道院院长。一两天后，勉强保持清醒的福斯特到达了他最终目的地，在威尔纳的城门口结束了他的立陶宛之行：

> （1784年）11月18日星期四凌晨5点，我从一个非常贫穷的犹太人开的旅馆出发，于上午9点（走了四英里）到达了郭斯特基（Gostki）或叫斯威特尼克（Swetnik）的地方。在另一个犹太人经营的邮局里，我换了衣服并继续前往威尔纳（走了三英里），我是一点钟到达的。在抵达威尔纳前的这一英里，威利亚（Wilia）河附近的环境变得非常美丽，陡峭的沙丘和白垩悬崖上点缀着秀美的森林绿地。威尔纳的位置出人意料并且令人惊叹，当你走近这座城市，从周围的山上俯瞰山谷中的景色时，你就能看到这座伟大城市的全貌。城里装点着如此众多的塔楼，它们是真正的无可挑剔，宏伟辉煌。在城里——有狭窄而肮脏的街道和众多的废墟——不过在其中仍可以遇到一两个令人印象深刻的建筑物。这是交通图的结尾处（Finis viaeque chartaeque）。[24]

威尔纳的城墙，1785 年。(立陶宛艺术博物馆)

这位博物学家将他的总结性评论——道路的终点和这个故事[源自贺拉斯（Horace）的讽刺用语，暗示出缺乏叙事的兴趣]转变为一种不祥的预感。他立即向他的未婚妻发出警告，告诉她这座城市未来的前景。他并不怎么鼓励她分享这些：

“在威尔纳，你会发现曾经人口众多的城市正在快速地衰落，废弃的建筑物和大量的垃圾随处可见；在这里，你会遇到那些完全忘了他们悲惨境遇的弱者；最后，你会看到一个半开化的国家与半野蛮的恶习结合之后所形成的噩梦般的结果。”[25] 他并没有透露什么细节，但是指出“这需要一整卷书来描述德国边境地区的情况，这种情况如此巧妙地被称为波兰经济（polnische Wirtschaft）”。[26]

尽管他有着德意志血统，但这位年轻的教授受到了该市社会精英的欢迎。他喜欢当地人的热情好客，但却看到了文化衰退的迹象。“在这里，人们的慷慨就像在世界上所有未开化的国家一样，是过于大方的，人们在进行社交时也没有什么（谦逊的）传统习惯，甚至他们的外表也不像其他地方那样受到约束。宽容规则是绝对的！”[27] 不久，这位正经八百的学者变得惊慌失措起来。“波兰人的这种行为方式让我毫不怀疑自己的存在感。哦，是的，我确实感受到我的身体活在这个可怜的世界中，被这片荒凉的，半开化半野蛮的人所包围。这片土地上尽是些散乱而令人悲伤的森林……在这样一个国家里，我必须告别我的幻想……”[28] 最重要的是，他对维尔纽斯精英在社交（和性方面）的亲密关系感到恼火。调情所带来的感官享受使福斯特疯狂，因为面对当地习俗，他感到既无能为力又无言以对。“没有什么地方的人比这里的人更沉溺于情色。除了发现肉体上的快乐之外，没有人对其他任何事情感兴趣。我能在这里获得的唯一乐趣就是肉体上的快乐：如果我想与女性交往，我必须无休止地与她们调情；有时我甚至不得不调戏她们，因为她们都只想以肉欲的方式受到刺激。这个社会完全允许这种行为。在这里，你可以在公共场合亲吻一个少女的胸部，而不会引起丑闻！”[29] 福斯特拒绝适应当地的习俗，并且在他到达后不久就被逃避的想法冲昏了头脑。绝望的博物学家向他在德国最好的朋友宣称，“威尔纳当然不是一个我可以永远留下来的地方！”[30] 他在冲动中决定离开他在大学的职位，然后通过伪装逃到更富异国情调而且更温暖的君士坦丁堡去。由于健康状况不佳而且缺乏资金，而非教学上的保证和专业上的理由，福斯特打消了这种奔走他乡的冲动。

不可否认，威尔纳并不是一个可怕的地方，尤其是在特蕾泽到来之后。虽然“这个城市目前的状况糟糕透顶”，但福斯特说：“在我看来(meo judicio)，它看起来仍然比克拉科夫要好得多，而且绝对要比格罗德诺好得多。”[31] 在德国度过暑假之后，这位教授承认威尔纳比德国大多数的省城要大得多。他把这座城市在学术上的孤立视为一项职业的挑战。福斯特写信告诉他在哥廷根的岳父说："毕竟，威尔纳可能是世界上最能让人安心居住的地方，我可以耐心地、全面地学习一些有趣的科目。这个事实让我那颗本来处于恐惧中的心得到了缓解。"[32]在给魏玛的约翰·戈特弗里德·赫尔德（Johann Gottfried Herder）的一封信中，他总结了自己在威尔纳所处的角色，就像一个孤独的启蒙运动的传教士一样。"尽管如此，我在这里所取得的成就比我在世界上其他地方所能取得的成就要多，我认为自己播下了希望的种子。"[33]

然而福斯特那些希望的种子却没有带来什么收获。这在某种程度上是因为福斯特得出的结论是，威尔纳尽管有着最好的意图，却配不上他的才华：

> 在这里，科学被沉默的黑夜所覆盖，科学成就没有得到回报。即使是一个简单的荣誉奖也没用。最著名和最有名的人只是那些拥有最多农奴或赌博得最厉害的人——在这里，一个外国人，由于他的同胞的冷漠，开始逐渐被大半个文明社会所遗弃。……当地社会的特点是迟缓、不断地延期、对任何善良的品行漠不关心。在这里，旅客会看到当地人对细小的恶行报以宽容的态度，并加以掩饰。习惯性地进行空洞的道德说教的现象持续存在，缺乏现代教育，有时甚至对学习报以无情的蔑视。此外，这个国家被一种愚昧的爱国主义，一种不合理的统治结构和一种病态的国家宪法所困扰。在这里，法国般的富裕与萨尔马提亚式的兽性交结在一起。为了生存并保持活力和精神上的警觉，人们必须变得冷静、无情，并将目光移开所有这些无稽之谈。……在威尔纳连一家书店也没有，在华沙有一两个破产的书商，他们只兜售那些下流龌龊的小说。[34]

福斯特去世后，特蕾泽对这种情况表达了更为公正的看法：

（在威尔纳）他们没有遵守诺言，但是现在 40 多年过去了，我相信在某种意义上福斯特也没有遵守诺言。我对希恩（Heyne）（他的父亲）感到惊讶，在那时，他的父亲没有给他一些建议，我对此既没有经验也没什么见解。福斯特等待着要去履行他的承诺，以便他能够干出一番伟大的事业，而如果他能用一些自己可以利用的小手段去完成那些可能完成的小事，并且一直坚持下来的话，他本可以大大地提高他的地位，同时也能履行他的承诺。[35]

福斯特没能学会波兰语（当地人说的语言），这使他在威尔纳的生活缺少了与当地人的沟通。虽然他应该用波兰语教学，但他却继续坚持在大学用拉丁语授课，他和他的学生对这种语言都掌握得不好。不久，博物学家将他在语言上所受的挫折转变成对一切有关波兰的事物的仇恨。他的女儿在特蕾泽到达威尔纳后不久出生，他甚至决定阻止女儿听到这种语言。“我希望我的女儿不需要波兰语的知识，虽然我们会在这里待上七年。但即使她的舌头变得更加灵活，也不能避免与各种无知的当地人、与当地牧师和其他傻瓜用波兰语进行广泛交谈时所受到的潜在伤害。”[36]

福斯特对这座城市里（人数较多的）犹太人所表现出的兴趣更少。他经常将这两个世界消极地融合在一起，特别是在地方贸易方面，他称这种贸易“完全由具有犹太美德的基督徒所主宰了”[37]，他们因为“比希伯来人更贪婪”[38]而勒索“对非基督徒（unchristlich）才收取的利润率”[39]。然而在威尔纳，少数几个福斯特所尊重的人里却有一位犹太医生，他俩分享了犹太裔德国哲学家摩西斯·门德尔松（Moses Mendelssohn）的发现。[40]这位德国教授加入了一个定期在医生家里举办的小型哲学沙龙。由于这里开明的氛围，他对沙龙的女主人——这位医生的妻子——予以褒扬。但是，尽管有温暖的感觉，但福斯特本人却从来没有成为这对犹太夫妇的好友。

总的来说，立陶宛对福斯特提出了一个尴尬而具体的挑战，不是因为它是“一个由激烈的无政府主义统治的不幸国家”，而是因为用他自己的话说，他需要使用“完全不同的色彩和隐喻”来描绘这里。[41] 因此，福斯特在不断寻找那支描绘用的神来之笔，可以将立陶宛的混乱景象神妙地画成一幅井然的画面。最后，他发现立陶宛被文化发展中两个截然不同的极端所困住：

> 你会发现有足够的证据可以嘲笑这种萨尔马提亚式的大杂烩，或差不多是新西兰式的粗暴里掺上法国式的过度文雅……或许并非如此，只有一个人才能嘲笑这些可笑之人，而不是那些人。那些人经过了政府、养育（在这里应该指教育）、榜样、牧师、邻国强大的专制主义，以及法国流浪汉和意大利废物蛋组成的军队等的培养。他们从年轻的时候起就已经被宠坏了，他们的面前没有未来，他们不会让自己变得更好。这些真实存在的人，我的意思是这数以百万计的披着人皮的行尸走肉们，他们完全被排除在人类所享有的特权之外……长期的习惯性力量目前已经让这些人被禁锢在奴隶制之中，真正意义上变得如行尸走肉一般而且麻木不仁了。这些人的懒惰难以形容，他们的无知愚蠢透顶，甚至可能在一个世纪内他们都比不上其他那些欧洲盲流。[42]

自称为人类种族专家的福斯特对这个作为文明与野蛮之间的中间文化地区的立陶宛并没有什么兴趣。他没有环顾四周去寻找立陶宛的大自然中那些新鲜或有趣的事物（正如他的同事们所期望的那样），而是转向了内心，专注于他自己的发展。他用自然主义的术语描述了他在威尔纳的生活，就像昆虫的幼虫一样准备破茧而出并展开翅膀。[43] 如果使用更为经典的术语的话，他称之为萨尔马提亚的乌鲁布利斯（Ulubris Sarmaticis）。[44] 在古代，乌鲁布利斯（Ulubris）是一座遥远的城镇。据报道，第一位罗马皇帝奥古斯都（Augustus）[屋大维·恺撒（Octavius Caesar）] 在他伟大的叔叔尤里乌斯·恺撒（Julius Caesar）收养他之前在那里度过了他的青少年时期。这是一个流亡的地方，也是一种期待，而福斯特希望有一个皇家委员会来营救他。而他的妻子则一如既往地更加务实。特蕾泽写道："这里的气候非常严峻，环境恶劣，周围是一片不毛之地。一般来说，这里的食物很便宜，但没人会保持不变的价格。这个国家很野蛮，当地人也并不仁慈。但这些对他们来说足够了。我怜悯他们，但我迫不及待想成为俄罗斯、奥地利（Austria）或普鲁士的忠实臣民，这个国家将会重新开始下一次分裂。"[45] 他们的愿望都实现了。

1787 年夏天，俄罗斯大使向福斯特提出邀约。俄罗斯海军部正在计划一次全球旅行，包括对亚洲和北美洲（North America）的太平洋（Pacific Ocean）沿线地带进行广泛的科学调查。福斯特被推荐为本次航行中的首席科学家，他们承诺他可以不受约束地进行研究并有丰厚的经济回报。他对这次"越过日本（Japan）和堪察加半岛（Kamchatka）"的机会感到非常激动，并立即通知了赫尔德（Herder），说自己会得到拯救并脱离萨尔马提亚。他写道："我最亲爱的朋友！……你可能已经意识到，感谢这位天外救星（Deus ex machina），它把我从这个威尔纳蓬托斯（Wilnaschen Pontus）的手中拯救了出来，我将作为一名俄国臣民再次参加南海（South Sea）的探险。"[46] 然而，福斯特的计划中有一个主要的障碍——大学理事会不愿意跟他解除这份长达七年的合同。俄罗斯女皇凯瑟琳二世（Catherine II）干涉了这件事，并通过她的老情人、波兰的斯坦尼斯拉夫·波尼亚托夫斯基国王，买断了福斯特与大学的合同。

福斯特于1787年夏末离开威尔纳。这位博物学家去了伦敦(London)，他的妻子去了她父母在德国的家。与此同时，土耳其和俄罗斯之间爆发了战争，这次探险受到了无限期的推迟。在伦敦，福斯特被要求重新考虑他在威尔纳大学的教职，但是，由于他卸去了财务上的负担，因而他拒绝回到“流亡”的状态。尽管如此，因为萨尔马提亚的边远地区仍然需要他，所以他仍然对此感到极为高兴：

> 我的幸福感每天都在增加，因为我从波兰收到了这么多来信。由于去往世界各地的探险已被取消，他们要求我返回威尔纳。我收到了当地大学的请求，他们要求我开出履职的价码。我必须承认，这不仅仅令人高兴——这是我胜利的时刻——这是唯一一个能让任何诚实而坚定的人满意的胜利。之前我曾被嘲笑，因为我想要离开。现在，他们渴望通过这种最光荣的方式邀请我回去，这是对我的勤奋的回报。这种请求让我倍感满意，因为我没有必要回去。一生中可能会有一次在威尔纳，但绝不会是两次。我相信我在履行职责时是负责任的，每个人都对我感到满意，但我对这种情况并不满意。我应该满足于在那里度过的时光……单身汉可能会对此感到满意，但已婚男士肯定会担心妻子的幸福和孩子的教育。尽管如此，知道我的那张座椅仍是空的，大学找不到比我更合适的人，这一点却让我很高兴。[47]

接下来又过去了几年，恢复太平洋航行的希望越来越渺茫，福斯特将他的壮志转移到了法国大革命（French Revolution）所提供的解放全人类的承诺上。他作为国民议会（National Assembly）的代表，在革命的高潮期抵达了巴黎，他是代表法国占领下的德国领土而来。但在这场运动中，即便是有法国血统的革命者也很容易受到怀疑，而福斯特也有一部分德国背景，这使他陷入了危机，也把他推到了革命的边缘。在1794年1月10

大学植物园的景色。仅在这位德国博物学家离开立陶宛几年后，植物园就由福斯特的继任者 S. B. 永泽拉（S. B. Jundzila）教授建立起来。（维尔纽斯大学图书馆）

日，福斯特时年 39 岁，他在巴黎死于肺炎，这是在恐怖时期中最严重的那几个月。几乎可以肯定的是，他所罹患的疾病和早逝使他免上了断头台，他孤零零地死去了。疏远他的妻子和他自己的父亲都抛弃了他，他大多数的德国同胞也排斥他，而且他也基本上被那些法国革命同志遗忘了，福斯特在他“辞职后的安全港”中绝望地死去。[48] 甚至是歌德这位人道主义者，他曾多年以前与福斯特成为朋友，而且对福斯特那颗好奇心给予了很高的评价，对福斯特在巴黎的去世他也只表示出了有限的同情。这位著名作家感叹道：“然后可怜的福斯特，他终究必须为自己生命中的错误付出代价，即使他确实逃脱了一场横死！我真诚地怜悯他。”[49]

福斯特在巴黎的逝世恰逢萨尔马提亚在政治上的肢解。1793 年，俄罗斯和普鲁士第二次瓜分了波兰—立陶宛，这是由于通过了 1791 年联邦自由宪法而引起的。1792 年，在俄国入侵波兰—立陶宛期间，沙皇军队占领了立陶宛的首都。1794 年 4 月 24 日，当地的义军解放了维尔纽斯并建立了立陶宛革命委员会。俄军围住了整个城市，直到义军四个月后投降。起义的失败导致了 1795 年联邦最后的分裂，这使维尔纽斯成了俄罗斯的一个省城。

The Biography of Vilnius

维尔纽斯传

第四章

拿破仑的诅咒

从欧洲地图上抹去萨尔马提亚。这个寓言代表三位开明的统治者——俄罗斯的凯瑟琳二世（与她的外交部部长尼基塔·潘宁）、奥地利的约瑟夫二世和普鲁士的弗里德里希二世——在1772年开始了波兰—立陶宛的第一次分治。（立陶宛国家博物馆）

1789年，在巴黎发生了一场骚动：这场骚动曾经得到了扩大化，并在各色人等由西向东的迁移中得到了传播。曾发生过多次向东的迁移，这种迁移还与由东向西的反向运动发生过碰撞。在1812年它达到了最远的边界——莫斯科，然后，具有显著对称性的反向运动又从东到西推进；又像第一场运动一样，把这些中欧的人民往回推。反向运动到达了第一场运动的起点——巴黎——然后平息了下来。

——《战争与和平》，列夫·托尔斯泰（Leo Tolstoy）

1804年9月11日，在圣母圣名节前夜，维也纳最好的医生之一约翰·彼得·弗兰克（Johann Peter Frank）离开家乡前往俄罗斯的维尔纳市。与弗兰克医生同行的还有他的儿子约瑟夫·弗兰克（也是一名医生），他的儿媳——优雅而富有才华的意大利歌剧演员克莉丝汀·弗兰克（娘家姓格哈赫迪）（Christine Frank née Gerhardi），他的两个未婚女儿卡罗琳娜（Carolina）和莉塞特（Lizete），以及管家雅尼施夫人（Frau Janisch）。此外，三名男性仆人，一名女服务员和一名厨师陪同这个大家庭。老弗兰克把在战时欧洲危险道路上的导航任务交给了他的儿子，他自己成了这条路上的第一个伤员：在一个寒冷的夜晚，他在室外着凉了，不得不在床上躺上一个星期。9月底，他们的大篷车最终抵达了立陶宛在布格河（Bug River）河岸上的边境哨所，在这里，欧洲的三个大国——俄罗斯、奥地利和普鲁士——在瓜分完波兰—立陶宛之后划定了新的边界。

"在蒂拉斯波尔（Tiraspol），"约瑟夫·弗兰克回忆说，"我们告别了奥地利王国。穿过布格河后，我们来到了布列斯特—立陶夫斯克（Brest-

Litovsk）；哥萨克人非常礼貌地为我们打开了俄罗斯帝国的大门。几年前我曾见过这些长胡子的哥萨克人，当时苏沃洛夫（Suvorov）领导的俄军曾驻扎在维也纳附近（1799 年），他们怪异的外表并没有让我感到惊讶。我也很快意识到这些哥萨克人并不像人们所预料的那样凶恶。事实上，他们比大多数俄罗斯海关官员更讲道理。”[1] 在俄罗斯帝国，让人印象深刻的道路划分也让旅行者感到愉悦。“一旦我们进入了俄罗斯，我们就会感到惊讶，每走过一俄里的路程都会看到一根整洁的有绿色涂装的标杆，它能准确地记下边境与俄罗斯两个首都（圣彼得堡和莫斯科）之间的距离。由于七俄里大致相当于一德里（German mile），我们发现这点很是奇怪，世界上最大的帝国使用的是最小的地理测量单位。”[2]

威尔纳：城市的警戒线。（维尔纽斯大学图书馆）

新近粉刷的边境和道路上的标识是新时代的标志。当俄罗斯、奥地利和普鲁士的君主三次（1772 年、1793 年和 1795 年）将波兰—立陶宛联邦划分为三个区块时，他们开始了前所未有的领土重组。这些专制政权提出，肢解联邦是启蒙精神所必须并且是有益的行为：萨尔马提亚的无政府状态被帝国秩序所取代。青年精神接管了传统时代。正如弗兰克所指出的那样，在 1801 年登基的年轻沙皇亚历山大一世统治下的俄罗斯，“一直在发生变化。像俄罗斯这样的年轻帝国与旧君主制有着本质的区别。每年都会不断试用新的行政管理方法，这使得每一年都与前一年有所不同。新的秩序取代了旧的，这使得当地社会从一个系统移至另一个系统。在俄罗斯帝国，一切都在变化，唯一确定的东西就是不稳定本身”。[3] 然而，甚至是作为执政基础的沙皇制，文化变革和社会的灵活性也无法与拿破仑的欧陆雄心相竞争，后者获得了源于巴黎街道的，无法受控的能量，并将其变成了一个由革命理想和战争利益驱动的、有效的、建构国家政权的机器。拿破仑惊人的崛起已上升至帝国的高度，这让欧洲的每张地图都作废了。在法国军队和地方革命者的压力下，旧国家以前所未有的方式崩溃，而征服者大笔一挥，新的国家则冠以古老的名字或贴上了新颖的标签 [如伊特鲁里亚（Etruria）、赫尔维蒂亚（Helvetia）、伊利里亚（Illyria）和巴达维亚（Batavia），或南阿尔卑斯共和国（Cisalpine Republic）和莱茵河联邦（Confederation of the Rhine）]，一夜之间就被创造了出来。欧洲和弗兰克一家人一同前进，为了新的起点而摆脱了旧的生活方式。

然而，弗兰克一家人很快发现，与在混乱的萨尔马提亚漫游相比，穿越不断变化的帝国国境所带来的挑战性并不低。绘制在新地图上的道路附近的人口减少，并且缺乏最起码的便利设施。“我们要尽快地通过这些立陶宛沙土路。我们所穿过的无尽森林给人一种威严的感觉。但是，这些树林间显露出的寒冷旷野看起来好像已经到了冬天。北风也早早地提醒了这一点。我们日夜兼程，但没有找到任何避难所或食物。……我们光荣地抵达了维尔纳，饥饿却使我们失望，我们于 1804 年 10 月 4 日早上 10 点 30 分进入维尔纳。”[4] 两个月后，拿破仑在巴黎给自己加冕为皇帝。

维尔纽斯或俄罗斯人和法国人所说的维尔纳，已经成为俄罗斯帝国内仅次于圣彼得堡和莫斯科的第三大城市。立陶宛（前）大公国的总人口约为 450 万人，而在 1795 年进行的人口普查发现，有 17690 名信仰基督教的居民居住于该市。所有居民中，共有 2471 名贵族，568 名天主教神父和 107 名其他教派的牧师，238 名教师及教授，还有 860 名工匠组成的

38 个行会。俄罗斯当局也统计出有 32 座天主教堂，15 座修道院，带有 3 所修道院的 5 座东仪天主教（Uniate）教堂，俄罗斯东正教、路德派和改革派（加尔文派）的教堂各一座，还有 10 所大型宫馆。[5] 当地的犹太居民——或许他们占了居民人口的大多数——均轻松地躲避了沙皇官吏的统计。在他的维尔纳回忆录中，弗兰克更加绘声绘色地描述了这个城市的统计图：

> 维尔纳看起来很混乱——许多宫馆的周围都环绕着茅舍。虽然有很多砖构建筑，但大多数房屋都是木制的。在城堡山（Castle Hill）下面，沿着两条河流交汇处延伸开来的城市极为肮脏。完美的意式风格的市政厅矗立在一个宽阔而且宜人的广场上，四周充满了各色商人难看的陋舍。通往雄伟大教堂的街道未经铺砌，且满是垃圾，在雨水中迅速变成了沼泽。猪老是到处跑，在城外，人能看到的闻到的尽是成堆的粪便。郊区简直就是沉没进了沙子和泥土中，周围景观的自然之美也无法将其掩盖。[6]

尽管外表令人遗憾，但古都名邑的光环笼罩着这座城市。“立陶宛的首都，”弗兰克说，“有超过 35000 名居民：其中约有 22000 名天主教徒，600 名希腊东正教徒，500 名路德教徒，100 名改革派，11000 名犹太人和 60 名伊斯兰教徒。当地的贵族、大学教授和市民多为天主教徒。在信仰希腊东正教的人群中，可以找到政府官员、商人和俄罗斯农民。路德派和加尔文派（主要是德意志人）从事艺术、手工艺和贸易活动。”犹太人“组成了一个独立的社区”，他们在当地的历史“已不可考”。犹太人从德国来到波兰西部，但是，这位医生注意到，“他们从里海地区到了该国（立陶宛）的东部。其他专家也将卡莱特人视为犹太人，即使他们不会说一种受到德语影响的语言。在立陶宛，德系犹太人与他们在德国的同胞极

19 世纪上半叶的维尔纳帝国大学。(立陶宛艺术博物馆)

维尔纳的街景。(维尔纽斯大学图书馆)

不相同：在维尔纳，他们穿得像《塞维利亚的理发师》一剧中的唐·巴西利奥（Don Basilio）。犹太女性的穿着，则尽是充满东方风韵的服饰，不过他们的袍服——无论贵贱——几乎都脏得要命”。[7]

弗兰克一家在这个帝国的省级都会里过得很舒服。父子团队应亚历山大一世的邀请搬到了维尔纳，担任当地大学医学院的领导。很快，老弗兰克被请至圣彼得堡成为沙皇一家的私人医生，但他的儿子在维尔纳住了将近 20 年。[在他漫长而烦冗多事的生活中，老弗兰克有幸成为欧洲三个帝皇之家（哈布斯堡王朝、罗曼诺夫王朝和波拿巴王朝）的医疗顾问，这确实是个挑战。] 1803 年，维尔纽斯大学再次进行了重组和现代化工作。在波兰—立陶宛贵族、立陶宛学区的督学、沙皇的密友及首席顾问亚当·耶日·查尔托里斯基（Adam Jerzy Czartoryski，1770—1861）的赞助下，该大学成为一所进步的欧洲学院。在查尔托里斯基督学的 20 年间，“撑过了拿破仑的崩溃和后拿破仑殖民时代的混乱局面，威尔诺擎着波兰文化的火炬，重拾了旧教育委员会的许多理想，他在这个世纪里播下知识的种子，将来的收获就是那些最具才智的知识分子”。[8] 尽管具有波兰民族特色，该大学仍获得了帝国大学的称号，并成为俄罗斯领先的学院。而弗兰克一家则成了该院耀眼的科学明星。

年轻的弗兰克出生于 1771 年，曾在哥廷根的大学学习，但他的大部分青年时光是在意大利度过的，在那里他遇到了他的妻子。在欧洲学术精英的小圈子中，弗兰克和福斯特家族的学生生涯之路曾多次相交。弗兰克一家充分意识到了福斯特 20 年前在威尔纳的不幸生活和他在巴黎的惨死，但他们既没有分享后者对立陶宛的悲观态度，也并未分享他的革命热情。弗兰克一家是维也纳资产阶级的真正成员：他们满怀热情地享受着生活的愉悦。通过他的妻子，年轻的弗兰克与欧洲音乐界和戏剧界越走越近，他们在维也纳和维尔纳的家一直是向着来自学术界和艺术界的人们敞开的。

维尔纳当地的大多数居民反对沙皇的统治，如果不是公开如此，则至少在私下确是如此，弗兰克对俄罗斯和奥地利帝国政权的忠诚应该会让他成为一个不受欢迎的外国人。然而，弗兰克一家却住在主街旁舒适的家中，引领着这座城市的沙龙生活。[9]毫无疑问，这要归功于主持夫妇的社交魅力、专业礼仪和文化敏锐力。弗兰克是一位优秀的、对人一视同仁的医生，享有现代医学的热心实践者之美誉。他的诊断原则和治疗方法可能曾激怒过他的一些同事和当地的草药医生，但他们在维尔纳精英中那些喜好尝试新鲜事物的患者中大受欢迎。这位医生为当地社会所做出的进步是符合时宜的，他一方面是仁慈的，另一方面是傲慢而轻浮的，这使他成了各种八卦消息、风流韵事和社会要求的主角。他的妻子克莉丝汀也是一个迷人的演唱歌剧的女主角：一个道德高尚的首席女歌手，她不仅容忍了丈夫的轻率，而且她自己还拥有辉煌的事业。在省会维尔纳，她堪称是一位欧洲水准的国宝级意大利—维也纳音乐家。在这个家庭抵达立陶宛之前的几年，弗朗茨·约瑟夫·海顿（Franz Josef Haydn）创作了他清唱剧中的杰作，这是专门为克莉丝汀的歌喉而进行的创作。在1799年维也纳首次公演这部作品后，评论家们将她描述为一位女高音歌手中具有最华丽嗓音的优雅美人。尽管她在哈布斯堡王朝的首都取得了戏剧性的成功，但她跟随丈夫去了维尔纳，在那里两人共担责任，试图在当地做些善事：克莉丝汀为医生组织慈善工作并举行了独奏会。这种慷慨的安排消解了当地人的所有怨恨——弗兰克一家成为社会的宠儿，他们的沙龙成了这座在文化和政治上均遭受分裂的城市中统一的核心。

对弗兰克一家来说，维尔纳的生活还是较为舒适的。“这座城市里不缺少食物，”医生回忆说，“特别是在冬天，冰冻的道路使货物运输变得可靠。牛肉、小牛肉和猪肉的质量最高，而且比维也纳的便宜两倍。有足够的优质家禽，特别是多汁的鸡肉。当地市场通常充满了各种野味和鱼类。普通人主要吃土豆、卷心菜和甜菜，但富裕的家庭则食用芦笋、抱子甘蓝和洋蓟。面包和啤酒都很棒；然而，葡萄酒非常昂贵，并且必须从里加运来。”[10]在战时动荡的欧洲，能供应廉价食品这可不是件小事，特别是在拿破仑封锁大陆期间。

在维尔纳这样一个以天主教和巴洛克风格为主的城市中，弗兰克一家感到宾至如归。与福斯特相比，弗兰克渴望融入当地社会。他先学了波兰语，然后学俄语。这个家庭收养了一名弃婴（传闻是医生的私生子）。随后，在访问住在维也纳的老弗兰克时，这个孩子成了拿破仑二世的玩伴，拿破仑二世是废帝拿破仑的儿子，也是奥地利皇帝弗兰茨一世的孙子。即便邂逅了帝皇苗裔，弗兰克也坚持认为他的独子应该接受当地的天主教和波兰式的教育。然而，自由派医生也对当地宗教习俗的随意性感到轻微的震惊：

> 与维也纳相比，我们发现在维尔纳的修士和修女更多。除了大教堂，圣卡西米尔和（属于大学的）圣约翰堂之外，所有其他教堂都属于各类修道院。在多明我会教堂（Dominican Church）参加大众弥撒是不可能的，特别是在星期天，人们经常进进出出，无休止地在走廊里闲逛、问候、亲吻，与朋友和熟人大声闲聊。还有希腊的，路德派的，改革派（加尔文派）的教堂，犹太会堂以及清真寺。一般来说，天主教徒不庆祝安息日，因为这天是农民出售农产品赶集的日子。相比之下，犹太人严格遵守他们的安息日和其他宗教节日。在那些日子里，即使你向他们献上了世界上所有的财宝，他们也永远不会参与任何交易。成为穆斯林的鞑靼人谨守他们神圣的主麻日。在各种忏悔的信徒中所发现的和谐氛围，甚至是兄弟情谊，给我留下了非常深刻的印象。在俄罗斯总督在他的官馆里举行的，为庆贺（亚历山大一世）沙皇诞辰的正式晚宴上，我发现天主教的主教，希腊正教的大修道院院长，路德派牧师和加尔文派牧师团坐在一张桌子周围。所有人都愉快地进行友好交谈。[11]

然而，弗兰克并没有忘记城市人口中不断变化的社会和种族的分层。当这个家庭在立陶宛定居时，维尔纳“有很多花哨的商店，大部分都是德意志人开设的，他们过着富裕的生活，但很快就破产了。随着时间的推移，德意志业主无法与那些生活节俭并满足于薄利的犹太商人竞争，后者可以对相同的商品收取更低的价格”。[12] 在拿破仑战争期间，当走私和非法贸易猖獗时，对犹太人的生意最富挑战性的竞争来自俄国的保护主义政策及其腐败的地方代理人。“我们不应该忘记，”弗兰克回忆道，“俄国高官的太太们从犹太人的商店里拿走了他们想要的任何东西，甚至没有考虑过为这些征用的物品付费。商人不能向当局投诉，因为如果他们弄了违禁品而被抓住，他们还需要得到官员的庇护。”[13]

弗兰克是这个城市中以职业的责任感进入犹太社区的第一批非犹太裔游客或当地人。对医生来说，维尔纳的犹太人提供了一个独佳的机会来测试一些最早的医学民族学理论。在犹太社区的入口，他想象自己进入了充满异国情调的——东方世界的一隅：

> 当我抵达维尔纳时，犹太人开始来找我，因为他们总是要拜访新来的外国医生。在犹太人中间行医的利润非常丰厚，但金钱上的回报无法超过这种做法所带来的不快。但是，我有一个更高的目标。我想研究这个神秘民族的习惯和生活方式。当地的犹太人不应该被误认为是来自欧洲其他地区的犹太人，在那些地方他们看起来与基督徒多少有些相似。波兰犹太人与他们无关。所以我告诉自己：如果有这么多医生为了在遥远并充满异国情调的土地上研究各种疾病而必须勇敢地面对长途旅行，那么我一定不要害怕治疗维尔纳犹太人时所造成的较小危险。敬业精神让我下定决心准备进入满是垃圾的破旧庭院，爬上通往破旧、肮脏公寓的危险楼梯，并置身于不健康的空气和虱子中。

起初，我几乎无法理解他们的语言，因为他们在德语中杂糅了许多波兰语和希伯来语词。相比之下，波兰犹太人却能完全理解我，但他们让我一直提问。因为不得不一直重复同样的事情，我很快就感到烦躁。过了一会儿，我意识到我需要详细地告诉他们一切：如何喝药以及如何遵循特殊饮食规律。这起效了！我开始对所有（犹太和非犹太）患者使用这种解释方法。

我不得不承认，波兰犹太人非常关心他们的病人——一切都是为他们提供的。毫无疑问，犹太人必须照顾好自己，因为他们在生活中要经常与各种疾病做斗争。根据弗里德兰德（Friedlander）和泰呐尔（Tainer）医生所撰写的关于波兰犹太人疾病的医学专著，犹太人虚弱的体质要归因于他们的生活方式。早在孩童时代，犹太人就被迫专注地研究所谓的宗教经文，这本质上是某些拉比的胡言乱语。在北部（欧洲）的儿童仍处于青春期的年龄，这些人就早早结婚了。我们还应该记住他们的饮食并不充足，主要包括鲱鱼和洋葱；他们在闷热不通风的犹太会堂里举行严苛的宗教仪式；以及女性在月经和性交后用冷水洗澡的做法。最重要的是，几乎所有犹太人都严格遵守严苛的禁食，并且家庭条件也不卫生。我们不能忘记非法贩运货物，这使犹太人的生活如此紧张并导致如此多的心脏疾病；此外，其他当地居民、警察和军队对他们那种无情的态度。我不会用额外的长名单来详细说明他们不健康的生活方式，这会惹恼读者。尽管如此，我应该说，这个民族的人保留了一种奇特的，几乎是东方式的体格，这使他们对某些医学病症更具抵抗力。例如，在犹太人中慢性病的病程变化远远小于其他民族的人，后者通常需要更多的医护。一般来说，以波兰犹太人为例揭穿了那些伪君子的许多医学假说，特别是他对危机过程的观察。如果他们允许死后尸检的话，那么对犹太人的医学治疗会更具科学意义和专业上的益处。然而，古代犹太人高兴地接受了死者的尸体防腐处理。[14]

这位教授未能就犹太人的“临床条件”做出任何实质性的工作，但他试图记录“犹太病”并将其系统化的尝试是将医学知识进行种族化的最初尝试之一。至少有一次，弗兰克对犹太人身体的兴趣是由更诱人的目标所驱动的：

> 我的一位患者，商人辛普森，患有风湿病并出现了一些癫痫症状。他并不关心犹太人的迷信，并允许他漂亮的妻子穿着法国时装，但他告诉她要按犹太传统方式来掩饰她的头发。她有一辆马车，可以自由地进行社交活动；她甚至可以和其他男人调情一下。这种自由使这位商人成为犹太社区中的一个贱民，当他去世时，卡哈尔（Kahal）（犹太社区当局）建议不要将他的尸体埋葬在犹太墓地中。犹太穷人准备亵渎他的身体，辛普森夫人惊慌失措；幸运的是，一切都只是在泪水中结束。毫无疑问，她尊重我，有一次，她在我面前展露了她的面庞。这是一种极为亲密的姿态，与任何其他的感激之情相比我更钦佩这点。我告诉自己，东方女性是多么的聪明，她们只是从头到脚披着披肩出现在公开场合！[15]

到弗兰克抵达维尔纳时，欧洲人关于东方的概念已经具有了新的内涵。东方成为欧洲的军事、商业和审美的乐园：它不仅被征服，而且被揭开，被引诱并被暴露出来。欧洲帝国是在东方缔造的，拿破仑渴望获得印度这个最珍贵的战利品。他在前往印度的途中遇到了两个障碍——英国海军和俄罗斯大陆。无法压倒前者，他才专注于后者。

1807年，当他的军事胜利达到顶峰的时候，拿破仑与亚历山大在涅曼河畔签署了《提尔西特和约》。和约加强了大陆体系，并从大为削弱的普鲁士王国的遗骸中建立了华沙大公国。虽然法国和俄罗斯之间的和平已经持续了一段时间，但双方都在为新的战争做着准备。虽然维尔纳在大公国之外，但在每个人的心头都想着要复活波兰—立陶宛王国。1812年春，拿破仑开始为入侵俄罗斯组建一支庞大的军队。他将就要发生的战争设想为“他的‘波兰战争’，并且在越过俄罗斯帝国的边境时，大军（Grande Armée）实际上恢复了于1795年已被废除的，波兰和立陶宛历史上的边境”。[16]

对弗兰克一家而言，1812年也带来了重大变化。他们感到了不信任和敌意——毕竟，奥地利是站在拿破仑一边的——这一家在军事竞赛开始之前于1812年5月离开了维尔纳。在整个战争期间，弗兰克一家安全地留在了维也纳。但是克里斯蒂娜·弗兰克遭遇了一次不幸：在由萨列里（Salieri）指挥的莫扎特的《费加罗的婚礼》（*Le nozze di Figaro*）演出期间，她在整个奥地利皇室面前失声了。她的嗓音之后又复原了，但没有了往昔的力量和清晰度。她再也没有演出过。

为了他的波兰战争，拿破仑带上了最新、最详细的立陶宛地图，但为了以防万一，他还带上了一些印度地图。[17] 皇帝关于俄罗斯的地图学知识十分有限，当他的一位将军纳博讷（Narbonne）向他询问战争策略时，他只是给出了一个修辞性的答案：“让命运得以实现，在我对英格兰的仇恨下俄罗斯将被粉碎！在40万人的头上……我们将要经过的一些地区的人们，他们血管里的血与立陶宛军队是相同的，我不担心这条满是沙地的漫漫长路。毕竟……这条漫长的道路是通往印度的。亚历山大大帝从某个地方开拔然后抵达了恒河（Ganges），那个地方到恒河的距离并不比从这儿到莫斯科的距离远。……我承认，这是一次庞大的远征；但在19世纪这是可能的。毕其功于一役，法国将赢得西方的独立和海洋的自由。”[18] 在这个宏伟的寰宇一统计划之中，维尔纳成了东方的门户。

大军横渡涅曼河。(立陶宛国家博物馆)

为了确保“西方的独立”，60万人的重装军队聚集在涅曼河左岸，这是一条立陶宛的河流，在欧洲帝国重建后变成了俄罗斯的边境。大军——有史以来欧洲历史上最大的军队——真正成了各国的巴别塔：

> 从右到左，或从南到北，军队沿着涅曼河开拔。在最右翼，是来自加利西亚（Galicia）的施瓦岑贝格（Schwartzenberg）亲王与34000名奥地利人；在他们的左翼，是来自华沙并前往比亚维斯托茨克（Bialystock）和格罗德诺的威斯特伐利亚（Westphalia）国王，他带领着79200名威斯特伐利亚人、撒克逊人和波兰人；在更远的左边，意大利总督在马林波尔（Marienpol）附近纠集了73000名巴伐利亚人（Bavarians）、意大利人和法国人；接下来，皇帝的20万军队由木拉提（Murat）、埃克穆尔（Eckmuehl）王子以及但泽（Danzig）、伊斯特里亚（Istria）、雷焦（Reggio）和埃尔兴根（Elchingen）的

公爵指挥。这些部队从托恩（Thorn）、马林韦尔德（Marienwerder）和埃尔宾（Elbing）进军；并且在6月23日，所有人都密集地汇聚到了诺加里斯基（Nogarisky）附近，并对科夫诺（Kovno）形成合围态势。

一切都准备好了。从瓜达尔魁维尔（Guadalquivir）和卡拉布利亚（Calabria）海岸到维斯瓦（Vistula）河岸，共有67万人（其中已到位48000人），6个工兵连队，一套攻城装备，几千辆补给车，无数的牛群，1372架加农炮，以及成千上万的炮兵和医疗车，这些均已集合完毕，现在与俄罗斯的那条河流只有很短的距离。[19]

菲利普—保罗·德·塞居尔（Phillipe-Paul de Segur）伯爵描述了这个拿破仑令人印象深刻的欧洲大会，他追随着父亲的足迹，后者曾在1784年前往圣彼得堡履行外交任务时途经立陶宛。在法兰西帝国，塞居尔王朝充分利用了其古老的家族体制。老塞居尔曾在拿破仑加冕时担任大司仪，他的儿子参加1812年的远征时担任的是总军需官。小塞居尔崇拜拿破仑，并像大多数军人一样，被雄心勃勃的进军和行伍的力量所诱惑。“在沮丧中，我们热切的目光紧盯着这片光荣的应许之地。我们想象自己听到了立陶宛人在他们的拯救者抵达时发出的欢呼声。在我们的脑海中，我们看到了他们沿着河畔而立，举着恳求的双手。在这里，我们什么也没有，在那里，一切都会慷慨地赐予我们……（并且）我们应该被爱和感激所包围。……白昼很快就会出现，带来温暖和幻想。……白昼出现了！但它向我们展示的只有贫瘠的沙地和令人沮丧的黑树林。然后我们失望的目光转向了自己，当看到我方聚集的军队这一令人印象深刻的景象时，我们又感到了满怀的骄傲和希望。”[20]

路易-弗朗索瓦·勒热纳男爵（Baron Louis-Francois Lejeune）这位拿破仑战场上未来的画家在拿破仑建立观察所的山顶上目睹了这种自豪。用艺术家的话说，这是所有景观中“最非凡，最浮夸，能想象出来的最令人振奋的景象——夸大他在物质和道德上的力量，这是最能令征服者感到醉心的。……来自数以千计号角和军鼓的致敬声——无论他何时出现，人们都会对皇帝热烈地欢呼——人们具有如此的奉献精神和严明纪律，这股巨大的力量很快就发动起来了，大军构成的洪流消失在了地平线上，这些武器像群星一样闪耀——所有这一切都让每个人对领导我们的元首充满了信心”。[21] 但也有人看到了不同的景象，这场大进军中的参与者既缺乏想象力也没有特权，比如来自符腾堡州（Württemberg）的海因里希·奥古斯特·沃斯勒（Heinrich August Vossler）中尉（他在日记里记录了这些事件）。“在 6 月 22 日和 23 日，一股名副其实的军队终于踏着这片巨大的平原向前挺进，他们恰好抵达了河岸，并与俄军形成了对阵的态势，他们等待命令向前冲击。过去的几天里，法军在通过友军领土时一路进行掠夺和破坏。老天才知道它会在敌人的土地上做些什么！”[22]

第一个哨兵在未受抵抗的情况下越过河流。在塞居尔的记忆中，只有“一名指挥夜间巡逻的哥萨克军官”出现在岸上。“他独自一人，似乎认为他正处于和平之中，完全没有意识到在敌军中所显现的是近在咫尺的整个欧洲。他问入侵者是谁。‘法国人。’他们告诉他。‘你想要什么？’他进一步质问道，‘你为什么要来俄罗斯？’其中一个工兵直截了当地回答道，‘要对你发动战争！占领维尔纳而且要解放波兰！’”[23] 在第一支部队接受了战斗的召唤之后，拿破仑在同一天两次越过这条河流：第一次穿着法军制服，第二次则穿着波兰轻骑兵的华丽制服取乐。

解放者的军队前往维尔纳的途中遭遇的唯一敌人是老天派来的。边境城市科夫诺已遭到撤离的俄军部分地摧毁。拿破仑的解放大军则掠走了剩下的东西。“篝火仍然在市场上冒烟，家具被人从房屋中拿走，窗户被人打碎。顶多在这儿和那儿能看见一个犹太人。看一眼就够了。科夫诺是一个被抢掠殆尽的城镇。”[24] 在一个平静的晌午，突然变暗的天空用一个雷

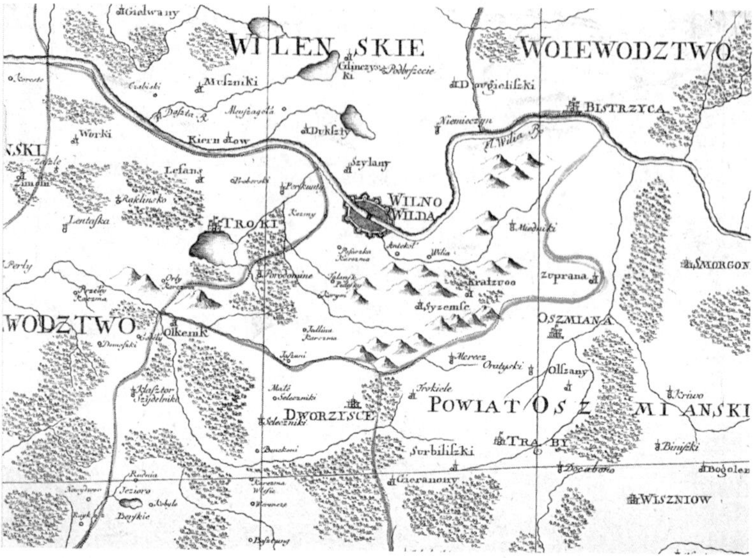

波兰和立陶宛，约 1770 年。大军在 1812 年战争中使用的大多数地图都将维尔纳描绘成一个强有力的堡垒，尽管这座城池的城墙所留下的最后一些残垣断壁也已经被俄国当局摧毁了。（维尔纽斯大学图书馆）

闪火球伏击了大军。“带有凶兆的天空，”塞居尔回忆道，“在这片没有明显避难所的土地上，给予我们精神上的轰然一击。……这场雷雨与我们的所作所为一样宏伟。几小时后，整个军队上空的云层变得越来越厚，越来越黑。从一端到另一端，在约 50 里格（leagues）的范围内，部队到处都受到闪电的威胁，并被倾盆大雨所浇透。洪水将道路和田野淹没。难以忍受的炙热突然变成了令人不快的寒冷。”[25]

由于立陶宛变幻莫测的天气是其主要对手，故而军队只得费力地前进。“总结一下，”沃斯勒（Vossler）写道，“我们的情况是这样的：我们开始了一场艰苦的战役，需要经常在可憎的道路上强行军，要不就是陷入沙子或者齐膝深的泥泞中，要不就是经常陷入陡峭的沟壑中，在天空下一会儿是难忍的酷热一会儿又是倾盆而至的冻雨。”[26] 至少沃斯勒的师是沿着通往维尔纳的道路前行的——被天气搞得昏天黑地的帝国卫队精英们走迷了路。卫队的一名退伍老兵勃艮第（Bourgogne）中士记得“迷路了，（我）不知道转向哪个方向。我向着将军驻地村庄的方向跑去找避难所，但给我指路的只有闪电——突然，打了一个闪，我以为自己看见了一条路（不幸的是一条运河，因下雨而涨水到了地面）。期待我的脚下能踩到坚实的土地，而我却陷入其中沉了下去”。[27]

每个人都能轻松地责怪天气和危险的地形减缓了进军。但在很大程度上，在维尔纳混乱的行军是法军对该地区的地理无知的一种表现。法军的立陶宛地图存在严重的缺陷：地图已经过时，比例尺不合适，地形结构难以理解。用法文正字法转写的立陶宛的地名是如此的有缺陷，以致无法与当地人进行基本的交流。当地人无法简单地指明方向，因为他们无法理解他们自己的小村、村落或城镇名称的外国发音。撤退的俄军已经从道路上移除了所有的里程碑，这也提供不了任何帮助：似乎没有人知道维尔纳到底有多远，或者军队应走哪条路。在皇帝的总部，波兰伯爵罗曼·索尔泰克（Roman Soltyk）立刻意识到“在拿破仑办公室里拿来娱乐的莫斯科帝国的地理概念说有多缺陷就有多缺陷，而其地形走势也是如此。拿破仑总是在质问波兰将军索霍尔尼茨基（Soholnicki）这类问题。在我提出的纠正地名正字法的提议中，上级命令我把这些写在地图上，以便拿破仑能更好地了解自己的行踪”。[28] 对于军队里的其他人来说，是太阳而非地图成了向东行军最可靠的向导。“每天都有，”康帕斯（Compans）将军给他在家里的年轻新娘写信说，“我开始意识到我们手上的地图是有缺陷的，所以我买了一个指南针来指路。虽然我用不惯这种仪器，但我并不会感到沮丧，因为它能让我找到圣彼得堡或莫斯科。”[29]

与此同时，沙皇政府和维尔纳的当地居民也在为战争做着准备。由沙皇领导的俄军把总部设在维尔纳。从 6 月初开始，亚历山大和俄罗斯朝廷（除后宫的行营外）一起搬进了主教从前的宫馆，当时该宫馆为立陶宛总督的官邸。虽然战争的准备工作包括一些军事训练和视察，但大多数情况

维尔纳总督府，亚历山大一世和拿破仑在 1812 年战争期间曾逗留于此。(维尔纽斯大学图书馆)

下，它包括无休止的阅兵、行军、游行、参观、沙龙派对、晚宴、戏剧表演、音乐会和奢侈的舞会。虽然一般来说，当地的贵族，尤其是年青的一代，都倾向于拿破仑，但立陶宛贵族却很高兴地加入了俄罗斯朝廷。城里的每个人都寄希望于沙皇能够给予立陶宛自治权，作为对拿破仑要恢复旧联邦这一承诺的反制。

拿破仑期待在维尔纳进行战斗，但亚历山大在这一点上拒绝了他。在听到开始进军的消息后，他迅速离开了这座城池。俄军和官员很快就跟上了沙皇。撤军后的维尔纳准备迎接大军的到来。6 月 28 日，波兰枪骑兵进入城市，受到爱国人士的欢迎。“我们的到来，”其中一位参与者回忆道，“这是一场胜利。街道上和公共场所里到处都是人。所有的窗户上都能看见狂热的女士们。贵重的挂毯挂在几座建筑物的外立面上。”[30] 一面“巨大的白色与天蓝色相间的旗帜，据说是立陶宛的古代的统治者雅盖隆（Jagiellonian）王朝的颜色”，被悬挂在了一座能远眺这座城市的古老城堡的废墟上。[31] 塞居尔随声附和着同样的情绪：街上的人们“相互拥抱并相互祝贺。老人们穿着他们以前的服装再次出现，带着对荣誉和独立的回忆。看到国旗后面跟着无数的人群，他们喜极而泣”。[32] 不满的拿破仑对这种公开表现出来的欢愉感到毫无兴趣。对他来说，占领省会城市是一件具有战略意义的事；所以，他首先想知道的是关于这里的军事和地形特征的一切。在入城之前，这位法国皇帝派遣了一名特使来接走大学校长杨·希尼亚德茨基（Jan Śniadecki），他是一位年迈的天文学和气象学教授。希尼亚德茨基巧妙地向皇帝保证了这座城市（和大学）对他的忠诚，而非对他的帝国克星——亚历山大的忠诚。作为回报，校长被任命为立陶宛临时政府的官员。根据科兰古（Caulaincourt）将军（前法国驻俄大使）的说法，会谈结束后，“在自己不知情的情况下皇帝离开了维尔纳。这座城池似乎遭到了遗弃。没有一张面孔出现在任何一扇窗子上，也没有热情甚至好奇的迹象。一切都很阴沉。他直接穿过了这座城，视察了被烧毁的维利亚（Vilia）大桥，城外的地形以及敌人纵火烧毁的弹药库，这些弹药库一直在燃烧。在催促修桥的过程中，他下令构筑防御工事，然后返城并前往宫馆”。[33] 拿破仑以一种大胆的姿态下榻在了两天前被亚历山大所占的同一座宫殿中的同样那些房间里。当一个朝廷以惊人的速度取代了另一个朝廷时，维尔纳的角色也发生了变化。在遭到入侵之前，它曾是俄罗斯名义上的战时首都；现在，它是拿破仑统治下欧洲的第一座城市。

也许恐惧笼罩了整个城市，但包括皇帝在内的法国人都没有注意到，当地人对波兰和外国解放者的态度是有别的：波兰人和立陶宛人被看成是家里人而受到欢迎，法国人和其他欧洲人则完全是陌生人。甚至当拿破仑在俄罗斯总督府里设立了他的帝国总部并且将自己的到来公之于众时，城里依然没有庆祝活动。“皇帝，”科兰古说，“对此感到震惊。经过研究，他评论道：‘这附近的波兰人不像华沙的那些人。他们比（华沙的）波兰人更为冷静，而且更加沉默寡言。’”[34]

尽管取得了战略性的成功，但拿破仑并不满足于法国在占领这座城市上取得的战术上的成果。拿破仑想羞辱亚历山大，同时开辟一条通往东方的道路。俄罗斯的撤退使他大为恼火，因为这让他失掉了进行一次史诗般的大进军的机会。根据科兰古的说法，当拿破仑收到亚历山大的来信，他提议在大军立即撤离到涅曼河之外的条件下可以洽谈和平协议时，拿破仑变得暴怒起来：

> 亚历山大嘲笑我。……他想象我来维尔纳是为了谈判条约吗？我是来一劳永逸地摧毁北方的蛮族巨人。必须把他们推回到冰雪中，以便至少四分之一个世纪内他们没办法干扰文明的欧洲。剑已拔出。沙皇见到他的军队已被断为两截。他想达成协议。吞并芬兰已经让他得意忘形了。如果他必须找到牺牲者，就让他去击败波斯人；但不要让他干涉欧洲的事务。我的演习让俄罗斯人感到不安。在一个月内，他们将会给我跪下。[35]

在等待下一步行动的同时，法国人和他们的盟友将维尔纳变成了欧洲社交和政治的乐园。一旦拿破仑将他远征时的朝廷设立在这座城市，奥地利、普鲁士和美利坚合众国的大使就会从巴黎抵达这里。这座城市会再一次充满节日的氛围，从俄罗斯统治到法国统治的迅速转变只会加速庆祝活动的热闹程度。费曾萨克（Fezensac）公爵记得抵达这样一个城市时："集会、舞会和音乐会一个接一个地成功举办。出席这些庆祝活动，我们几乎认不出这座国都是被两支敌军蹂躏过的，其居民曾沦落到苦难和绝望的境地；如果立陶宛人自己似乎有时能记住这一点，那就是为了说明波兰人在重建他们的国家时没有付出太大的牺牲。"[36] 当地的贵族充满了复燃的爱欲之火，再一次加入欧洲新老贵族那人数不断增多的派对中。在夜间舞会上，方坦·德·敖道阿赫（Fantin des Odoards）上尉回忆起"有更好的机会来评判维尔纳的女性，她们的魅力让我在举行宗教仪式时也感到十分愉快。这一次，当我看到她们因为舞蹈、快乐和爱国主义而变得活泼时，我就满怀着一种与众不同的赞赏，而且也注意到了跳华尔兹舞时，在温柔的拥抱中，这些在国旗色下翩翩起舞的尤物是多么的白皙和圆润”。[37]

欧洲精英的集会无法掩盖维尔纳位于法国人所征服地区的最东部这一事实。在某种程度上，它已被绘制在东方神秘的地图上。例如，当他抵达这座城市时，弗朗索瓦·杜蒙索（Francois Dumonceau）上尉注意到黎明门（Ostra Brama gate）附近“一座带小教堂的修道院。它的钟楼是圆球形的，带有斑驳的条纹，这是我们看到的第一个奇异的俄式钟楼。它的墙上贴满了俄文的长长的公告，我们本来很想破译它”。[38] 位于宫馆旁边的法军总部被一种童话般的东方环境所环绕，卡宾骑兵中士伯特兰（Bertrand）在那里偶然发现：

> “……两个市民和另外两个围着穆斯林头巾的人坐在光线充足的桌子旁，桌子上摆满了一顿丰盛的晚餐。穿着皇家制服的侍者站在他们身旁。我被吓住了，手足无措不知道进退为好。但我还不知道该怎么打退堂鼓，我走进去，伸手摸了摸我那顶带有羽饰的筒形军帽。‘你想要什么？’一位裹头巾的人问。‘我在找一个可以休息一下的角落。但是我觉得这不是个地方，请原谅。’‘如果只有你的话，’裹头巾的人回复道。我认出他是鲁斯塔姆（Roustam），皇帝的马穆鲁克。‘进来。你的师整天当先锋军。你一定是筋疲力尽了。’吃惊于我幸运的意外收获，我勇敢地把叉子插上一只鸡翅，然后是冰火腿，所有这些就着最好的陈酿葡萄酒一股脑地下了肚。第二个裹头巾的人是木拉提的马木留克兵（mameluke），命人打开一个用稻草包裹着的方形瓶子，我们为皇帝的健康、为他的贤后、为皇子，也为木拉提国王干杯。”[39]

夜间逃到街上，维尔纳迷宫般的街巷对军纪产生了不利影响。根据铁森豪森（Tiesenhausen）伯爵夫人（土生土长的立陶宛人）的说法，成千上万的士兵和军官走迷路了，“在城市周围和乡下都有人迷路。教堂遭到掠夺，圣杯受到玷污；甚至墓地都没有受到尊重，女人也受到了侵犯”。[40]

可以把抢劫的理由解释为军队完全缺乏军规和庇护所。当欧洲的精英们在这座城市里聚会时，10 万名士兵被迫在乡下等待新的命令。迪蒙索（Dumonceau）记得他的士兵被关在一个带围墙的修道院花园里，在这里：

> 雨水倾盆而下，伴随着刺骨的寒冷，我们更热切地感到，一场压倒性的炎热会马上到来。不久，花园里的泥土被搅动起来又泡到水里，除了形成一块巨大的泥沼之外别无他物。我们站在齐膝深的泥里，没有可以躺卧的稻草也没有任何避难所，没有木头可以点火。然而，甚至还刮来了可怕的飓风。我们发现无论是站起来还是躺下都一样困难，我们蹲在铺在泥地上的斗篷上打瞌睡；然后醒来时却发现雨还在倾泻而且飓风则刮得越来越起劲了。我们周围的烟囱和瓷砖都在倒塌。……武器和装备都散落在泥里。我们那点可怜的篝火早已熄灭。我们的马发抖得至少和我们一样厉害。有些人死在了夜里，有些人死在了第二天，他们都被寒冷和痛苦所毁灭了。[41]

沃斯勒在维尔纳也找不到什么乐趣。“我本想在维尔纳过一段时间，”德国军官记得，“但是驾着我的车，这样既不方便也不安全，也达不到任何实际的目的，从那些惊慌失措的居民那里搞不到任何补给品，即使是出了好价钱。”[42]

总的来说，强力征收补给品这一措施对当地犹太人的影响比对任何其他群体都大。皇家地理工程师上尉尤金·拉鲍莫（Eugene Labaume）不幸驻扎在立陶宛的古都特罗基（Troki）。“这个景色宜人的地方与我们刚刚穿过的道路形成了鲜明的对比，每个人都羡慕它优越的位置，以及一座大型女修道院坐落在一座能俯瞰城镇的山顶上所产生的迷人景色。……那些对绘画有任何兴致的人会不知疲倦地赞美这个秀丽的景点。在湖的中间是一座古老城堡的废墟，其黑暗的墙壁一侧倒映在水面上，另一侧则似乎触碰到了金光闪闪的地平线。”这如画般的美景也是海市蜃楼：

> 特罗基最初看起来是一个令人愉快的地方，但是当我们进入时，幻觉停止了。我们几乎没有靠近第一所房子，当时有一些犹太人，后面紧跟着妇女、儿童和老人，他们跪在地上，恳求我们从贪婪士兵手里解救他们，当兵的抢劫并毁掉了房屋里的所有东西。除了安慰之外我们给不了他们任何东西。我们驻扎的那个区没有弹药库，我们的士兵长期得不到口粮，现在只靠掠夺为生。这引起了极大的混乱。而这种极度缺乏军纪的状况是最为有害的，因为它终究会预示着一支军队即将到来的覆灭。[43]

从维尔纳出发，大军漫无目的地向东推进，掠夺并恐吓当地居民。7月底占领维捷布斯克（Vitebsk）标志着对立陶宛形式上的征服，但似乎没有人清楚地意识到未来进军的方向。回想起来，塞居尔认为这是一个临界性的时刻：“随着立陶宛的解放，军事斗争的目标已经实现，但似乎战争几乎没有开始过。被占领的只有土地，而敌军却并未被击败。俄军仍然完好无损，最初那种一鼓作气的进攻劈开了它的两个侧翼，但这两翼却又重新集结起来。我们曾处于一年中最好的季节。拿破仑决定屯兵于第聂伯河和多瑙河岸时的情况就是这样——他认为这是一个不可撤销的决议。自从他欺骗了自己之后，他就发现能更好地欺骗别人，让他们错会自己的意图。”[44]

由于无法做出决定，拿破仑最初决定在立陶宛过冬，并指挥在维捷布斯克打扫战场的工作。这一清理行动可能会威胁到维尔纳作为本次进军中社会和文化中心的地位。拿破仑“命令卫队拆除一些破坏宫殿广场外观的石屋，并清除掉垃圾。他想到了冬天的乐事。会从巴黎调演员来，送到维捷布斯克，由于这个城市没有平民，可能会从华沙和维尔纳请女性观众过来”。[45]值得庆幸的是，维尔纳的社会能从这种拿破仑带来躁动不安所制造的社会耻辱中解脱出来。“那些河岸边长达六个月的无聊冬季在他看来是最糟糕的敌人。”[46]皇帝最终决定搬离，并于 8 月 10 日下令过河。

与不到两个月前穿越涅曼河那时相比，军队的情绪远没有那么高涨。大多数士兵都畏惧俄罗斯。沃斯勒在他的日记中表达了一种混合着焦虑的骄傲情绪。“现在，我们要进入敌人的领土了，这正让我有一种沮丧的预感。但是，我们是一支数十万人的强军，战友们正是年富力强的岁数，许多人在越过命运之河时仍然感到欢欣鼓舞。在远处的河岸，一场不祥的沉默正等待着他们。四面八方所见到的密集而险恶的森林都是引人注意的。罕见的几个村庄遭到了遗弃。到处都见不到人类活动的迹象。我被这支庞大军队的命运所深深地压制着。”[47]

沃斯勒眼中俄罗斯的悲观景象得到了亨利·贝尔（Henri Beyle）的回应，亨利·贝尔另一个更为人知的名字是法国作家司汤达（Stendhal），他以帝国信使的身份加入了这次行军。“我自己在这里并不怎么快乐，”作家写道，“一个人变得真快！我以前对新景点的渴望已完全幻灭了。……你是否相信这一点，任何人比任何一种烦恼都更能影响我，这里没有任何关于个人的感伤，我有时候竟然快要哭出声来？在这片野蛮的海洋中，没有一种声音能在我的灵魂中找到回音！一切都是粗糙的、肮脏的，无论是身体上还是道德上都在发臭。”司汤达不久前才去过意大利，他带着对那里的记忆加入了向俄罗斯开拔的大军，在米兰的官位上，他成了意大利歌剧热情的爱好者。神圣的咏叹调那令人难忘的旋律使他远离战争严酷的现实。在北半球高纬度地区那种秋香色景致的环绕下，他吟唱起南国的欢沁的曲子："每当我看到（地图上的）米兰和意大利时，我目见的一切都让我感到厌恶。……我想象我的灵魂就是——那个在作曲，在工作，在倾听奇马罗萨（Cimarosa）并爱上安格拉（Angela）[拉斯卡拉歌剧院（La Scala Opera）的歌手] 的灵魂，我住在怡人的气候中——我想象这些高峰就如同美丽的丘陵。"然而，当看到俄国边境时，音量渐强的记忆在急速向下的顿挫中戛然而止。"远离这些山丘，在平原上，是恶臭的沼泽——在这里我陷入了困境，除看到地图之外，世界上没有任何东西能让我想起这些山丘。"[48]

9 月 14 日，在博罗季诺（Borodino）无情的战斗（9 月 7 日）之后，大军进入了莫斯科废弃的、阴燃着的市郊。夺取古俄罗斯的首都这件事恢复了军队的精神和激情。"这是一个美好的夏日，"勃艮第中士回忆道，"太阳在所有的穹顶、尖顶和镀金的宫殿顶上都泛着金光。我见过许多国都——如巴黎、柏林、华沙、维也纳和马德里——这些只给我留下了一个普通的印象。但这里则完全不同；这种效果对我来说——事实上，对每个人来说——都是神奇的。在那种情况下，麻烦、危险、疲惫、贫困都被遗忘了，进入莫斯科的乐趣吸引了我们所有的注意力。要为冬天占一个好的地方，并征服另一个世界——这就是法国士兵的性格：从战争到爱情，从爱情又回到战争！"[49] 燃烧着的城市只是增加了魔幻感，甚至心灰意懒的司汤达怀着他个人的痛苦，也站在知识分子的高度来欣赏这种魔幻般的场景。"我们出现在这座被世界上最美好的烈焰所点燃的城市中：它形成了一个巨大的金字塔，就像信徒的祈祷一样，它的底基是大地，它的巅峰直刺入天堂。在这种火焰和烟雾的气氛里有明亮的月光。这是一个壮观的景象；但为了享受它，人们必须独身一人，或与聪明的人一起。"[50]

10月18日，在全面遭受大火之后，拿破仑决定离开莫斯科，回到立陶宛更为舒适的冬季行营里。第二天早上，数十万大军接到命令朝俄罗斯的卡卢加（Kaluga）镇方向行军。勃艮第中士的帝国军团是第一个离开的，他们向着未知的命运徘徊而去，并对将来的征服感到疑惑：

> 我们在下午出发，在我们的商店，就是杜布瓦（Dubois）大婶（随军食品小卖部的女管理员）的推车那里，包了几瓶烧酒，以及我们的大银碗；我们到镇外时天色几乎都黑了下来。我们发现自己挤在众多的推车和货车中，驾车的是来自各个国家的男人，一排三到四个，一直延伸出一个里格的长度。我们周围听到的都是法语、德语、西班牙语、意大利语、葡萄牙语和其他各种语言，因为其中有莫斯科的农民和大量的犹太人。这群人穿着各式各样的服装，操着各种不同的语言，还有食堂店主带着他们的妻子和哭泣的孩子，在最闻所未闻的噪声、骚动和混乱中匆匆前行。有些人把他们的推车全砸了，他们的大叫和咒骂声使人发疯。这是整个军队的车队，我们在穿过它时遇到了很多麻烦。我们沿着卡隆加（Kalonga，原文如此）路（我们当时在亚洲）行军。……大部分推车已经碎掉，其他车则无法移动，车轮陷入沙路深处。我们可以听到法语中的尖叫声，德语中的誓言，意大利语中对全能上帝的恳求，以及西班牙语和葡萄牙语中的圣母。在穿过了这个巴别塔之后，我们不得不等待部队的离开。[51]

沃斯勒没有与占领军一起在莫斯科，他几乎不怎么同情征服者中这些道德沦丧但又傲慢的英雄们。这些人明显缺乏纪律和道德价值，他对此感到震惊：

> 他们都曾待在莫斯科，他们在那里花时间进行抢劫，并从那里搞

到了他们现在随身携带的任何东西。我们对他们的外表感到惊讶。许多人没有携带任何武器，其他人则勉强有些武装，但他们的火枪要么无法使用，要么已经没有了弹药。这些人不再是士兵，而变成了掠夺者和随军流动的平民，完全没有纪律，偶尔会花里胡哨地佩戴几件奇怪的装备，但大多数都拖着成捆的羊毛、亚麻布，各种颜色和种类的丝绸，包括从黑貂到羊皮的各种男装和女装的皮草，各种形状和大小的有檐帽和制服帽，时髦的靴子和鞋子，青铜、黄铜和铁制的厨具，银和锡制的餐具，锡镴盘子和餐具，玻璃杯、高脚杯、剪刀、针、线、打蜡的麻线，等等；简而言之，这是和平时期装备精良的旅行者，无论是骑马的或是步行的，他们所需要的物品一应俱全，无论他们是绅士、学徒工、商人、艺术家还是其他什么人。……这种景象是撤军时第一次出现的诡计。他们的人数与日俱增。为了他们自己或是他们的战利品更加安全，这些闲杂人等加入了我们的分遣队，裹挟着这些人我们继续前进。所有的军纪都被打破了。[52]

在这一大群人中，所有的民族、语言和宗教间的区别似乎都消失了，仿佛在通往维尔纳的路上，欧洲已经化成一股无名的巨型人流涌向它的源头。然后，突然地但却可以预见的是，一切都改变了，恐慌的匆忙化为了致命的寒冬。“直到 11 月 7 日，天空一直澄澈而湛蓝，而且每年这个时候的风不会比德国的风更大。但在本月 8 日冬天突然降临了。从东北方刮来的一阵凛冽的狂风带来了暴风雪和一阵霜降，它是如此的严寒刺骨，以致到了第二天寒冷已经变得几乎无法忍受。”[53] 寒冷摧毁了最后一点的军队秩序。“现在，一堆堆抢来的衣服包裹被人打开，我们的部队变得就像开假面舞会一样。”[54] 此时，距离维尔纳还有大约 800 千米，这是欧洲第一个可信的前哨。

当到达第聂伯河畔立陶宛大公国历史上的近郊时，拿破仑再次迷路了。用塞居尔的话说，“他即将闯入的立陶宛森林对他来说是陌生的，他召集了一个会议，与会的是刚刚越过森林赶来与皇帝会师的军官们”。有人建议皇帝去往贝尔齐纳河（Berezina）河畔的鲍里索夫（Borisov），军队可以“借着一系列的木桥越过立陶宛的沼泽地”，以便安全地返回维尔纳。[55] 三周后，因为疾病、饥饿、寒冷和俄军不断的骚扰而疲惫不堪、士气低落的军队到了河边。将军们“除了他们自己之外毫不关注任何人，他们试图拯救他们那点可怜的财产或他们的人，这些人在他们的士兵中间行军但却毫不关心这些兵，不给他们下达任何命令，也不从这些当兵的那里期望任何东西，他们之间的所有联系都被打破了，所有的等级差异都被一种共同的痛苦所抹去”。[56] 只有一个疯子或许仍然可以服从命令。在贝尔齐纳河畔，勃艮第遇到了一个人，“他从头到脚穿着整齐的制服！我问他那是什么意思，他只是嘲笑我。这个可怜的家伙生病了；那种笑声是死亡的笑声，因为他就在夜里死掉了”。[57]

跨越贝尔齐纳河的行动于 11 月 28 日开始，预计持续两天。这条河仍未完全冻住，军队工程师架起了两座桥。匆忙建造的桥梁在汹涌的人群和沉重的货车的重压下不断垮塌。在某些时候，河左岸的俄军炮兵开火了。混乱和恐慌让撤退的部队无法忍受，当时“灾难达到了最大限度。在敌军这一侧的岸边遗弃了大量的货车，三架重炮，几千名男子，一些妇女和几个孩子。……有些人跳进水里试图游泳；其他人相信自己能够到漂浮的冰块。还有一些人直接就冲进了桥上的火焰，这些就在他们脚下坍塌。在这冰火两重天中，他们死于两种相反形式的折磨，他们的尸体很快就夹杂着浮冰堆积起来并击中了大桥的支撑架”。[58]

勃艮第亲眼看到，一半的撤军在渡河及转移期间丧生，在拿破仑统治下的欧洲，在各色军旗下服役的其余各师各营变成了彼此间毫无差别的“法国人、意大利人、西班牙人（Spaniards）、葡萄牙人（Portuguese）、克罗地亚人（Croats）、德国人、波兰人、罗马人（Romans），甚至是普鲁士

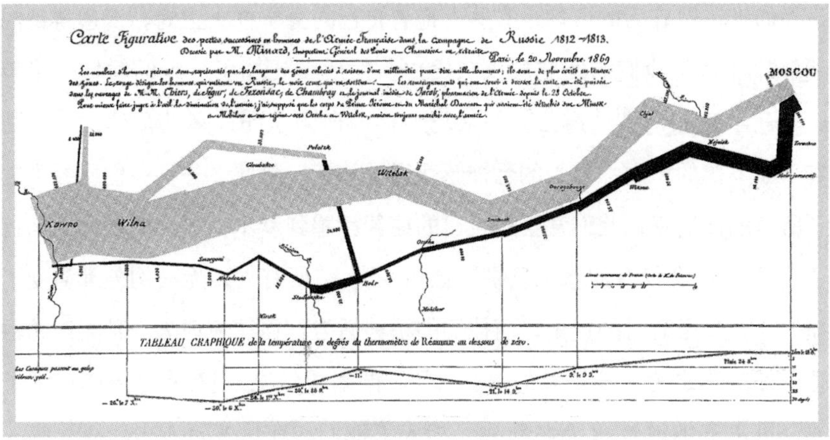

表现 1812 年对俄战争期间拿破仑军队溃败的图表，该图由法国工程师 C.J. 米纳尔（C. J. Minard）绘制于 1869 年。这张图表将大军被歼的戏剧性变化与这场战争的地理运动方向和撤退期间的严寒温度对比出来。在战争开始时经过维尔纳及其周围地区的士兵约有 40 万名，但只有 8000 人在撤退期结束时离开了这座城市。(L. Briedis 私人收藏）

人（Prussians）的混合体”。[59] 那些越过贝尔齐纳河的人“互相拥抱并祝贺，仿佛他们已经越过的是莱茵河，但仍然有 400 里格的路”。[60] 这是一次史诗般的转变，就像跨过涅曼河或征服莫斯科一样，值得一个“聪明的画家来作画……一个本来能画出佳作的画家！他画出了死掉的自然（une nature morte）。树木载满白霜、雪和冰柱。在满是白霜的针叶树林构成的背景中，能看到背信弃义的巴什基尔人（Bashkirs），正在等待有利的时机纵身扑向猎物。这条河本身将发挥主要作用，并且在紧要关头，可以说是地狱（Acheron）的象征，这条河就成了寓言中冥府（Hades）之河。左岸上的是该下地狱的。右岸上的是选民（The elect）”。[61]

对于过了河的幸存者，包括无数的逃兵，维尔纳成了一个水中之月般的希望。寒冷和饥饿是主要的杀手，但事实证明炎热的火焰与冰川之夜一样危险。那些逃过夜间大火的人“通常被人发现死在了早上。他们的尸体在地上冻得梆硬，尸体又被后来的人夺去，并用作生火时坐的座子，烧的是他们推车劈碎后的残骸。有些人拖着自己的身子往火上烤，渴望得到温暖，却径直将他们的四肢放入灰烬中，然后就死掉了，死的时候一半被烤，一半挨冻”。[62]“道路就像战场一样，布满了如此多的尸体；但是随着不断下落的积雪，目见的恐怖感变得柔和了。除此之外，我们已经失去了所有的怜悯感；我们甚至对自己的痛苦都感到麻木，更别提别人的痛苦了。”[63]幸存者仅有的感觉只是错觉和冷漠。“所有人，无一例外都遭受了损失，至少是暂时的损失，而他们的精神活力，往往表现为一种无声的昏睡。部队称之为‘莫斯科的沮丧’。”[64]据塞居尔说：“有6万人越过那条河（贝尔齐纳河），2万名新兵又加入了他们。在这8万人中，有一半人死了——而且过去四天中的大多数人都死在了莫洛杰奇诺（Molodeczno）和维尔纳之间！”[65]

勃艮第中士于12月9日到达维尔纳近郊，他完全处于谵妄状态。第二天早上，他病了，并且筋疲力尽，他“鼓起仅有的一点勇气”，随着其他幽灵般的人向城里挪动：

> 这种可怕的寒冷比我以前经历过的要厉害得多。我几乎晕了过去，我们似乎走过的是一个冰的世界。……我几乎无法呼吸：我的鼻子感觉冻住了；我的嘴唇粘在了一起；我的眼睛在流泪，被雪光刺得目眩。……在我们经过的所有建筑物中都满是不幸的人们，他们无法再往前走，只得等死。
>
> 现在我们可以看到威尔纳的尖塔和屋顶。我试图在第一批到的人中赶到那里，但卫队的老猎骑兵阻止了我。他们以这样的方式堵住了道路，如果不列队前行没有人能够走得过去。这些退伍老兵的胡子和髭须上都挂上了冰，他们继续前进，压抑着自己的痛苦，以便维持秩序；但这个命令是维持不住的。一旦进入了市郊，一切又都变成了混乱。在一所房子的门口，我看到一个掷弹兵团的老朋友躺在死者身

上。他们在我们之前一小时到达。[66]

大多数人都没有注意到他们的下落。“下午 2 点 30 分，”其中一名幸存者记得，他们的脚已经湿透，又遭了冻伤，“我们进入了一个像我们一样充满不幸的大城市。有人告诉我们这就是维尔纳。”[67]

拿破仑离开莫斯科之后，人们普遍认为他会在维尔纳过冬。皇帝向他的妻子玛丽·路易将维尔纳简单地描述成一个“有四万人口的美好城市”，能够容纳“大量的食物和其他物资，这些东西集中在但泽和柯尼斯堡（Königsberg），（可以）沿着维利亚河通过驳船运来”。[68] 法国（和欧洲）以及大军之间所有的社会、行政和政治公报都要经过这座城市。除了许多外交、行政和文化视察访问之外，帝国公报、密令、官府告示和军事公报的不断往来使得维尔纳成为拿破仑统治下欧洲的集散地。从巴黎到维尔纳向皇帝递送邮件（包括玛丽·路易皇后的一封信）的司汤达在一封给他姐妹的信中概述了邮差的旅程。“我到维尔纳的行程如下：我会快速上路，前面带一个向导，直到柯尼斯堡。但是在这一点上，掠夺所带来的甜头开始变得明显，而在科夫诺则更是加倍如此：据说在这个城镇周围的地区，人们可以走上 50 里格却找不到一个活物。……在这些被蹂躏过的荒野中旅行是非常困难的，特别是在一千个包裹的重压下，从维也纳来的一辆小小的、可怜的带篷马车是会被压碎的：每个人都想托我带去一个包裹。”[69]

偶尔从法国来的旅客也能到达这座城市。帝国元帅乌迪诺（Oudinot）公爵年轻的妻子于 10 月来到维尔纳，来为受伤的丈夫提供护理。这里宏伟的全景给她留下了深刻的印象：“从周围的山上俯瞰维尔纳时，这里能看到的与别处截然不同……虽然维利亚河徒然地流过乡野，但她似乎也哺育不了这里，但却有大量的穹顶和教堂塔楼在 36 座修道院之上熠熠生辉。”[70]

已经进入 11 月，波兰军官邦果夫斯基（Bangowski）在他的日记中写道："维尔纳显露出一副极为可悲的样子。……遭到瘟疫的蹂躏后，街道上满是伤员、死尸和垂死的人。医院里，教堂里都没有空余的地方了。甚至没法弄走马的尸体。从撤离莫斯科开始，护送伤员的车队是越来越多！每个人都在尽其所能地挣扎着活下去，得不到任何其他人的同情。"[71] 尽管如此，维尔纳仍在 12 月 2 日举行了一场节日庆典，即庆祝拿破仑加冕八周年。庆祝活动包括"上午 8 点鸣放 21 响礼炮；当礼炮雷鸣之时，赞美颂（Te Deum）在大教堂里唱响，并且在下午 4 点再鸣礼炮"。[72] 晚上，在总督官邸举办舞会。"像往常一样，"一位法国的与会者指出，"舞会以一支波罗乃兹舞曲开始，这只不过是一个舞会而已。……这是所有军官的习惯，他们可以穿着靴子，带着马刺并且穿着笔挺的裤子进入舞场。在场的女性讲法语，与他们通常在维尔纳的所作所为一样。"[73]

12 月 6 日，当发现拿破仑在逃回巴黎的途中绕行了维尔纳时，不安的居民终于能踏实下来了。他命令木拉提和贝尔捷（Berthier）"留在这座都城整整一周，这么长的时间足够整合军队了，并给予部队足够的勇气和力量继续在一个不那么悲惨的条件下撤退"。[74] 同一天，司汤达抵达了维尔纳，他很幸运地在弗兰克的房子里找到了一个避难所，这个避难所已经变成了一个舒适的军用招待所。从那里，他在给姐妹的信里写下了他受过的折磨。"我现在身体健康，我最亲爱的。我经常在离开莫斯科的长途旅行中想到你，这段路走了 50 天。我失去了一切，除了我穿的衣服。更好的是我现在很瘦。我有很多身体上的痛苦，没有精神上的快乐，但所有这一切都已经结束了，我准备再次为陛下服务。"[75] 然而，当地人不再渴望为帝国的利益服务。就在他们到达的"第一天"，一名驻扎在该市的法国官员证实，"商店、旅馆和咖啡馆，因为无法容纳如此众多的购买者而已经关闭，（并且）当地居民担心我们的贪欲会很快导致一场饥荒，因此他们把补给品都藏了起来"。[76] 迪蒙索发现这个城市"相对冷清；平静笼罩了这里，住宅从上到下都关严实了，就像在一个遭受过袭击的城镇一样”。[77]

法国军事行政官试图强加以某种形式的秩序并恢复常态，这种官僚主义导致了幸存者惨遭屠戮。在塞居尔的眼前，“长达十小时，温度计降至零下十六或十七度（-27 或 -28 摄氏度），成千上万幻想他们终于能达到安全之地的士兵却死了，无论是冻死还是在人群中窒息而亡。……必须要说，这些官老爷并不了解军队的绝境；几小时之后，他们让我们不幸的同伴眼看着成堆的补给品却死于饥饿，而敌人明天就要掩杀过来”。[78] 绝望的士兵聚集在城墙外面。“很多逃兵早在 12 月 6 日就到维尔纳了，”沃斯勒注意到，“在接下来的两天里，这个河流汇集处就是如此，它只需要一条向前奔流的河，而后面的俄军就要在城门口重现渡过贝尔齐纳河时的那一幕了。这一幕确实在 9 日重演了，当俄军的先锋部队与我们的殿后部队同时到达城门并与他们一起进入维尔纳时，我军又遭到了掠夺和屠杀。”[79] 据目击者称，一名法国妇女来这里是为了照顾她的儿子，黎明门（Ostra Brama gate）门前焦虑的人群都“抢着往里冲，人们似乎幻想他们已经到达了应许之地（the Promised Land）。此处聚集了几乎所有从莫斯科败亡而归的法军。与严寒和饥饿作战，他们难以进到城里”。[80] 迪蒙索记得在这些受到死亡煎熬的暴徒身上攀过时：“拥挤着，推搡着，四周都已经挤满了，当不得不越过这些人时惊慌失措，并且每走一步都有被这些颤抖的人掀翻在地的风险，我们在脚下踩着的是抽搐性痉挛的罹难者。”[81]

在城里随之而来的是混乱。几小时内，罗什—高塔赫（Roch-Gotard）回忆道：“维尔纳变成了一个真正的迷宫，你根本就不知道你在哪。”[82] 费曾萨克公爵在“衣衫褴褛，流浪挨饿的人群中”进入了“一个人口众多的富裕城市”。[83] 有些人，像沃斯勒一样，很幸运地找到了来自符腾堡州（Württemberg）的战友们，这些人聚集在“利希滕斯坦（Lichtenstein）咖啡馆”，在那里他们把所有从符腾堡战争专款中新收到的预付款在为期三天的，满是葡萄酒和盛宴的宴会中挥霍一空。[84] 用塞居尔的话说，有一些人因为“立陶宛人的怜悯和犹太人的贪婪”而让他们住进室内，因此设法活了下来。“那么，看到那些可怜的家伙在曾经占领过的房子里能再次居住下来这一奇迹，确是一件令人感动的事。一块发酵的面包似乎是他们最美味的食物了；他们能领会坐在桌子旁吃东西这是一件多么令人难以置信的乐事。……他们似乎已经从地球的尽头回来了，所以暴力和永无休止的、接踵而来的苦难让他们远离了旧的活法，他们得以解脱的那个深渊是多么可怕。”[85] 但大多数士兵则沦为“一群暴徒，更像是一大群囚犯或者可怕的妖魔而非军队”，这些人在游荡着寻找喘息的机会。[86] 生病的、受伤的和发了疯的人们聚集在教堂和修道院周围，这些地方已改建成了军营和医院。唉，这些都不是舒适的地方。成千上万的人“遭到了拒绝，虽然不是被活着的人拒绝的，因为死亡在这里占据了至高无上的地位。一些惨遭厄运的被收容者仍在呼吸：他们抱怨说，很长一段时间以来他们一直没有床，甚至连稻草也没有，而几乎完全没有人关心他们。院子里、走廊里和所有病房中都堆满了尸体，这些地方只不过是殡仪馆而已”。[87]

维尔纳的法国军官被一名萨尔马提亚僧侣从当地袭击者手中救出。（立陶宛艺术博物馆）

到了晚上，火焰照亮了冬日的天空。当地一位目击者指出：“这些人正在街道上点火取暖。人们可以看到上千人在火焰和跳动着火花之间散开着躺在地上。市政厅上仍有一些节日装饰。透过这些升入天空的烟云看去，拿破仑的密码似乎让一层面纱遮了起来。”[88] 在总督宫馆的庭院里，篝火燃起的一团熊熊烈焰将皇帝的马车以及帐篷和寝帐化为灰烬。叛变的士兵还将拿破仑从莫斯科带走的所有战利品都投入了火焰：圣像、金十字架、旗帜和旧武器。

勃艮第中士与他的朋友皮卡赫（Picart）上校在市郊的一家犹太旅馆度过了这个多事的夜晚。他问皮卡赫“他是如何与犹太人保持友好关系的，因为（皮卡赫）注意到犹太人是把他当作家人看的。他说他假装是一个犹太女人的儿子，并且在城里当我们度过 7 月的那两个星期时，他和那些人一起去过犹太会堂，因此他总能弄到点烈酒，也能嗑上点坚果。坚持不懈”，勃艮第不得不对这家犹太主人给予他的善意表示感谢。“我永远不会忘记一所住过的房子给我留下的不同寻常的影响。在我看来，我确实观察了一段时间了。……犹太人告诉我，早上第一次到来的那些人把所有东西都卷走了。他建议我们不要离开他的房子，睡也是睡在这儿，并且他会承诺给我们提供我们想要的一切，也防止其他人进来。根据他的建议，我决定在靠近炉子的长凳上休息。”[89]

其他的法国兵也发现犹太人在遇难时能提供很多帮助。“当没有人能再提供面包或糖，或咖啡或茶等时，他们能给我们弄来加香料的面包。更好的是，他们甚至可以弄来——上帝才知道从哪——交通工具，比如马、雪橇，那时候哪也搞不到这些。多亏了他们，数百名军官才得以逃离了俄罗斯冰冻的平原。但是‘这位先生（le monsieur）必须得有钱’，甚至还得有很多钱，因为他们都是些强盗中的强盗。”[90] 然而，勃艮第把皮卡赫的犹太扮相当成了一个笑话：“我没有笑得那么久，但我确实笑喷了，笑得把血都从嘴唇里涌出来了。皮卡赫继续讲他那些有趣的故事，直到我们突然听见一声大炮的巨响，然后我们的主人急忙赶来。他看起来很茫然而且说不出话来。最后他说，他看到一些巴伐利亚兵，后面跟的是哥萨克

大军于1812年经由维尔纳撤退（来自J. 达美尔的画作）。（维尔纽斯大学图书馆）

人，就从我们进来的那个大门进来了。”[91] 中士怀着一种谦逊之情逃离了这座城市。“当我到了城外时，我不禁想起了我军的状况：在进入立陶宛首都的前五个月，我感到的是骄傲和欢欣鼓舞；而现在部队逃跑了，感到的是无常和悲惨。”[92]

由于哥萨克人包围了这个城市，与组织军队相比，逃跑更容易办到。塞居尔伯爵在法军军事指挥官中间看到了前所未有的背叛：

> 在维尔纳，就像在莫斯科一样，拿破仑没有下达过任何正式的撤退命令。他希望我们的溃退是突然发生的，希望让我们自己知道这点，让我们的盟友和他们的君主感到惊讶，这样我们就可以利用他们感到的困惑，在这些人有意倒向俄国人，然后联合起来干掉我们之前，安全地穿过这片土地。这就是为什么在维尔纳的每个人——立陶

宛人、外国人、总理本人——都被骗了。在他们看到失败之前，他们不会相信我们能失败，并且欧洲极度迷信于拿破仑不可战胜的天才，这给予了战胜敌人的有利条件。但同样的信心哄骗了他的朋友们，让他们有一种虚假的安全感，因为在维尔纳，就像在莫斯科一样，当时没有任何人为任何行动做过任何准备。[93]

那不勒斯国王木拉提和军队的首席指挥官用一句话了结了关于城市防御的所有争论："我不要被带进这么个小便池里。"[94]

许多士兵既没有战斗的欲望，也没有逃脱的能力——所以他们无视所有的命令。维尔纳如同一支塞壬之歌欺骗了那些可怜的人们：

> 如果我们能在维尔纳再坚持24小时，那么许多人的生命将得到拯救。这座要命的城市葬送了我们近两万人，包括300名军官和七位将军。大多数人都是败于冬季而非俄国人，尽管后者从中捞到了好处。外表看上去健全的人，他们的抵抗力却已瓦解了。在有勇气克服了如此众多的艰难困苦之后，他们在看到港口时却失去了信心，只有四天行军逃离的时间。他们终于到达了一个文明的城市，而不是再次进入荒野，他们选择了留下而且相信命运。命运对他们实在是太残忍了！[95]

那些设法逃离的人并没有好太多。街道上到处都是"上千具完全赤裸的尸体，其中许多尸身上都带有匕首的痕迹。但肯定不是那些作恶的波兰人干的，"弗朗索瓦（François）上尉说，"他们极其依赖我们。正是普拉托夫（Platov）的哥萨克兵暗杀了这些伤病员，因为被这些强盗吓坏的居民从他们的家中赶走了这些人。"[96]

在城市的西郊，波纳利（Ponary）山上随后发生了大屠杀。就像到处都是死亡一样，似乎到处都是哥萨克兵。在混乱期间，这些士兵开始吞噬拿破仑财富里最后的遗产。然后，群魔乱舞般的疯狂笼罩了这里，两个敌人结成了一个受贪婪支配的邪恶的联盟。对塞居尔来说，帝国的末日在这丘陵冰冻的山坡上来临了。

> 在我们东征的行军中，这个树木繁茂的小山似乎对我们的骠骑兵来说只不过是地表上一个轻微的突起，站在山顶，整个维尔纳平原可以尽收眼底，并且可以估计敌人的兵力。事实上，几乎没有人注意到这座山陡峭的短坡。在常规撤退中，它本可以成为一个撤军和检查敌情的绝佳位置；但是在混乱的逃跑中，一切本来可能有用的东西反而都成了障碍，当我们慌忙逃跑时，我们把一切都弄反了，这座小山和峡谷成了一个不可逾越的障碍，一堵冰墙，挫败了我们最大的努力。它剥夺了我们的一切——供应品、财产、战利品和伤员。这种不幸的严重程度超过了我们长期以来所遭受的一系列灾难；因为在这里，我们剩下的那点小钱、荣誉、军纪和力量都不可挽回地丧失了。
>
> 经过 15 小时徒劳无功的反抗之后，组织护军的驭手和士兵看着木拉提和逃亡的部队越过山坡；他们看着奈伊（Ney）自己带着留给德·弗雷德（De Wrede）和卢瓦宗（Loison）的剩下 3000 人撤退了；当他们撤退时，他们看到身后的小山上堆满了打碎的马车和翻倒在地的枪炮，躺在地上的人和马相互枕藉者死去——然后，除了防备贪婪的敌人抢劫他们之外，他们不再想拯救任何东西。
>
> 从莫斯科运送战利品的马车被炸坏了，这成了一种信号。每个人都在攻击别人的马车，把车撬开，抢夺最值钱的东西。殿后的士兵碰到这种混乱，他们也扔下武器，往身上装满赃物。他们干这个的念头是如此的强烈，甚至他们没有听到那些哥萨克追兵尖厉的子弹声或他们的尖叫声。据说哥萨克兵与他们混到了一起而没有引起任何注意。

几分钟后，欧洲人和鞑靼人，朋友和敌人沆瀣一气，一块抢劫财物。眼看着法国人和俄国人混在一起掠夺同一辆马车，所有的战争都被遗忘了。价值一千万法郎的黄金和白银转瞬消失！

但伴随着这些恐怖事件，人们也注意到了高尚的奉献行为。那天有人放弃了一切而背着伤员；而那些无法让他们的半冻僵的同伴摆脱这种挣扎的其他人，则在捍卫他们免遭那些同袍士兵残忍的作为和敌人猛烈的进攻时倒下了。

……在波纳利的灾难更加可耻，因为本可以很容易地预见到这些灾难，甚至本可以更容易地避免；因为本可以绕过山丘的两边撤军。[97]

在山顶上，木拉提迎来了刚刚从德国抵达的炮兵连。连指挥官请求他下达命令。木拉提粗鲁地回答道："少校，我们他妈的完蛋了。骑上你的马跑吧。"[98] 费曾萨克公爵看了维尔纳最后一眼后扬长而去。冉冉升起的烟雾遮住了整个城市，但在他的脚下，他看到了"一个奇怪的景象"，"人们身上披金戴银，但却因为饥饿而正在死去"，而且"散落在俄罗斯大地雪原之中的是巴黎所有的奢侈品"。[99]

第一个俄军哨兵从拿破仑军队逃跑的方向到达了维尔纳。哥萨克兵是由那位派头十足的诗人丹尼斯·达维多夫（Denis Davidov）领导的，他对死去的敌兵毫无遗憾之情：

从新特洛奇（Novy Troki）到波纳利村，道路干净平整。但是从波纳利出发，那里有一条支路通往科夫诺，路上是堆积成山的死人和死马，许多推车、枪炮车和弹药箱，几乎没有留下足够的空隙可以过路；成群的敌兵还勉强能活着，他们躺在雪地里或在车里寻求庇护，等待他们的下场就是寒冷和饥饿。我的路被炽热的小木屋和棚舍照亮

亚历山大一世在1812年12月俄军占领维尔纳之后对部队进行了检阅（来自亚历山大·奇切林的日记）。（维尔纽斯大学图书馆）

> 了，这些小屋和棚舍里可怜的居民被活活烧死。我的雪橇不停地撞到已经冻死或快死的人的脑袋、腿和手臂。从波纳利到维尔纳的旅程中，一路伴随着一曲由遇难者的呻吟和惨叫交织而成诡异的合唱，有时这种交融在一起的声音更像是一首欢乐的解放赞歌。[100]

除了爱国主义外，俄军的其他军官更具反思性。一段时间以来，年轻的军需官，波罗的海德意志人鲍里斯·乌克斯库勒（Boris Uxkull）男爵跟随哥萨克部队的脚步，于（俄历的）12月1日到达维尔纳。这是一场噩梦般的艰苦跋涉，既令人难以置信又让人自觉有罪。“我们途经了所有这些幽灵，所有这些尸体，我们自己没有任何感觉也不会颤抖，我们已经习惯了这场破坏性战争所带来的恐怖。……八天内我们看到了这一切，八天内我的周围满是恐怖；八天内我无法合眼；我的记忆中永远抹不掉这些场景。在他失去了同情和怜悯的那一刻，一个人会变得有多么残忍！而哥萨克人则要继续对这些可怜虫耍花招。”[101]

对于达维多夫来说，重新被征服的维尔纳闪耀着帝国荣誉的光辉。“我于 12 月 1 日到达了尊敬的殿下跟前。总部发生的变化是如此之大！以前这里是一个破败的村庄，有一间哨兵守卫着的烟熏过的小屋，或者是一间里面有折叠椅子的小木屋，我现在看到的是一处庭院，院内停满了花哨的四轮马车和一群身着军礼服的波兰贵族，被俘的将军、我们自己的将军和参谋官们在一起四处散步！”[102] 乌克斯库勒看到了一幅迥异的画面。“我们终于到了。多么令人高兴！多么令人快乐！我们的到来本应代表着胜利，现在看起来更像是一场化装舞会。各军团的制服真的很滑稽，皇帝是前一天到的，我们在他面前接受检阅时，他都不禁捧腹而笑。”[103]

皇帝对部队的检阅标志着军事调动的暂停。在越过前线追击拿破仑军队的残部之后，俄军获得了一个月的休整时间。沙皇在维尔纳总督官邸中又占上了相同的房间，这是在 6 月的入侵前俄国朝廷的所在地。俄军指挥官和盟国的代表们紧随其后，都在这座城市定居下来，以便讨论下一步的政治战略。占领维尔纳带来了和平的希望，许多俄军军人怀着一种回家般的感觉到达了这座城市。在维尔纳，乌克斯库勒与他的弟弟团聚了，并在“德·泽德勒洛娃夫人（Mme de Zidlerova）”优雅的家中找到了舒适的住处，这是一位年轻并且“有着倾城之貌”的寡妇。在沙龙舒适而温柔的环境中，这位寡妇在她丈夫去世后“并没有放弃尘世间的乐趣”，一切都被“遗忘了——无论是危险，饥饿，痛苦，感冒抑或发烧”。年轻军官与寡妇之间的求爱是如此厚颜无耻的迅速。在他住在她家的第三天，乌克斯库勒称她为女神，刺激了他的感官和幻想。一天后，她回应了他的奉承，称他为“她的所爱和她的情人”。日子在“欢乐和玩笑声中”度过，乌克斯库勒在日记中写道：“我可爱的女主人也学着她的同胞们那样，有时候坐在我的膝盖上，肆无忌惮地爱抚着我。为了加速我的胜利和她的失败，我必须向她坦白我的激情。”在一个黑暗而寒冷的冬夜中，一股“看不见的光线引领着我往前走，最后我碰到了那张有这么强的魅力，如此多珍品的床。两条丰满圆润的手臂款待了我，并将我压在了比波斯丝绸还柔软的乳房上，愉快和期待令人心悸。一张燃烧着爱的嘴巴寻到了我的嘴唇，这已经要吞噬掉她最隐秘的魅力。我把她的衣服褪到了下面，并压在她圣洁的肉体之上，然后沉醉于这片刻的肉欲之中”。这就仿佛是武术，在爱欲之事上的胜利也给自己带来了危险：“事情会像以前一样继续下去；但我担心这些会进行得太快而且太频繁，因为我被削弱了，而且我的体质可能会被所有这些‘经常’和‘太快’给毁掉。”[104]

虽然爱情在一些家庭中占据着至高无上的地位，凛冽的严寒却还是笼罩着整个城市。英国武官罗伯特·威尔逊（Robert Wilson）将军于12月17日抵达维尔纳，他在圣诞节和新年期间一直待在那里。他的日记描绘了一幅令人眼花缭乱的，充满了死亡和胜利的场景，这一切都交织成了一幅令人目瞪口呆的画面，并印刻在了一个麻木的灵魂中：

> 12月17日，威尔纳
>
> 正当（库图佐夫）元帅准备用餐时，我到达了威尔纳。我走过苦难的平原来此赴宴。晚膳后，我找到了自己的宿舍——这里曾经是一座宏伟的夏宫，但现在却是一个冬季的冰屋；没有壁炉，只有一个炉子，所以房间里有零下18度的严寒，但我却不得不在晚上坐下来休息。在这里，我听说提尔孔内尔（Tyrconnel）勋爵生病后住在威尔纳大学的一位英国教授的家中。我立刻赶去看他，发现他病得很重，但正在康复中。……今天晚上我去看演出了，而且几乎被冻僵了。因为这是一场国事活动，我不得不一直待到结束，但我的牙齿再次颤抖起来，当我站起来时，四肢几乎都不听使唤了。房子里连一位女士也没有，这平添了几多悲凉的气氛。

12月26日，威尔纳

提尔孔内尔伯爵乔治于本月20日去世，享年25岁。……提尔孔内尔勋爵有一种充满活力的精神，这是一种极为雅致的精神，以至于这精神上的努力从未使骄傲的他人感到震惊。……在22日，尸体由两个帝国卫队连护送到公墓，葬礼的规格是最高级别的。当然，我是丧主。场面庄严肃穆，哀乐的旋律令人倍感恻然。人类思想的构成方式真是奇特；当下存在的痛苦很少有人致以深切的同情，但幻想的悲痛中却融汇了顽固的习惯和生活信条。……“这真是一个奇怪的世界！”据说当亚当进入这个世界时说过这样的话；所以最后一个人也会说的。……昨天是皇帝的生日。阅兵，御前密会，混乱和零下20摄氏度的霜冻，这些就是早上发生的事情。在元帅接受了头等圣乔治勋章之后，他为皇帝举行了一场盛大的国宴。[105]

在圣诞节不期而至的融雪让威尔逊想起了这座城市即将面临的致命危险。最重要的是，维尔纳需要清理掉死尸。“疾病在这个城市里蔓延得很快。15天内，有9000名囚犯死亡，18小时内有700名囚犯死亡。死亡的魔爪当然也伸向了居民们。医生们已经命令在每座房屋前焚烧稻草，但这一剂缓和剂对这种让人感染瘟疫的空气起不了多少作用；就好像命运决定要将这传染病传遍每个角落一样，过去的24小时内雪就已经融了。”[106]优雅的巴洛克式教堂和修道院变成了充满腐烂的人肉恶臭味的城市空洞：

圣巴西尔（St. Basil）医院显现出最可怕、最吓人的景象：7500具尸体像铅做的猪一样堆积在走廊里；每个角落里都散落着尸体；所有破碎的窗户和墙壁里都塞满了脚、手、树干和脑袋以便卡住洞口，并且防止生活区里的空气进入这里。受过破坏的肢体和腐烂的过程都在起作用，解冻了的腐败尸体散发出最难闻的尸臭。[107]

死者耐心地等待正确的时刻对这座城市发起最后的致命一击："在春天，整个威尔纳一定是一座殡仪馆。所有从街道和医院搬走的尸体都在距离城市很近的地方集中堆放；然后到了冬季，狼群没有吞噬掉的肢体会将传播瘟疫的瘴疠之气又排回城市，这些堆尸的地方总是被蒸汽笼罩着。"[108]

在经历了这种可怕的死亡景象一个月之后，亚历山大·奇切林(Aleksandr Chicherin)，一位俄军的下级军官也是一位业余画家，在重新占领的维尔纳找回了正常的生活状态。几个月前他就已驻扎在这座城市里了，他只是期待"在军旅生涯中能休息一段时间，享用一顿美味的晚餐，然后去剧院，在林荫大道上漫步，并修理他的衣橱"。[109]更为现实的是，他只想弄到一杯喷香的咖啡和一块蛋糕。

为了恭迎俄国沙皇的到来，将要举办为期三天的狂欢，包括舞会、派对、音乐会和戏剧表演，奇切林住在宫馆附近的一所房子里，他可以看到为这些所做的大量准备。但由于他的级别低，他最终只得在远距离的地方享受这场庆典。因此他发现维尔纳不过是"一个村庄：我没有去剧院；没有我到场昨天的舞会也照常进行；我没有参加阅兵和演习，一般来说，我不参加任何的公开集会。是的，我差点忘了；昨天我去看了花灯，但我却像一个沉思中的哲学家，我穿过城市蜿蜒的街道，游人们试图破译这个地方那些陌生的密码"。[110]尽管乌克斯斯库勒有过一段私密的情爱探险，他渴望探索这座城市的社会生活，但他却在另一种心情中发现公众的眼界并不那么深奥难懂："今晚我造访了剧院；虽然我无法理解所说的一切，但我很容易看出这座剧院的价值并不高；对于管弦乐队来说，这太糟糕了。虽然大多数贵族在退休后已经回到他们的庄园里去了，但还是有很多观众。那些道貌岸然，表面贞洁的女人可真是不少，但是自从我向那位寡妇献媚之后，这些人却令我生厌。”[111]

尽管奇切林与乌克斯库勒并无共同之处，但前者认为自己“天生就是为祖国而死的”，然而他对这场战争的信心却因在维尔纳的短暂逗留而动摇了。当他漫步穿过这座城市时，他的忧郁变成了现实的焦虑——对于心灵来说，胜利可能像失败一样危险：

> 在我身边看到的一切都让我感到沮丧。我独自一人待在屋里，我被忧郁和无法满足的欲望折磨着，我找不到任何可以与之交谈的人；我站起来，穿好衣服出门，在那里，我希望通过观察街上的生活来驱走我的绝望。但是，我在散步时遇到的是一群多么奇怪的人啊。他们是来消除传染病的医院护工吗？这是一个寻求帮助的穷苦人吗？他很快甩开了我，因为他会传播疾病。你是否看到这个可怜的家伙在篝火旁奄奄一息？而这篝火应该是能消除传染病的危险的。快跑——但如果你真的是像你自己以为的那样富有同情心，你应该用一把快刀捅了他，因为这是他唯一可以期望从你那里祈求到的慈悲。
>
> 现在，请和我一起去城里繁华的大街走走，你会看到一种不同的反抗景象——这个世界的混乱！在这里，每个人都在奔跑，或在门后等着，或聚集在窗子周围。将军开始与当官的交谈，并试图用甜言蜜语取悦他。一名职员粗暴地驱散了人群——他是忙碌的——他肩负着祖国的命运。
>
> 如果你住在帝国总部附近，你简直无法描述你看到了些什么东西，这场骚乱究竟导致了何种的抑郁！笑里藏刀式的残暴也是行得通的吗？——这种空气中的毒物产生自某种腐败的呼吸，并用一种美丽的花香浸透了一切——它总能俘获人心并激起他们罪恶的欲望？这种对祖国、真理、理性和正义的热爱——即使这些都是一致的——也无法阻止这种可怕的兴奋像有毒的疾病一样在城市周围蔓延，这是否又

在19世纪20年代从周围的山上俯视维尔纳的景色。(立陶宛艺术博物馆)

是可能的?![113]

最后，维尔纳对奇切林来说，似乎成了一个海市蜃楼，“一个远远看上去如此美丽的地方，充斥着华丽的幻想，但却无法在此找到任何乐趣”。[114]所以在接到了圣诞节前夕离开这里的命令时，他又做了痛苦的告别：“再见了维尔纳，永别了。”[115]乌克斯库勒在元旦那天离开了这座城市，但他并不那么郁闷。他与那个寡妇的风流韵事最终以滑稽戏式的方式曲终人散。为了测试那位“美女（belle）”对他的爱情，乌克斯库勒怂恿他的战友同时也是舍友向德·泽德勒洛娃夫人（Mme de Zidlerova）献媚。那个寡妇“上钩了”，乌克斯库勒意识到他的朋友“已经取得了胜利。可能吗？我从不相信这个女人是这么的放荡……但我在安慰自己。就此而言，最好是对女人所说的话半信半疑。亲爱的维尔纳，再见（Adieu），迷人的维尔纳。我会什么时候再见到你？”[116]

约瑟夫（Josef）和克里斯汀·弗兰克（Christine Frank）不得不等到1813年夏末才能“凯旋地回到维尔纳”。[117]显然，城里的每个人都不耐烦地看到了这对夫妇并对他们致以问候，好像他们的到来真的在宣扬这场战争胜利的结束。具有象征意义的是，维也纳的外籍人士于8月12日搬回了他们在城堡街受损的房子里，这一天奥地利正式向拿破仑宣战。

弗兰克主要是通过传闻了解了拿破仑占领维尔纳期间的事情，但是在他的回忆录中，他在描述这场大撤退时，却选择去描述一位鲜为人知的艺术家J. 达美尔（J. Damel），并将此作为故事的叙事基础：

> 当我回到维尔纳后，这座城市的所有居民都在告诉我那些最难以描述的景象——拿破仑军队通过维尔纳的街巷撤退。一位年轻的艺术家画出了这场悲剧般的化装舞会。我把它称为“化装舞会”，是因为很难在他们怪诞的服装下以及遮盖裹尸布的情况下认出军队的士兵。一名士兵头上戴的不是头盔，他在炫耀一顶有黑色缎带的天鹅绒女帽。……每个人脸上都是无望的神情。格罗德克（Groddek）教授（一位德国的古典语文学教授）在拿破仑军队史无前例的崩溃中发现了法兰西和高卢民族性格的一些特殊的气质。在他看来，他们在那种庸俗的喜庆氛围中庆祝这场突如其来的巨大胜利，但失败却彻底地击溃了他们。对损失的悲痛又使他们变得精神错乱。当地另一位学者卡佩利（Cappelli）教授指出，很久以前，他的同胞马基雅维利（Machiavelli）已经进行了类似的观察，他将得胜的法国人比作狮子，将那些失败的家伙比作野兔。
>
> 不用作什么假设，他们还告诉医生，维尔纳及其郊区在冬季有超

> 过四万具没有掩埋的尸体。大多数死者仍然穿着某种军装；他们都冻得很瓷实，并在他们死亡的那一刻留在了同一个地方，同一个位置。当地年轻的恶作剧者会偶尔以不同的方式重新排列这些尸体。当然，一旦天气变暖，这一大堆尸体就会变得有害而且危险，它们会传播各种传染病。当局下令进行大规模掩埋活动，一旦从城市中收到尸体，他们就会被埋在长沟里，法国人以前出于防御的原因挖出来这些壕沟：因此他们就出现在洞里，而他们之前也是这样做的（Inciderunt itaque in fossam quam sibi ipsi fecerunt）。[119]

在弗兰克同事的监督下，这些尸体被快速地掩埋了，到了夏天，维尔纳似乎已经彻底干净了。幸运的是，也没有流行病爆发的迹象。弗兰克认为新任命的俄罗斯当局是高效而且足智多谋的，他们可以阻止疾病的爆发。但这只是有助于居住在这座城市里的部分居民，因为许多逃离的居民返回的速度很慢。尽管发生了战争，但仍有充足的食物，夏季良好的天气带来丰收，因此农产品的价格迅速恢复到了战前的水平。在回家的途中，弗兰克一家造访过的立陶宛所有的城镇中，维尔纳似乎是受损最少的。事实上，教授发现这座城市变得比战前更好，这得益于这位充满活力的新任俄罗斯总督科尔萨科夫（Korsakov）将军"下令清理郊区那些堆积如山的粪便，建造新的公共散步场所，种植树木并重新粉刷了暗淡无光的房屋和受损的教堂"。[120]

在战后的维尔纳，在许多当地人的眼中弗兰克对俄罗斯帝国的忠诚是他的一种妥协。虽然沙皇对所有在拿破仑军队或占领军政权中效劳过的人给予了大赦，但亲俄罗斯和亲法国支持者之间的深深不信任和敌意仍然使得这座城市处于分裂之中。而大学成了这种敌意的中心：许多学生曾加入过大军，随后在撤退期间死亡。绝大多数教授也欢迎拿破仑成为立陶宛的解放者。尽管有这种全心全意的支持，但大学并没有幸免于难。在法国占领期间，其建筑物变成了军营和医院，几乎所有的科学设备和学院的财产清单都遭到劫掠和破坏。(有传言说，饥肠辘辘的士兵吃喝掉了储存在大学诊所里的所有用酒精浸泡的解剖学标本。）俄罗斯当局指责与敌人合作的教员并要求赔偿。老校长希尼亚德茨基（Śniadecki）被迫辞职，他们建议忠诚的弗兰克可以充任他的替代者。弗兰克拒绝了这一提议，希望能够保持他的学术中立性和职业独立性。

在这场学术风暴中，弗兰克一家试图帮助仍留在该市的许多难民和战俘。弗兰克的家里充斥着各种求助的来信：

> “不是每个人都知道，在战争期间，我离开了维尔纳。我（在维也纳）的父亲收到了无数来自法国、荷兰（Dutch)、德国的信件，特别是那些意大利的家庭恳求我能打探到他们在俄罗斯当战俘的那些亲属的命运；如果已经死亡的话，他们请求我能提供必要的死亡证明，以解决遗产问题和国内的其他问题。在维也纳，我也收到了这样的请求信。在霍恩先生（Monsieur Horn)（立陶宛战俘主管）的帮助下，我尽力做到最好。但是，我只能找到极少数人的数据。一般来说，很多人在死亡时下落不明：许多人在路上被冻死，在军营中被烧死或淹死在河里；有些人在疲惫的战马旁饿死，因为他们没有吃的能喂养它们；有些人被俄罗斯农民和波兰犹太人杀害。我问霍恩先生，‘你能否告诉我关于维尔纳医院里死者的信息，当然，但我只能提供在开具证明后死亡的人的信息。在那之前，没有机会登记死者’，这就是他的答案。”[121]

在战乱后的幸存者中，弗兰克找到了他的连襟，来自巴登（Baden）的彼得内利（Peternelli）上校。此外，教授还会见了他的一些同事、熟人，甚至还有来自奥地利、法国、萨沃伊（Savoy)、蒂罗尔（Tyrol)、伦巴第（Lombardy）、威斯特伐利亚、波希米亚（Bohemia）、托斯卡纳（Tuscany）和那不勒斯的以前的学生。他的妻子也在难民中发现了她以前的同事也是朋友，著名的意大利歌剧歌手塔奎尼（Tarquini），他是被带到莫斯科来招待拿破仑的。

战争也极大地毁掉了当地居民的幸福，并且在这种情况下，弗兰克当然可以成为一个更有用而且更有建树的人。抵达维尔纳之后，他立即开始调查各种疾病在地理和社会上的发病史。他指出，心血管疾病的飙升与战争引起的精神压力之间存在直接的关联。他还研究了一种今天称之为创伤后压力心理障碍症（post-traumatic stress disorder）的心理疾病。同时，弗兰克还鼓动研究波兰纠发病的传播。令他失望的是，他没有在立陶宛找到这种疾病存在的证据。在对少数患有可归因为波兰纠发病的并发症的患者进行检查之后，他得出的结论是，如果这种疾病确实存在过，那么它既不是遗传性的，也不是传染性的，更不是由当地气候所造成的。根据他的科学观察，他确定只是用一种误导的传统疗法来治疗各种神经障碍时才引起了这种综合症。波兰纠发病是一种由于卫生条件恶劣引起的微恙，由于惯常的医学传统，这种疾病就强加给了精神病患者。显然，这种不健康的状况，如同萨尔马提亚一样，更多的是构想出来的而非现实存在的。无知的外国观察者，包括一些医生，却把它变成一种临床上的感受，因而利用这种构想让它成为一种文化之谜。

弗兰克还坚信自己驱散了一些当地社会对大军毁灭后幸存者的偏见。从莫斯科撤退回来留在维尔纳的数百名平民难民中，一定有一位名叫夏洛特·科普斯（娘家姓德维）（Charlotte Kops née Devi）的年轻女子，她幸存下来后发生的戏剧性的故事掩盖了她的民族血统和社会地位。根据弗兰克的说法，科普斯（Kops）女士是一位优雅且受过良好教育的英国女性，她在 1812 年前与莫斯科的一位波兰商人结婚。没有人知道科普斯女士为何来到俄罗斯，但她或许曾在那里当过家庭教师。在法国占领莫斯科期

19世纪上半叶维尔纳的黎明门街。（维尔纽斯大学图书馆）

间，商人被任命为市议员，这对夫妇后来被迫与大军一起撤退。在撤退期间，科普斯夫人曾含糊地表示要保护自己和她的丈夫免遭必死的厄运。这对夫妇安全地抵达了维尔纳，但在波纳利山那里，他们遭到了哥萨克人的攻击，在极度寒冷而且几乎赤身裸体的情况下，他们被迫返回城里。尽管丈夫是与法国人合作的，沙俄当局却允许这对夫妇留在维尔纳，在那里他们设法开了一间小铁匠铺。夏洛特·科普斯因为她的美丽和有趣的生活故事，马上受到了上流社会的旁观者的注目，很快成为各种可耻谣言的靶子和好刺探他人隐私者猎奇的猎物。由于男人们带有色情意味和性暗示的品头论足，她因此经常受到骚扰，当地上流社会的女性则对她尤为吝啬，因为根据弗兰克的说法，她们反复在人群里观察她并通过双筒望远镜分析她的容貌。一位女士说，“她非常漂亮”。另一位则回答道，“她如此英国式的举止真是太糟糕了”。[122]

弗兰克被迷住了，甚至有可能被科普斯夫人所引诱。他成了她的社交赞助人，而且可能成了情人；但是，他并没有与她在商店里幽会，而是做出了一种引人注目的公开姿态，他经常在各种场合下与她见面。教授甚至邀请她到他的家中，在家里他将她引荐给维尔纳社会的精英们。有那么一阵子，他与科普斯夫人一起抛头露面的行为让这座城市感到震惊，但这可能就是他试图激起的反应。回国后，弗兰克似乎对他在维尔纳的这种孤立生活的批评持一种更为坚定的态度。弗兰克与科普斯夫人的公开联系比他早先与犹太商人的寡妇辛普森夫人的联系更为隐秘，而且也许更为珍惜与科普斯夫人的关系。

从维也纳回来 10 年后，弗兰克开始认真考虑要离开维尔纳。他眷恋着这座城市和它的人民，但他不想在他对沙皇政体的忠诚和当地对沙俄的怨恨之间做出抉择。弗兰克多年以来对维尔纳一直一以贯之地恪守着自己的承诺，甚至在他的养子维克多（Victor）于 1819 年去世后，他仍然希望在这个城市风景如画的某个角落里买一座他退休后居住的别墅。他只在

1823年的夏天决定放弃维尔纳，那时沙皇的警察在大学里发现了一起反俄阴谋。对革命或（波兰—立陶宛）民族叛乱的恐惧笼罩着帝国政府：大学的校长遭到拘留，参加叛乱的学生锒铛入狱。弗兰克认识到这些逮捕意味着“萨尔马提亚式的和谐”已经终结。他知道在俄罗斯帝国的专制统治下维尔纳将成为一个充满敌意和压迫的地方。他还记得，这个家庭决定返回维也纳是他生命中最痛苦的时刻之一：

> 我会永远深情地记住维尔纳的人民。最为难的是向我的病人、朋友和我所遇到的这座这么好的城市道别。我从未后悔曾在这个慷慨的国家里度过了我生命中最美好的岁月。如果我在欧洲的某个国际性的中心教书，那里的外国游客并不少见，我当然可以在职业上获得更多的荣誉。但在维尔纳，这里与欧洲的其他任何地方都不同，我可以有很多机会来实践我的知识。如果立陶宛人认为我只是为了钱而住在维尔纳，以后又可以移居别处的话，这会让我痛心不已。如果我在去年没有经历过那种巨大的悲痛，我会在立陶宛荣退的。我知道风暴迟早会席卷这所大学。[123]

第五章 俄国人的阴谋

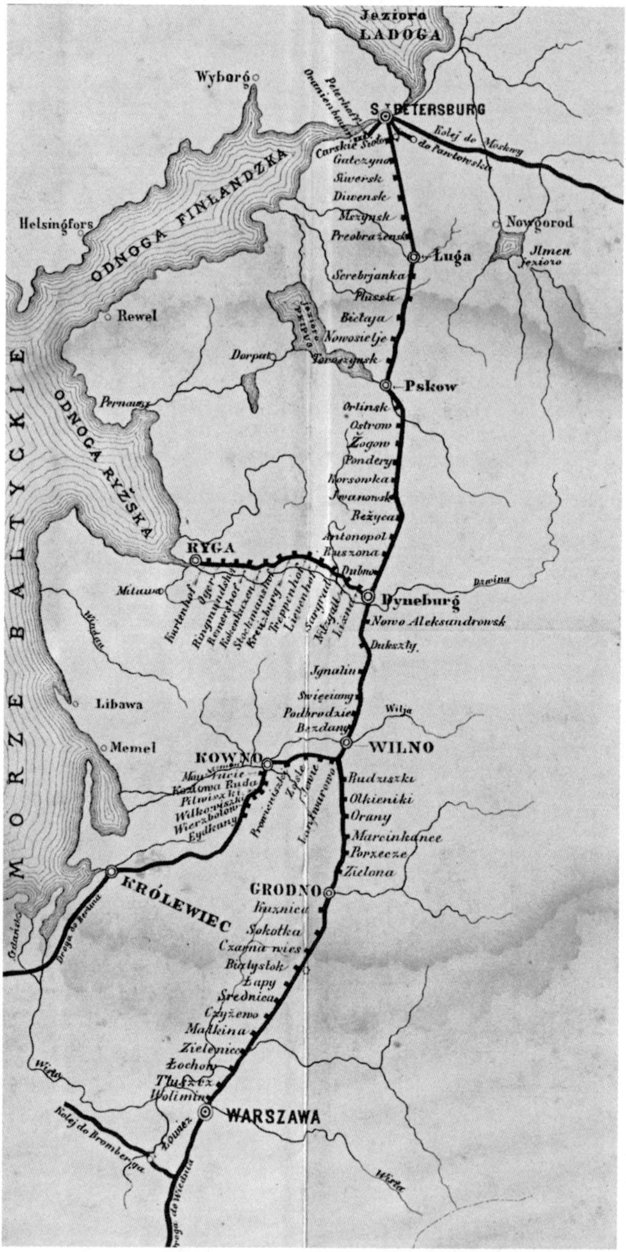

圣彼得堡到华沙的铁路路线图，这是连接俄罗斯和西欧的主要运输动脉，1863 年。（立陶宛科学院图书馆）

我想去欧洲旅行，阿廖沙（Alyosha），我将从这里出国。然而我非常清楚我只会去一个墓地，但它是最珍贵的——是的，的确如此！珍贵的是长眠在那里的逝者。在那里的每一块石头都讲述了过去如此热烈的生活，对他们的成就，他们的真理，他们的斗争和他们的科学充满如此激情的信念，我事先知道我会倒在地上亲吻那些石头并为他们哭泣——并同时深信它长久以来一直是一块墓地，仅此而已。我不会因绝望而哭泣，我只会因喜悦而流泪，我会因自己的情绪而陶醉。

——《卡拉马佐夫兄弟》，费奥多·陀思妥耶夫斯基

拿破仑战争改变了欧洲，这使沙俄受益了。在俄军抵达巴黎后，为了追击大军的残兵败将他们席卷了整个欧陆，这个国家完全进入了帝国时代。那些取胜的大国于1814年召开了维也纳会议，这锁定了维尔纳的命运——这座城池与前大公国的大部分领土一样，仍然是属于俄国人的。尽管俄罗斯帝国在18世纪垂死挣扎的那段时间吞并了立陶宛，但只有在尼古拉一世（Nicholas I，亚历山大一世的不屈不挠的弟弟，1825年通过镇压自由派军事叛乱而掌权）统治下那极为压抑的数十年间才能全面感受到来自帝国政权桎梏的威胁。1812年的战争，在俄罗斯被称为伟大的卫国战争，不可避免地成为俄罗斯对维尔纳统治权的一个关键的转折点。在其欧洲邻国的鼓励下，这个沙皇家族以一种先入为主的神圣权力统治了维尔纳，这种权力被当成是任何一个帝国所享有的特权。尽管如此，在更为广泛的俄国社会中，由于波兰人和立陶宛人并非绝对忠诚而且具有一种狭隘的偏执，所以他们无法受到信任。当地贵族梦想着要恢复他们曾经失败的

联邦，这被认为是欧洲不稳定的主要根源。在这种地缘政治的概念中，俄罗斯得到了普鲁士和奥地利的支持；另外，法国和英国则更加同情波兰—立陶宛的事业。尽管如此，在欧洲较大的地缘政治地图中，俄罗斯对立陶宛的统治使欧陆列强之间的平衡维持了将近一个世纪。在俄罗斯境内，维尔纳守卫着通往西欧的帝国边境。这座城市被认为是俄罗斯合法的故土，虽然它也受到混乱和难以驾驭的精神力量的困扰。

从拿破仑战争时代到列夫·托尔斯泰（Leo Tolstoy）出版《战争与和平》之时，已经过去了半个世纪，托尔斯泰（1828—1910）伯爵花了10多年的时间来撰写这部小说，他从俄国社会的角度审视了这一历史时期，在许多方面，战争与和平事关俄国在欧洲的地位。在这幅熟知的、描绘战争期间生命的全景画中，维尔纳成为地缘政治发生转型的重要地点。这就是“俄罗斯母亲”转型为帝国的地方，因此可以拿自我牺牲的民族英雄主义思想来换取帝国征服者的傲慢。对托尔斯泰来说，穿越维尔纳就像是一种荣誉：在城市的东边是俄罗斯——这是一片熟悉的土地，提供精神上的安慰和自尊；向西——是欧洲——一片引起民族自我怀疑和窘迫的外国领土。

托尔斯泰于1861年春在从柏林到圣彼得堡的火车旅途中于维尔纳短暂停留。这位41岁的作家于4月12/24日（前者为儒略历，后者为格里高利历的日期——译注）跨越了普鲁士和俄罗斯之间的边界。他在日记中对这一天总结道：“边境到了。健康，幸福，俄罗斯已经几乎显而易见了。”他于4月13/25日入境——这是他最有可能到访维尔纳的日子——这一点更加难以预测。“与犹太人共度夜晚。雷曼（Lehman），心情愉快。马车里是寒冷的，商贩借了一些钱……”[1]托尔斯泰在他的小说中描绘了一幅更长的、更加难忘的维尔纳画卷。一开始，这座城镇短暂地出现在大军跨入俄国领土的时候。但是在小说结尾处作者对它进行了更为详细的描述，它与获胜的俄军司令官库图佐夫一起定格在了最后一幕中：

11 月 29 日，库图佐夫（Kutuzov）到达维尔纳——就像他以前称呼它的一样，他亲爱的维尔纳。在他的军事生涯中，库图佐夫曾两次担任维尔纳的总督。在那个已经逃离伤害的富裕城镇中，库图佐夫找到了他的老朋友和老熟人，以及他那长期无法获得的舒适感。他立刻放下了所有对军事和政治的关注，只要他周围那些燃烧着激情的一切允许他这样的话，他就会陷入自己习惯的那种生活中，安静地过着每一天。他就好像活在历史的世界里，对于所有那些正在做的事以及要去做的事，当下的他都不关心了。

……第二天，总司令举行了晚宴和舞会，沙皇以这位干将为荣。

库图佐夫已经荣获了一等圣乔治勋章，沙皇向他致以最高的尊敬，但每个人都知道沙皇对这位总司令的不满。

……由于库图佐夫显然不愿意或看不到即将到来的军事活动的重要性，因此在维尔纳沙皇的不满与日俱增。

第二天早上，沙皇对聚拢到他身边的武官们说："你们不仅拯救了俄罗斯，还拯救了欧洲。"每个人都立即明白战争尚未结束。

只有库图佐夫一个人拒绝看到这一点，坦率地说，他认为将来的战争不会再提高俄国的地位了，或者增加她的荣誉；而可能会削弱她的地位，并将她从光荣的巅峰中拽下来，在他看来，俄罗斯现在就站在这个巅峰之上。他试图向沙皇表明不可能再征到新兵，并谈到了人民所遭受的苦难，以及失败的可能性等。

……1812 年的战争除了具有重要的民族意义之外，战争的意义对每一个俄罗斯人的心灵来说都是珍贵的，这场战争将赋予欧洲一种新的特征。

部队从西向东运动，之后又是人们从东到西运动，这场新的战争需要一位新的代表，他怀有其他目的，具有另一种气质，并且他的行为所受到的驱动力与库图佐夫的不同。

对于从东到西的这场运动以及如同确立人民在其中的位置，亚历山大是必不可少的，正如需要库图佐夫来拯救并荣耀俄罗斯一样。

库图佐夫没有看到欧洲，权力的平衡以及拿破仑的意义。他无法理解这一切。

在敌人被歼灭之后，俄罗斯已得到拯救并且上升到她荣耀的顶点，作为俄罗斯人民的代表，俄罗斯人民中的一员，他已经无事可做了。除了死亡之外没有任何东西能留给这位民族战争的代表。然而他的确死了。[2]

而在托尔斯泰的小说中，维尔纳是一个舒适的俄罗斯小镇，实际上，沙皇统治着这座城市，但立陶宛并不那么平静。俄国统治的 120 年（1795—1915）被三次起义战争——1812 年，1830 年至 1831 年和 1863 年至 1864 年——以及 1905 年的革命所打断。这些冲突中的每一个都改变了帝国政权的政治性以及当地社会文化的等级制度。

1830 年至 1831 年起义之前那一时期的标志是波兰人，以及在有限程度上，立陶宛人在文化和宗教活动上相对的容忍。总的来说，立陶宛的许多传统机构和习俗，如其法律法规、贵族在某些行省内的特权以及天主教会的主导地位都得到了维护。维尔纳的政治迫害和审查只是 1823 年在该大学发现了波兰学生密谋革命之后才增加的。总的来说，帝国大学为整个俄罗斯帝国培养了新一代管理人员和专家，如医生、地理学家和地质学家。然而，尤其是在 1812 年之后，该大学成了波兰知识分子抵抗该地区沙皇统治的重要中心。其中最著名的学生是波兰浪漫主义诗人亚当·密茨凯维奇（Adam Mickiewicz）和尤里乌什·斯沃瓦茨基（Juliusz Słowacki）。

在波兰—立陶宛起义遭到镇压后，该大学于 1832 年由尼古拉一世下

维尔纳的圣卡西米尔天主教堂，出现在1863年至1864年波兰—立陶宛反对沙皇统治的起义之后，当时它变成了俄罗斯东正教的圣尼古拉大教堂。（立陶宛国家博物馆）

维尔纳的老犹太会堂的庭院入口，约1900年。（明信片由A. 库比拉斯提供）

令关闭。取而代之的是沙皇当局开设的医学院，该学院也于1842年解散，而天主教神学院于1844年迁至圣彼得堡。该大学大部分体制内的资源——教授、图书馆资料和档案——被移交给俄罗斯其他高等学府。这些以及其他许多的教育和文化上的压制都削弱了维尔纳知识分子的地位：活跃的学术生命维持了两个半世纪之后，维尔纳不再是一个重要的学术之都了。

双方——包括俄罗斯人和波兰人——都认为立陶宛是一个被占领的省份。俄罗斯人试图抑制该地区在文化和语言上的波兰化，而波兰人则抵制这种强行的俄罗斯化。他们不道德地取缔了维尔纳爱国学生的组织之后，俄国政府还为立陶宛的小学推出了新的教育课程。为了使该地区重新符合俄罗斯帝国对世界的看法，当局下令完全使用俄语而非惯用的波兰语来教授历史和地理课程。这一举措试图抵消天主教教会和讲波兰语的当地贵族的文化影响，但它并没有培养出忠于俄罗斯的新一代立陶宛人。

文化斗争的核心是人民对宗教的忠诚。俄罗斯当局及其知识界经常将波兰的爱国主义与耶稣会的狂热阴谋等同起来，从而将俄罗斯与波兰的冲突描绘成现代理性主义与中世纪非理性主义之间的斗争。1831年以后，沙皇政权发动了一场影响深远的反天主教运动：教堂的财产遭到征用，修道院被迫关闭。然而，在立陶宛沙皇宗教压迫的主要受害者是东仪天主教会。1839年，当局不再允许东仪天主教会进行宗教活动，数百万教徒被强行纳入俄罗斯的东正教会。在维尔纳，这种被迫的宗教同化却无法挑战天主教人口所占的主导地位。为了降低天主教在该市所占的优势地位，沙皇当局将许多教堂改建为东正教教堂。圣卡西米尔教堂（Saint Casimir Church）变成了圣尼古拉教堂（Saint Nicholas Basilica），在其罗马巴洛克风格的外立面上增添了俄罗斯东正教独有的标识。

俄罗斯化和维尔纳随后的现代化以不同的方式影响了当地的犹太人。在18世纪末吞并波兰—立陶宛之前，俄罗斯的犹太人很少。到了20世纪之交，有超过450万犹太人生活在俄罗斯帝国，人数几乎占到欧洲犹太人的三分之二。约有70万犹太人居住在立陶宛省，该地区是欧洲犹太人口密度最高的地区之一（约占总数的百分之十五）。沙皇当局总是带着极为怀疑的眼光看待这个庞大的犹太人群体，并且在他们吞并了这些所附土地之后，立即限制犹太人迁往帝国的其他地方。犹太人定居点的范围大致与历史上波兰—立陶宛联邦的领地相吻合。沙皇当局还多次试图取消犹太人社区的自治权并消除他们的文化特征。1844年，犹太社区最古老的自治机构卡哈尔（Kahal）遭到废除。整个地区都引入了为犹太儿童准备的俄语学校，并建立了两个国立的拉比神学院，其中一个在维尔纳。

1851年，当局禁止犹太男性穿着传统服装，编侧边发辫（peot），并且下令已婚的犹太妇女禁止剃头。大多数惩罚性的举措从未得到执行，犹太人被同化的程度也是有限的。另外，大量犹太人聚集在帕勒（Pale），极大地促进了犹太文化、社会和宗教生活的繁荣。随后，帕勒成为德系犹太人的活动中心，现代犹太历史的重要发展——哈西德主义（Hassidism）、犹太复国主义（Zionism）和意第绪文化——逐渐成熟。

在犹太人中，维尔纳是以立陶宛的耶路撒冷（Yerushalaim d' Lita）而著称的。据传，拿破仑是第一个将维尔纳称作耶路撒冷的人。据报道，这座城市里犹太社区众多的人口和他们的虔诚提醒了这位到过圣地耶路撒冷的法国皇帝，他曾于1798年至1799年的埃及战争期间造访过此地。但是对于大多数犹太人来说，立陶宛的耶路撒冷这个称号与拿破仑并没有那么多关联，因为犹太文化正是在那里繁荣起来的。首先，由于埃利亚胡·本·什洛莫·扎尔曼（Eliyahu ben Shlomo Zalman，1720—1797）的学术声望，维尔内获得了北方耶路撒冷的称号，他更广为人知的名字是维尔纳的加翁（Gaon），他的生活和工作体现了流亡中犹太人的生活理想。到了20世纪之交，用本杰明·哈尔沙夫（Benjamin Harshav）的话来说，维尔纳已成为现代犹太革命的策源地：

“立陶宛的耶路撒冷”(这个)绰号的由来是因为犹太人在维尔纳这个重镇学习并印刷了足本的巴比伦犹太法典(Talmud)。然而，这显然是一场世俗运动，在维尔纳他们自认为是宗教传统的继承人，因此发明并推广了这个绰号。1859年，出版了由(开明作家)马斯基尔(Maskil)和学者拉希·芬(Rashi Fin)[塞缪尔·约瑟夫·弗恩(Samuel Joseph Fuenn)]撰写的一部记述维尔纳及其犹太社区历史的希伯来语图书。这本书的书名叫作《忠诚之城》(*Kiryah Ne'emanah*)，这本书里用了描述耶路撒冷的圣经术语来描述维尔纳。如果真有“立陶宛的耶路撒冷”这个绰号，那么芬应该会使用它。但恰恰相反：从书名来看，这个绰号是衍生出来的。维尔纳意第绪主义者和世俗运动，以及现代希伯来诗歌，都采用了这个名字，自豪地延续了维尔纳加翁的传统。

……像耶拿和魏玛，剑桥和牛津一样，维尔纳是一个小镇，一个服务于广阔腹地的文化中心。维尔纳与小城镇网络之间的联系非常紧密，人们往来其间，这座城市就成了整个地区的“购物中心”和文化枢纽，此外许多小城镇也发挥了重要作用：犹太教著名的经学院(yeshivas)坐落于诸如沃洛任(Volozhin)、米尔(Mir)、珀内维日(Ponevezh)等小城镇之中；在立陶宛东部出现的一个哈西德教派主要支派哈巴德派(Chabad)，其中心位于卢巴维奇(Lubavitch)镇，该镇有1667名犹太人。事实上，维尔纳大多数的作家和知识分子都出生在其他地方……另一方面，许多来自小城镇的年轻人来到首都，到这里的拉比神学院或希伯来语和意第绪语师范学院学习，然后再回到小城镇或移民到巴勒斯坦或西方。

一个只有六万犹太人的城市认为它是一个世界性文化的主要中心，正是因为它的文化机构以及它所服务和代表的是数百万的东欧犹太人。[3]

对于当地的天主教徒来说，耶路撒冷这个名字有着不同的含义。在16世纪60年代，为了感谢立陶宛得以从俄罗斯的占领下独立出来，当地天主教的主教在该市北部的内里斯河（Neris River）畔郁郁葱葱的崎岖河岸上修了一条十字架苦路（Via Dolorosa）。这条巴洛克式的苦路是仿骷髅地（Calvary）修建的，它已成为立陶宛的一个主要的朝圣地，并且已经变成了当地的地名：附近的一条小溪则改名为汲沦溪（Cedron），而邻近的村庄也更名为耶路撒冷一直沿用至今。

从未超过总人口五分之一的俄罗斯人则感到了来自天主教和犹太势力的威胁。在整个帝国统治期间，维尔纳的人口一直在不断地变化。虽然许多人从周边省份搬到了这个城市，但仍有很多人离开了这里去往世界各地更为繁华的大都市。这里的俄罗斯人主要是军人和行政官员及其家属，人口变化幅度更大。驻在时间最短的是俄罗斯的维尔纳总督：在沙皇统治的120年里，只在这里停留了30年。

但并非所有俄罗斯人，也不是所有东正教居民都是殖民者。维尔纳和拜占庭（或者就此而言，沙俄政府）之间在文化和宗教上的联系自建城之日起就从未中断过。例如，许多信异教和信天主教的立陶宛大公的夫人，她们的娘家都是俄罗斯的皇亲国戚。而当地的第一批基督教殉教者则信奉的是拜占庭的东正教。维尔纳与东方基督教之间的这种密切而频繁的联系使得俄罗斯帝国觉得能用一种更富于想象力的方式对这个地方进行殖民化改造，尽管这个过程仍然是残酷的。从本质上讲，许多俄罗斯人认为这座城市是合法的故土，即使他们在经验上只是将其作为一个中转站。

维尔纳曾为俄罗斯帝国内最大的、知识分子最为活跃的城市之一，但随着政治迫害的加剧以及大学的关闭，现在这一地位正在逐渐消失。1812年以后，俄罗斯沙皇和政要很少访问这座城市。在沙皇统治结束时，维尔纳是一座中等规模的省级城市，几乎没有什么金融财富或工业潜力。铁路将这座城市从经济崩溃和遭人遗忘的处境中拯救了出来。第一列火车于1860年9月4日从帝国首都圣彼得堡经德文斯克（Dvinsk）[拉脱维亚的道加瓦皮尔斯（Daugavpils），或德国的杜纳堡（Dunaburg）]抵达了这里。第二年，俄罗斯—普鲁士边境铁路的开通将这座城市与柯尼斯堡和柏林连接了起来。[4] 最后，随着1862年圣彼得堡—华沙铁路的完工，作为一个重要交通枢纽的维尔纳被牢牢地钉在了帝国的版图上。

丹麦民族志学者奥格·迈耶·本尼迪克特森（Åge Meyer Benedictsen，1866—1927）在19世纪的最后10年从柏林到圣彼得堡旅行时途经立陶宛并留下一篇篇掠影式的随笔：

> 很多人在不知不觉中或在思考中经过了立陶宛。连接俄罗斯首都与德国首都的大铁路线直接穿过了作为格迪米纳斯遗产的国度，直接穿过了立陶宛农民居住的土地。坐在舒适的火车上，男客和女客们无动于衷地看着这个略显单调的国家，那里有广阔的、起起伏伏的玉米地，以及满是桦树、枫树、橡树和冷杉的起伏的林地。一个人冲过低矮的木制田宅，火车停靠的车站站名很特殊，诸如希尔棱（Schillen）、皮尔卡尔棱（Pilkallen）、贡宾宁（Gumbinnen）、厄德库宁（Eydtkuhnen），这些名字本来就是德国人起的，但听起来感到很陌生；但只有这些名字才使人发觉这是在德国旅行。火车上的一切都来自德国，乘客、车警、印刷的守则；火车站看起来像莱茵兰（Rhineland）和汉诺威（Hanover）的火车站，这里也同样有带红色制帽的“站长（Vorstand）”，酒吧女招待也同样是高耸双肩表情呆滞，在同样的“全德式（alldeutsche）”餐厅有同样的服务员。然后你会到达边境，再最后看一眼黑、白、红三色的旗帜，顶戴尖刺的

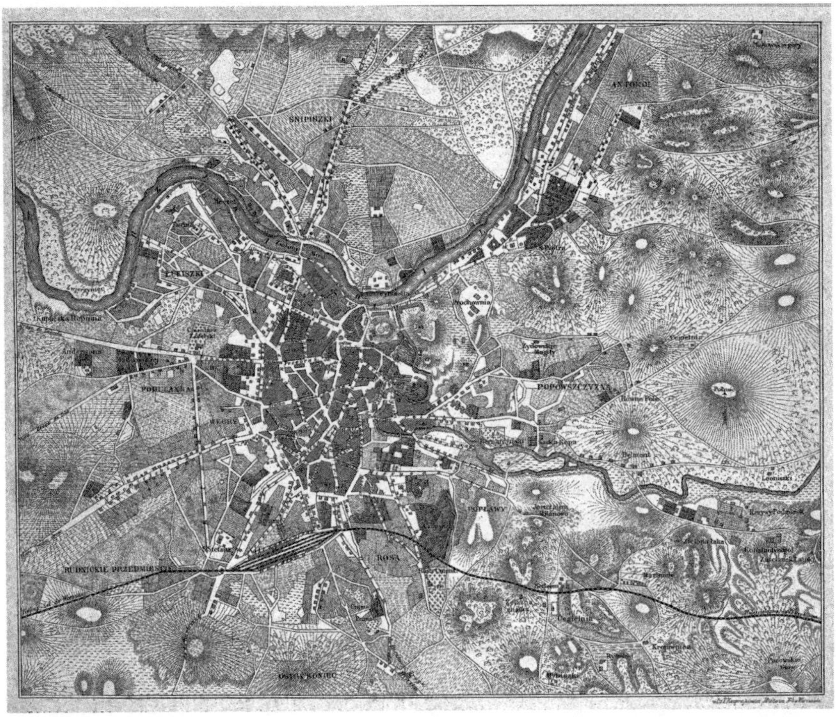

维尔纳地图，1882 年。（立陶宛国家博物馆）

头盔和德国的守则——过了边境线，他就到俄罗斯了。必须出示护照，并且他会看到那些布告牌上满是带有棱角的字母，这些字母可真是让人厌烦，因为他看不懂这些。穿深蓝色制服并且披着红色绶带的宪兵在废弃的月台上列队。然后海关的官员就到了，换车厢，你可以看到俄罗斯娘们，听到俄罗斯的语言，正如人们可能期望已经到达了俄罗斯一样——火车冒着蒸汽在铁轨上跑着。那些没有经验的人可能会误以为这些站名是俄语的，但对俄罗斯人自己而言，这些站名听起来却有一股外语味道：捷尔古蒂斯基（Gielgudiski）、维尔阔围斯基（Vilkoviski）、皮尔维斯基（Pilviski），等等。在车厢里，可以听到俄语、德语或许也有波兰语。在每个车站都可以看到宪兵和穿黑色上衣

> 的士兵，他们头戴圆帽，下穿喇叭裤，足蹬长筒靴，灰色的斗篷松散地披挂在他们肩膀上，这种极其独特的装束对于我们西方人来说是新奇的，这位有名望的波兰犹太人，他破旧的衣服里是件松松垮垮的针织衫，还有他弯曲的双手和蓬乱的胡子，乍看之下这副丑态就似乎解释了一切——他的性格、他的生活方式以及他的贱民身份。半天半夜过去了，一个人就这么睡过去了或是懒洋洋地凝视着这片平坦的国土，听着车轮在跨河的桥上轰鸣，或在穿过松林时嘎嘎作响。他可能会饶有兴趣地注意到一群腿长脖子粗的哥萨克人带着平顶帽，他们在铁路线附近控住他们那些矮小丑陋的马匹，这些人就像人们读到的那样，让人不禁感到有那么点趣味。或者他可能已经注意到笨拙的木制马车上套了三匹肥硕的马，它们急切地趴在地上，打着响鼻回应车夫的喋喋不休；他们来自邻近的庄园，来此是为了与从国外旅行归来的乡绅见面。到处都是镀金或绿色的圆葱形穹顶，这些都是一闪而过，最后他会在一座大一些的城镇杜纳堡（Dunaburg）下车，这就穿过了立陶宛，事实上没有比这更明智的了。[5]

虽然铁路使立陶宛变得更加模糊，但也带来了许多前往维尔纳的意外游客。在旅行的最初阶段，所有前往或来自俄罗斯的乘客都必须在维尔纳下车并换乘火车。这种旅途中必要的停留给每个人的行程都印上了这座城市的名字。但乘火车到站时却无法看见这座城市：帝国最长的铁路隧道于1860年由沙皇亚历山大二世下令修建，隧道直接从帕内利艾（Paneriai）（波纳利）山中穿过。几个世纪以来，每个到达这座城市的人都会惊叹于它的全景，但是黑暗的隧道及隧道内陡峭的墙壁——这是19世纪的工程奇迹——却让人来不及也看不到这座城市。经过几分钟的晦暗，火车驶入了一个建在市郊的普通火车站。这对维尔纳来说是一个糟糕的开场白。

从19世纪中叶开始，俄罗斯知识分子前往欧洲成为一种可能和时尚。

在国外休闲旅行是随季节而定的：旅行通常是在夏初开始的，去往西欧著名的水疗中心抑或在冬季去往地中海沿岸度假。很多像托尔斯泰这样的人都会记日记或者手账，其中维尔纳标志着这场欧洲冒险之旅的开始或结束。在这种背景下，无论是从经验还是从讲故事的角度来看，这座城市都处于门户的位置。

1862年春，俄罗斯剧作家亚历山大·奥斯特洛夫斯基（Aleksandr Ostrovsky，1823—1886）访问了维尔纳。奥斯特洛夫斯基的戏剧揭露了新兴的俄罗斯资本主义制度日渐堕落的社会状况，他通常是从妇女所处的困境这一视角来描述的。尼古拉一世亲自审查了他的作品，并将派警察来监视他，但在亚历山大二世的自由时期，他获得了更多的个人和创作自由。他富于社会现实主义色彩的戏剧引起了观众的共鸣：他的作品非常受欢迎，即使是英文写的《默里指南》（*Murray's guide*）也建议“可能听不懂其中对话”的游客去莫斯科观看他的戏剧，以便“研究他在舞台上所描绘的那个国家的风俗习惯”。[6]

在他去欧洲之前，这位39岁的剧作家决定记一下日记。与（只能经由新开通的铁路线回家的）托尔斯泰相比，奥斯特洛夫斯基正搭乘火车离开俄罗斯。他的第一篇文章是在维尔纳写的：

> 4月2日至4月14日
>
> 我们于4月2日（星期一）下午3点离开彼得堡。……我们决定留在维尔纳，看看当地的景点。
>
> 4月3日至15日在立陶宛
>
> 12:30我们到了维尔纳。天气晴朗，没有下雪；在莫斯科，这种天气只能在4月下旬才会见到。我们住在黎明门（Ostra Brama gate）后面的日穆尔柯维奇（Zhmurkevich）酒店。第一眼看上去，这座城

市的独特性会让您惊叹。所有这些都是用石头建造的，中间是狭窄的，令人难以置信的干净街道，高大的房屋，铺着瓷砖的屋顶，目光所及之处尽是雄伟的教堂。我们在约德科（Yodke）吃了午饭；这是一个小酒馆——只有两个房间——只有一个年轻的小伙子当服务员，店主的女儿和店主自己（一位喜剧演员），他经常会来一杯马德拉（Madeira）白葡萄酒。饭后，我们驾车去城里观光。城市的上方能若隐若现地看见大山的几座山峰；在其中一座锥形山峰上有一座塔楼。这些山丘和城市呈现出一幅令人难以置信的奇美画卷。我们雇了一辆马车，所以我们可以驾车去山上；经过圣约翰教堂（Saint John Church）、总督官邸、大教堂（我们进去了），然后到达被水淹没的维利亚河河岸；在附近的军营，我们下了马车，开始攀爬这陡峭的山坡。我们非常想从山顶俯瞰这座城市，到了4点钟，经过良好的休整，我们在不知不觉中就到了山顶：显然，军事堡垒拱卫着这个地方，对方粗暴地命令我们立即下山。在我们走下斜坡时，一位讨人喜欢的当地高中生采了一些早春的花儿（银莲花）。他把这些花儿给了我们。这里的鲜花已经盛开，而嫩草才刚刚露头。我们回到了马车上，决定驾车去看看圣彼得和保罗教堂（church of Saint Peter and Paul）。左边是维利亚河，右边是松树覆盖的山丘：这是一处夏季郊游的理想场所。教堂的外观并不特别，但内部装饰则精美异常——所有的墙壁和穹顶都有装饰。人们很少会遇到如此华丽的场面。

4月4日至16日

天气阴沉而寒冷：我们小跑着穿过城市，前往伯纳丁教堂（是该市最重要的教堂建筑）。此外，我们还去了圣约翰教堂，这是一座宏伟壮观的建筑，来的人很多。在教堂前面，一位漂亮的波兰少女承担了教会主管的职责。她用纤细的手指敲着盘子，试图引起公众的注意。一般来说，在维尔纳有很多漂亮的波兰女士，有时甚至可以看到一些漂亮的犹太女性。在这里，我第一次感到了天主教徒虔诚的激情：男男女女都跪在地上，手里拿着祈祷书，完全沉浸在祷告中；这种虔诚不仅体现在教堂里，也体现在街头，特别是在黎明门前面。这个地方是当地的一处圣地——在大门上方是一座带有圣母圣迹圣像的小教堂，这是希腊（东正教）起源的象征。（一开始它属于东正教，但后来不知何故，波兰人得到了它。）在伯纳丁教堂，我们看到一个人匍匐在地，在寒冷的石地板上像十字架一样伸展着四肢。所有的教堂都是全天开放的，满是前来祈祷的人，大多数是女性，在这个圣周节期间，她们看起来非常庄严肃穆。相比之下，犹太人则穿戴整齐（不像在平常的日子）来庆祝他们的逾越节，这些人陪伴着他们衣着华丽的妻子和孩子漫步。大多数犹太妇女戴着传统头饰；我们遇到了很多犹太女性，她们都衣着简单，穿灰色上衣，在假发上面戴着（黑色）系带的面纱，上面装饰着五颜六色的彩带和花饰。我们又去约德科吃早餐，在那里我品尝到了当地鲜美的鱼。老实说，波兰仆人非常善良，一丝不苟但并不卑躬屈膝；当地的车夫也是如此。

维尔纳的我主基督（三位一体）教堂的内部，1847年。（立陶宛艺术博物馆）

4月5日至17日

醒来——下雪了！我们收拾行装去火车站；我们一直在等火车；顺便说一句，法国人经常迟到，他们还就是应该受到批评和嘲笑。一般来说，他们是粗鲁的，最重要的是，他们都是恶棍和骗子……寒冷和雪。在微尔日布洛沃（Verzhblovo）——一间欧式风格的餐厅——吃自助餐。

普鲁士。厄德库宁。充满秩序和准确性……我们的火车很晚才到，所以错过了去柏林的火车。[7]

奥斯特洛夫斯基对维尔纳的访问受到两起重要事件的影响：俄罗斯帝国废除农奴制，以及反对沙皇统治的第二次波兰—立陶宛起义。根据官方报道，在维尔纳，“示威活动早在1861年就开始了，革命歌曲在教堂内和开放的公共场所——在黎明门的圣母面前演唱。8月6日，一大群高唱歌曲的人擎着革命条幅、国旗和波兰及立陶宛的标志向市郊区移动，又到珀胡梁卡（Pohulianka）区去迎接另一支游行队伍，据传，他们是从科夫诺方向来到维尔纳的。当地政府命令哥萨克人封锁这座城市。在这一点上，以狂热的年轻女士为首的示威者试图挤过守卫城市的士兵们”。这些暴动的“小姐们将她们的雨伞变成了危险的武器：她们用锋利的伞尖指着士兵的脸。哥萨克人失去了耐心，拿起步枪并驱散了人群”。有一些人员伤亡：一名贵族和工匠“受了伤，但很快就康复了”。沙皇当局指责“境外的波兰报纸”撒谎说“在城里发生了一场大战，许多人罹难或淹死在河里”。“维尔纳的天主教主教受到牵连”，他会“宣布为这场战斗中受害者的亡灵举行为期三周的守夜活动”。[8]为了防止类似事件的发生，沙皇当局在该市宣布戒严。然而，军事统治未能平息这些叛乱者，当奥斯特洛夫斯基（与他的配偶和一位家人的朋友）于1862年春在天主教圣周节和犹太逾越节期间抵达维尔纳时，立陶宛处于起义爆发的前夕。几个月后，维尔纳周围的乡村变成了帝国军队与当地的叛乱武装进行作战的战场。

维尔纳作为一处具有决定性作用的地缘政治战场再一次进入了帝国的版图。然而这一次的斗争是发生在波兰人和俄罗斯人之间的。1863 年春，圣彼得堡的一家名为《北方之蜂》（*Severnaya Pchela*）的自由派政治和文学报纸宣称，在立陶宛古老的首都附近消灭了“叛乱分子”，“熄灭了维尔纳市民们”想恢复波兰国家主权的“希望”。“看到我们（俄军的）胜利并且凯旋维尔纳时，波兰人公然地表示出悲伤”，而且还穿上了黑色的丧服。[9]

在《北方之蜂》同一期报刊中，另一篇文章则描述了维尔纳的日常生活。对于游客来说，在记述这座城市时，显然不会谈到起义和这座城市的国家归属问题。缺乏现代化的城市设施，如街道照明、铺设人行道和宽阔的大街，这些都被认为是来自大都市游客面临的最大的危险；由于所有列车都是在晚上抵达这座城市，维尔纳周围的风景虽然是欧洲最美丽的自然景致之一，但这个地方却给人一种黑暗的、不友好的、有潜在危险的印象。记者注意到，在当地遇到的另一个麻烦是城市商业生活的特殊体制，令俄罗斯读者震惊的是，遵循犹太教历，周日和基督教节日却成了本月最繁忙的购物节。犹太商人还受到另一种指控，尽管还可以明显见到许多贫困的居民，但他们却把维尔纳变成了一座开销极为高昂的城市。总的来说，在文章结束时，维尔纳迫切需要一种强大的统治力量，可以将这座中世纪小镇变成现代化的城市。

然而，维尔纳生活的另一方面却可以被称赞为模范的公民社会中一则引人注意的例证。“只要看看维尔纳的街头生活，”记者说，“人们可以很容易地发现，最令人钦佩的这里的女性所受到的尊重。与圣彼得堡不同的是，维尔纳的一位年轻女士可以在傍晚时分自由地行走于人群拥挤的街道之上，而不会招来那些闲逛的盲流说出侮辱性的下流之词。一般来说，唐璜（Don Juans）之流，即使这里还有这样的人，在维尔纳的年轻人中间也是罕见的。这不仅应该被视为对尊重女性的当地男性的赞美，也应该被视为对能够赢得这种尊重的当地女性的致敬。”人们能够很容易地找到这种绅士风度的社会根源，因为“帝国西部地区的女性教育事业正在迅速发展，最重要的是，在这里学到的并不像过去那样只局限于表面的调情逢迎，而是表现出一些实用的方向”。在维尔纳“年轻女士不再是沙龙里的玩偶”，而且“她们中的许多人都拥有了一种非常健全而且实用的人生观”。[10]

俄罗斯媒体对维尔纳的兴趣预示着立陶宛的政治和文化将会发生巨大变化。1863 年 5 月，帝国政府派新任总督米哈伊尔·穆拉维耶夫（Mikhail Muraviev）到维尔纳来镇压叛乱，并使立陶宛成为俄罗斯忠诚的、不可分割的一部分。穆拉维耶夫出生于 1796 年，他熟悉政治激进主义。年轻时，他曾经活跃在俄罗斯的自由派圈子里。（他的兄弟是十二月党人之一，一群俄罗斯军官在 1825 年试图推翻尼古拉一世但并未成功。）尽管他的家庭和社会关系让他妥协，但穆拉维耶夫却成了俄罗斯独裁统治的忠实仆从。

当俄军在追捕反叛分子时，穆拉维耶夫将战斗延伸到了维尔纳的街头。在他接受任命两周后，新任总督颁布了一项法令，禁止当地妇女穿黑色服装或穿戴任何与死亡或葬礼有关的饰品：十字架、骷髅头、链子、黑色带子等。根据命令，任何公务员的女性家庭成员如果在公共场合穿黑色服装，那么他可能立即会丢掉工作。类似的法律禁止在城市中任何建筑物上的绘画或装饰中使用黑色——无论是公共建筑或是私人建筑。葬礼也只能得到特殊许可后才能进行。简言之，任何表示哀悼的标志，以及其他象征波兰和立陶宛爱国主义的东西，都被一刀切式地逐出城外。此外，穆拉维耶夫下令对叛军首领公开处以绞刑，这就将迫害的魔爪直接伸向了这座城市。他被称为刽子手穆拉维耶夫。

接下来，穆拉维耶夫又对语言进行了封禁。他禁止在该市公开使用波兰语，取缔了拼写立陶宛语的拉丁字母，并用西里尔文取而代之。此外，讲波兰语的贵族的权利受到严格限制，大多数天主教修道院和教堂都遭到关闭。他还从公共用语中剔除了立陶宛这一历史名称。这一地区被赋予了一个更为抽象的、带有空间上共同特征的名字——西北地区（Severo-zapadnyi krai）。

维尔纳，古时通往沙皇俄国的门户，1872年。（立陶宛科学院图书馆）

虽然对立陶宛进行了镇压，但这座城市看起来并不像俄罗斯其他那些被镇压的地方那么悲惨，而在1867年，即叛乱发生三年之后，旅游指南却警告那些前往圣彼得堡的英国游客，这个地方是有争议的，并有一种忧郁的气息：

> 1863年至1864年穆拉维耶夫（德文：Mouravieff，俄文：M.N. Muraviev）将军在威尔纳的镇压措施是过时的。在这里，各省中那些起义无望的首领们受到了幽禁、审判、绞刑和枪毙。由于这些人被流放到帝国的遥远边区，估计西北各省的人口减少了5万至10万。这些省份所遭受的政治变迁以及其人口的复杂性为俄罗斯人和波兰人之间的分裂提供了肥沃而灾难性的土壤。
>
> 威尔纳距离圣彼得堡441英里，人口58000人。古代独立的立陶宛公国的主要城镇……位于一些丘陵脚下的山谷中，丘陵的地势在

东南方和西方有所抬升。维利亚河从这片山谷的极北端流出，并且蜿蜒地穿过错综复杂的深深沟壑。河上落满了冷杉、桦树和欧椴树的叶子，呈现出一幅最为美丽并且令人欢快的全景，这种美景与使威尔纳如此出名的那种严厉的报复行为是极不相称的。……教堂是值得造访的。这些建筑极有价值，在它们的纪念碑中可以找到几个家族的名字，这些家族的名字对于所有了解波兰历史的读者都很熟悉。[11]

同年，俄罗斯作家费奥多·陀思妥耶夫斯基（Feodor Dostoevsky，1821—1881）在前往德国途中经过了这座城市。陀思妥耶夫斯基认为他的旅行是一种逃避。在 1866 年秋末，经过长达一个月的求爱之后，这位 46 岁的作家向他 21 岁的速记员安娜·格里高里耶夫娜·斯尼特基娜（Anna Grigoryevna Snitkina）求婚。根据安娜·格里高里耶夫娜的说法，陀思妥耶夫斯基当时“站在十字路口，在他的面前有三条路可走”。他可以去东方——君士坦丁堡和耶路撒冷——“也许永远”留在那里；他可以出国玩轮盘赌，“当他发现这种赌博是如此引人入胜时，可以将他自己献祭给这种游戏”；或者他可以“再婚并在家庭生活中找到快乐和幸福”。[12] 安娜·格里高里耶夫娜高兴地同意嫁给陀思妥耶夫斯基并拯救他免予犯错。1867 年冬，在圣彼得堡宏伟壮观的伊兹迈洛夫斯基（Izmailovsky）大教堂中，他们举行了婚礼。

这对新婚夫妇的幸福生活是短暂的。当时，陀思妥耶夫斯基正在供养他那个庞大的家庭，包括一个成年的继子、一个嫂子和她的几个孩子。除了他自己的巨额债务外，他还继承了已故兄弟的巨额外债。钱是一个持续存在的问题，也是紧张的根源——日常的争吵、谴责、欺骗、威胁和需求困扰着这个家庭。此外，安娜·格里高里耶夫娜“受到了一种憎恨，那些没有稳定的或连续收入的亲戚习惯靠着陀思妥耶夫斯基生活，这些人将她看成是威胁要破坏自己期望的闯入者”。[13] 因此，这位作家只能在晚上写作和阅读，而且正如他的年轻妻子很快发现的那样，新婚夫妇根本不可能有时间独享二人世界。

压力增大，在婚礼结束后的几天内，安娜·格里高里耶夫娜发现陀思妥耶夫斯基患有严重的癫痫症。新娘记得这种可怕的景象。在与她交谈时，费奥多·米哈伊洛维奇变得“极为活跃”然后“就发出一种可怕的，兽性的尖叫，或者更确切地说，是一种嚎叫——然后他就向前摔倒了”。[14] 几周后，陀思妥耶夫斯基的家人指责安娜·格里高里耶夫娜，由于她的存在而刺激他的癫痫症发作。她在家里的工作“变得越来越繁重而令人沮丧；这主要是因为她的不满，以及她要不惜一切代价挽回自己婚姻的决心——即使是以个人在经济上的牺牲为代价——陀思妥耶夫斯基决定于1867 年春出国”。[15] 安娜的瑞典母亲也鼓励她出国旅行，她的“生活观”，据她的女儿说，“更西方，更有文化；而且她担心，由于我们俄罗斯的生活方式以及那种无序的殷勤，在我的教育下所培养出的良好习惯会被磨蚀掉”。[16]

这是安娜·格里高里耶夫娜第一次出国旅行，她很激动。但陀思妥耶夫斯基已经出过几次国了。他最后一次去欧洲是在他的第一任妻子去世后的 1864 年。他因在赌场赌博时花掉了所有钱而憎恶这里。这一次，陀思妥耶夫斯基承诺要进行一次更为愉快的旅行，考虑到这一点，这对夫妇告别了圣彼得堡所受的苦难。春季里的一天，他们在“安娜·格里高里耶夫娜的亲戚以及艾米莉亚·费奥多罗芙娜（Emilya Feodorovna）（嫂子），她的女儿卡佳（Katya）和陀思妥耶夫斯基的老朋友米留科夫（Milyukov）一家（米留科夫在他动身去西伯利亚之前，在彼得和保罗要塞和他告别，并在他回来时又在铁路上迎接他）的陪伴下到了火车站。而帕夏（Pasha）则一气之下没有参加送别；他拒绝参加祝福继父和他的新娘一路顺风并旅途愉快的欢送会”。[17] 陀思妥耶夫斯基计划先去柏林，然后去德累斯顿（Dresden），他们打算在那里住上好几个月。像往常一样，前往德国的旅程需要在维尔纳过夜。

在离开之前，“安娜·格里高里耶夫娜曾答应她的母亲记录这次旅行，在出发前她在车站购买了一本笔记本，以便履行这项义务。这本日记一直保存到她的第一个孩子出生后一年多一点之后，这本日记更加广泛并且详述了陀思妥耶夫斯基的日常生活，这要多于我们所掌握的他生命中其他时期的资料”。[18]一般来说，她的日记详细描述了“他们生活中切近并且相当窘迫的环境，还有一个问题就是要适应陀思妥耶夫斯基不断变化的情绪，以及生活在他们不了解的外国环境中所遇到的困难，这些困难会在路上一直伴随着他们”。[19]安娜·格里高里耶夫娜与陀思妥耶夫斯基在维尔纳开始记录他们的日常生活：

> 4月15日下午2点我们到达了维尔纳。很快，来自主街宾馆（Bolshaya）的汉人侍从接待了我们，并驾车带我们去往宾馆。在宾馆门口，我们被费奥多尔·米哈伊洛维奇的熟人巴斯托夫（Barsov）先生拦住了。他告诉我们他住在维尔纳，他会在6点钟来接我们，然后带我们到城里去看看。在宾馆，我们不得不爬上许多层楼梯，因为他们向我们一个接一个地展示客房——但所有房间都非常脏。费佳（Fedya）想离开，但我们终于找到了一个可以在晚上安心住下来的房间。宾馆的侍从非常奇怪——无论你响铃多长时间要他们过来服务，他们就是没有回应。关于他们还有其他一些不可思议的事情：其中两人失去了左眼，而费佳认为在这座城里，独眼的侍从可能并非不常见，因为雇用那些失去一只眼睛的人可能会更便宜。
>
> 我们共进午餐，然后去看了这座城市。它看起来很大，但街道狭窄，有木制的人行道和铺着瓷砖的红色屋顶。今天是复活节星期六，因此街上非常繁忙。特别是有许多的犹太人（Yids）带着他们的妻子，这些人都披着黄色和红色的披肩和系带的围巾。这里的马车

非常便宜。我们厌倦了徒步旅行便雇了一辆马车；他几乎免费地把我们带到了城里。每个人都沉浸在节日的喜庆气氛中；街上到处都是带着各种糕点和复活节蛋糕的人们。天主教教堂里到处都是教区的居民。我们到主街上的显圣者圣尼古拉东正教堂（Russian church of Saint Nicolas the Miracle-Worker）去做祈祷。之后我们短暂地去了伊凡诺沃（Ivanovo）街的天主教堂。后来我们看到了山上和维利亚河畔的一座十字架。这是一条非常湍急的河流，但不是很宽；从河岸眺望远处山脉的景色，十字架和公墓十分美观。草木葳蕤的夏天一定非常美好。我们参观了格奥尔格夫斯基（Georgevsky）广场上的［涅夫斯基（Nevsky）］小教堂，该教堂是最近为了纪念平定波兰人而建造的；我非常喜欢它，它是一个如此美丽、简单、优雅的小教堂。晚上 7 点我们回到宾馆，喝了点茶，然后去睡觉了。宾馆里所有的工作人员都去了教堂，但在他们出去之前，一名侍从指示我们要把自己反锁在宾馆里。费奥多尔·米哈伊洛维奇认为，当每个人都离开的时候过来打劫我们是一个完美的计

“来自维尔纳的问候：主街”，陀思妥耶夫斯基一家下榻的酒店位于这条街上。（明信片由 A. Kubilas 提供）

划。他开始用桌子和行李堵住所有门。晚上，在差一刻两点的时候，费佳的癫痫症发作了，而且病得很厉害；发作持续了十五分钟。……（第二天早上，）当我们准备离开时，有个犹太人来到我们的房间并要求我们买他一些东西。我们忘了带肥皂，所以我买了一块15戈比的蛋清皂。他的一个朋友向我们兜售某种波兰圣像，据他说，它花了他15卢布，但他愿意以更便宜的价格卖给我们；尽管如此，我们并没有买。不久之后，我们的整个房间都挤满了希望帮助我们的犹太人；每个人都在说再见并急急忙忙地搬运着行李，当然所有人最后都是要小费的。我们已经坐上了马车，将要启程时突然又围过来一个犹太人；他希望我们买两个琥珀烟嘴——我们让他走开。我们在车站等了很长时间。我们买了直达柏林的火车票，每人花了26卢布35戈比。我们是二等车厢里唯一的乘客，所以我们的睡眠很充足。……早上8点钟我们到了微尔日布洛沃，在那里我们吃了在俄罗斯的最后一顿饭。……当我们回到座位上时，有个当官的，可能是德国人，到了我们的车厢里非常粗鲁地问道："姓名？"费佳生气地问他是不是德国人并且想说："你叫什么名字？"在这次事件发生后，我们收回了护照并转到了厄德库宁。这两个站（微尔日布洛沃和厄德库宁）被一条小溪隔开，这条小溪隔开了俄罗斯与普鲁士的领土。[20]

陀思妥耶夫斯基与维尔纳发生那场不快的遭遇反映出这位作家自己感受到来自俄罗斯官方的仇外心理。俄罗斯自由派知识分子的小圈子对波兰—立陶宛叛乱分子的政治目的表示同情，但陀思妥耶夫斯基不属于这一群体。尽管是一名被定罪的政治犯，但这位作家却坚定地站到了专制的一边。他支持帝国政府的镇压措施，也不会为立陶宛那些死了的、流亡的和无依无靠的居民流泪。他认为，这是清除该地区波兰天主教潜在影响的唯一途径。这座城市里天主教的节日气氛和犹太特性只会激起他的沙文主义情绪。对于陀思妥耶夫斯基来说，"'犹太人'和'放高利贷的'是同义词，这是一个既定的事实，无须任何证据"。[21] 怀着典型的反犹太主义态度，陀思妥耶夫斯基认为犹太人在当地是一群无足轻重的家伙："（犹太人）甚至失去了他名字'的抬头'；他就是'犹太人'——犹太佬（zhid）、小犹太佬（zhidok）、犹太娘们（zhidishka）、犹太小崽子（zhidyonok）。"[22] 相比之下，已经证实信天主教的波兰人更加神秘，因此他们对俄罗斯民族精神来说是一个更危险的敌人。至少从 18 世纪以来，传统上俄罗斯和波兰知识分子之间的仇恨已然存在，但在波兰—立陶宛起义期间和之后这就变得更为明显了。陀思妥耶夫斯基痴迷于波兰人阴谋歼灭俄罗斯人和俄罗斯东正教会的想法。最近暗杀亚历山大二世的企图使他的心灵尤为感伤，但这与波兰—立陶宛起义毫无关系。

1866 年 4 月 4 日，俄罗斯皇帝在圣彼得堡遭到了一名叫作德米特里·卡拉科佐夫（Dimitry Karakozov）的学生的枪击。皇帝没有受伤，但卡拉科佐夫立即被"拖到亚历山大二世面前，皇帝亲自从他身上拿起手枪，并问他是不是波兰人。让沙皇觉得似乎不可思议的是，除了外国人之外，任何人都想要他的命；卡拉科佐夫来自一个贫困潦倒的小地主家庭，因为付不起学费而被逐出大学校门 [跟拉斯科利尼科夫（Raskolnikov）一样]，他回答说：'纯俄罗斯人。'"[23] 随后，"1863 年血腥镇压波兰叛乱的 N.M. 穆拉维耶夫伯爵……被任命为委员会的委员长，负责调查这次弑君图谋的背景，这实际上给了他独裁者的权力"。[24] 然而，或是出于心甘情愿或是出于恐惧，陀思妥耶夫斯基被当成了前科政治犯，他仍受到警方的监视——但他却还为穆拉维耶夫设立的独裁审查制度叫好。这位作家还赞扬了极端保守主义者和斯拉夫派报纸《莫斯科公报》（*Moskovskii Vedomosti*）的编辑方针，该报坚持认为"暗杀企图只能是起源于波兰的阴谋"，尽管已证实卡拉科佐夫是俄罗斯人，与波兰或波兰人无关。[25]

陀思妥耶夫斯基对波兰人阴谋的那种公然的妄想中裹挟着他对自己家

族起源的焦虑。陀思妥耶夫斯基出生于莫斯科一个贫困潦倒的俄罗斯贵族家庭：他的父亲是一名医生，他的母亲则来自一个富有的莫斯科商人家庭。然而，陀思妥耶夫斯基家族的祖源却在旧的波兰—立陶宛联邦里。[26]这位作家的祖父是波兰统治下波多利亚（今乌克兰西部）一名东仪天主教会的大主教，该家族声称自己具有 17 世纪立陶宛贵族的血统。这个家族的居住地点位于品斯克（Pinsk）东北部的陀思妥耶沃（Dostoevo）（今白俄罗斯南部）；这个地区见证了“冲突的民族和信仰（俄罗斯东正教和波兰天主教）之间持续的争斗，而陀思妥耶夫斯基家族的各个支系则两边都参加了”。[27]信东正教的陀思妥耶夫斯基一家属于贫穷而且弱势的贵族阶级（立陶宛的东正教贵族享有的民权比天主教徒少），并且“还落入了非修士神职人员的卑微阶层”。[28]陀思妥耶夫斯基的曾祖父接受东仪教会里这一神职的举动是一种意识形态上的妥协，旨在保护这个家族的某些（贵族）社会的特权。“陀思妥耶夫斯基对耶稣会士具有一种迷之恐惧，他认为这些人能够使任何恶人获得超过人类灵魂的权力，他也许可能受到了刺激，这种刺激来自对他先祖信仰的一些品评。”[29]一旦该地区被纳入沙皇帝国，东仪教会在社会上遭到边缘化，陀思妥耶夫斯基家族就会失去贵族地位。后来，陀思妥耶夫斯基的父亲接受了俄罗斯东正教，并因在军中服役而重新获得了贵族地位。然而，医生的孩子们“却认为自己属于古老的士绅—贵族而不是彼得大帝创造的新贵阶层——事实上，他们的父亲刚刚加入了这个阶层。但他们在社会中的实际地位与这种逢迎谄媚的自我形象是明显矛盾的”。[30]

总之，从他父亲这边看，陀思妥耶夫斯基属于立陶宛贵族（szlachta）中被剥夺权利的那一派，其成员在某种意义上背叛了当地的传统（因而失去了家庭住所），但他们借着新获得的俄罗斯身份又获得了帝国的特权。维尔纳防御性地抵制了这种文化和政治上的侵蚀，它提醒所有人，包括俄罗斯人，要了解当地传统所具有的抵抗性。但陀思妥耶夫斯基对于维尔纳宗教和民族特性的这种狂热的，实际上是偏执的反应是否可以归因于他的“精神分裂症的”特质，这还是一个有争议的话题。但有一件事是清楚的：他在客房门口用家具设置路障是一个受到威胁的、没有安全感的人的行为。

陀思妥耶夫斯基希望能隐姓埋名地留在维尔纳——这倒不是因为这位著名的俄罗斯作家害怕被认出来，而是因为他在圣彼得堡逃离了他的债权人。巴尔索夫是当地一位二流文人，陀思妥耶夫斯基几乎不知道他。巴尔索夫让他这次秘密来访变成了一场徒劳无功的行动。当他在宾馆门口受到欢迎时，陀思妥耶夫斯基就明白他的出国旅行已经为公众所知了。（后来，恼羞成怒的陀思妥耶夫斯基故意避免在约定的时间内与巴尔索夫会面。）也许以仇外形式出现的焦虑其更直接的原因是受到了激怒。陀思妥耶夫斯基正在逃亡，但他却被自己的名声所累。

据说，陀思妥耶夫斯基称亚洲的俄罗斯人是欧洲人，但在欧洲他们则是亚洲人。在维尔纳，沙皇当局扮演了一个更加微妙的角色：它接受了一个挑战，通过将这座城市变成一处俄国的遗产而使其现代化。该市的官方旅行指南根据俄国历史尽最大努力重塑城市的过去。他们宣布维尔纳是一座俄国城市，因为“从最早的时候起，立陶宛部落就住在比邻而居的俄罗斯部落附近，自建城以来，维尔纳一直是半个俄国城镇。这座城市的名字也可能具有俄罗斯血统。很明显，这个城市的名字得自名为维尔纳的小河——现在被称为维雷卡（Vileyka）河——这条河流入了维利亚河，而维利亚河在旧时则称为微立雅（Veliya）河。早在14世纪，一位德国编年史家[马格德堡的维根德（Vygand）人]描述了德国骑士到萨莫吉提亚（Samogitia）和立陶宛的探险，他称维尔纳为一座俄国城市（Civitas Ruthenica）”。[31]

在俄国看来，穆拉维耶夫是值得赞扬的，因为他让维尔纳的土壤变得可以培养俄罗斯的灵魂。1898 年，地方当局为一尊穆拉维耶夫的雕像揭幕，并发表了致谢的讲话：

> 在镇压叛乱之后，穆拉维耶夫仍任旧职，但这一次，他的目标是要彻底改变这一地区内部的家庭生活。一层厚厚的波兰权威的意见，就像一条又厚又重的雪毯，覆盖着这片祖传的，熟悉而又亲爱的俄罗斯大地。当这件异乡的外衣被扒掉的时候，才终于能把这片大地打扫干净；反叛之火也被熄灭了。然而，仍旧有一个紧迫的问题，就是要保证俄罗斯的生活、语言、教育、道德、习俗和东正教教会这些依然弱小的树苗能长大开花，这些树苗终于在这片慈母般的俄罗斯大地上扎下根来。在当局的关怀下，这些俄罗斯的苗木，如在早春的大自然一般，瞬间萌芽，越长越壮，变得茂盛起来，最后完全成熟。最后，由于它们异常的枝繁叶茂，它们就铺遍了这一整片俄罗斯祖先留下的珍贵的土地。在那些日子里，利用好每一种资源都是极为重要的，因此一个俄罗斯人，就是他自己土地的主人，他可以合理地继承他父亲传给自己的王位。……感谢穆拉维耶夫，当地俄罗斯人的生活变得轻松活泼起来，而且享受到了充分的权利。今天，到处都能听到俄语，在这一地区的各个角落都能很明显地见到俄国的政府机构；俄罗斯的精神生活变得忙碌起来；闪亮的东正教教堂让每个人都感到高兴。对于俄罗斯光明的未来而言一个坚定的希望已经诞生。[32]

为了强化维尔纳的俄罗斯精神，很快又建起了两座纪念碑：一座是诗人亚历山大·普希金（Aleksandr Pushkin）朴素的半身像，另一座是女皇凯瑟琳二世（Catherine II）的巨型雕像。并且本着“俄罗斯光明的未来”这一精神，维尔纳的现代化也姗姗来迟：

在维尔纳第一个发电厂附近的大教堂广场对面的维利亚河游泳，约1900年。尽管城市的基础设施是现代化的，但偏远的维尔纳保留了一种出世的、近乎乡村的生活方式。(立陶宛科学院图书馆)

自1903年以来，当地发电厂产生的电能一直可以供给维尔纳市的照明，该发电厂就设在维利亚河右岸的（绿）桥附近，而维利亚河则正好从市中心穿过。该电厂为公共机构和私人住宅供应电能。在前任总督的直接监管下，现今为帝国政务院（Imperial State Council）服务的V.V.冯·瓦尔（V.V. von Wahl）将军，最终建立了正确的房屋编号系统。该系统是以圣彼得堡为样板的。此外，该市还在讨论与污水系统、电网等的发展相关的问题。

在现代建筑的美观和质量方面，最好的街道是最近修建的格奥尔基耶夫斯基大道，这条大道从大教堂广场一直延伸到维利亚河畔。在河的对岸，这条大街正对着新近建设的猎场（Zverinec）别墅区，该地区已更名为亚历山德里亚区（Aleksandria）。……在过去，这些巨额财产是由维特根斯坦（Witgenstein）家族拥有的，其最后一位居住在俄罗斯帝国的成员是霍恩洛厄（Hohenlohe）公爵夫人，她是现任德国总理的夫人。猎场区这片土地在过去是当地（立陶宛）大公的狩猎场，而在今天，它已经属于私人所有者V.V.马丁森（V.V. Martinson），马丁森用新铺设的笔直街道把这片广阔的土地分割开来。这些已经分片的房产正迅速发展成为住宅区。然而，两个俄罗斯东正教圣地——圣母教堂和在总督到来之前的别墅附近建造的圣凯瑟琳（St. Catherine）教堂——也建在这里。今天，仍然可以把维尔纳看成一件历史文物珍品，尽管在其建成的600年中，它的许多历史古迹都遭受过战争、火灾和社会动荡的摧残。但随着时间的流逝，新兴的现代维尔纳的光辉早已盖过了旧维尔纳。[33]

本尼迪克特森在20世纪之交访问了维尔纳，他在帝国统治的现代背景下看待这座城市中文化的分裂：

现在俄罗斯人统治着这个国家和这些民族，准确地说不是俄罗斯人民，而且实际上也并非长期统治，是由俄罗斯政府官员及其助手、警察、宪兵和哥萨克人统治的。几千名波兰贵族也不可能永远在这里统治，他们只是开拓者，当主力部队完成任务时，那些挑衅的人就被一个个干掉了，而更加强硬的新生政权则接过了驭手的缰绳。

就在这一天维尔纳以惊人的方式展现了这个四重分裂的国家的面貌。在以前立陶宛大公统治的古老城堡中，俄罗斯中央政府，整个立陶宛土地的总督现在手握大权。在所有难看的灰泥粉刷的黄色建筑物上，无论是军营、主要的邮局、警察局抑或城市的大学上，都闪耀着镀金的展翅黑鹰，这就是俄罗斯的盾形纹章。俄罗斯警察和宪兵在街上巡逻，每个招牌和每张标语上都是俄文，每条街都有俄语街名，有关波兰人的所有东西都被小心翼翼地刮掉了。但是，如果一个人能透过上层阶级穿着的制服去看一看，就不难发现他们并非都是俄罗斯人。

曾经有一段时间禁止在维尔纳说波兰语，仅仅是禁止说波兰语；现在这是允许的，除了在所有的聚会上，事实上很多人都在说波兰语。所有这些眼睛明亮严肃正直的男男女女，他们都是波兰人；她们具有俄罗斯女人所没有的‘魅力和优雅（wzdiek）’。波兰语是城中画室里的语言，在沙发上方可以看到波兰诗圣亚当·密茨凯维奇的肖像，在书柜中可以发现波兰文学中所有那些伟大的名字，而在大理石或石膏雕像上，柯斯丘什科（Kosciuszko）从他的位置上往下俯视。在几乎每所房子里，人们都能发现同样的情感和希望。

它是波兰精神的东方堡垒，但它现在则被夷为了平地，但波兰人仍然坚守着这个地方，希望能够重现昔日的辉煌。

最为神圣的圣母像闪耀在维尔纳“黎明门（Ostra Brama）”上方的至高点上。这幅奇妙的圣像让维尔纳和所有的罗马天主教徒感到骄傲和舒适。它被点亮的蜡烛形成的光环所环绕着，装饰堂皇的画框中这幅精美的圣像俯视着无数的善男信女。每当一个人走过狭窄的街道时，这条街道的终点就是“黎明门”，在城门的上方为这幅圣像修了一座小教堂，人们看到瘸子和乞丐跪地祈祷并在胸前画着十字，当穿过这个神圣的地方时每个人都必须露出自己头脸。

但是做买卖的繁忙人群拥挤在维尔纳的街头，他们来去匆匆卖力苦干，这些人是犹太人，对于维尔纳来说，最重要的就是犹太人的街区。一个人只要到了火车站就会立刻遇到他们，他们是肮脏的小酒馆里的侍从，他们是冲上马路的诈骗犯；他们又充当了驭手，几乎所有街上的野孩子似乎都是犹太人。在这里，人们可以看到纯粹的波兰犹太人，无论是表现得既敏捷又鲁莽的男孩子，还是那个长着大鼻子，眼睛闪闪发光，嘴角一副挑战性架势的女孩，抑或是那个弯着腰的苦力，他们的外表似乎只表明了一件事："做生意（Geschaft machen）"！不论他是搬运工、驭手或小贩；但这些人终究会变成年长的元老，这位族长式的老人，他有飘逸的白发和胡须，温柔而严肃的眼神，安详的步态，犹太人所体现出的那种精致和俊朗是世上的人所不能比拟的。奇怪的是，这些紧张兮兮的小贩到了晚年竟然可以变成如此模样。这一点生动地否定了那些犹太人的敌人所下的邪恶结论，即犹太人的灵魂已经变成了贪婪的魔手。

维尔纳的第四类人就是立陶宛人自己，不仅有在途中遇到的农民，还有在市场上披着粗制毛毡（vadmal）的那些沉默的人，甚至还有间或遇到的去往维尔纳的白俄罗斯农民，这些人是在很久以前被立陶宛人从这片土地上赶走的。在维尔纳，跟立陶宛有关的事物就像色彩艳丽的邮票上的水印一样。这座城镇的名字来自立陶宛语，郊区也有立陶宛语地名，比如Antokoln"山前"和Boksta"塔楼"。格迪米纳斯的城堡和火神殿的废墟高高耸立于城镇里屋顶的上方，这些地方荒凉而遭人遗弃，这就仿佛是立陶宛人民所处的状况。[34]

1904年，沙皇当局放开了该地区的语言法，1905年的革命又把镇压民族的政治要求带回了街头巷尾。维尔纳成了一座身份受到质疑的，允许多语言公开使用的城市，它拥有超过20万的居民。在1905年之前，当地有15种全是俄文的期刊；到1911年，已具有69种期刊，其中有35种是波兰文的，20种是立陶宛文的，7种是俄文的，5种使用的是犹太人的文字，还有2种是白俄罗斯文的。[35]

对于一些俄罗斯人来说，这种在当地突然产生的"复调旋律"提供了一个可以体验并记住这座城市的机会，这座城市成了释放多样性的家园，在这里，人们可以感受到国际大都会内帝国所具有的矛盾。这位富有开创性的俄罗斯哲学家和文学评论家米哈伊尔·巴赫金（Mikhail Bakhtin, 1895—1975）出生于奥廖尔（Orel），但却在维尔纳度过了他的童年和青少年时期，他从 1904 年到 1910 年一直生活在这里。巴赫金家族属于俄罗斯国家政府官僚中的上层特权阶级。[离开维尔纳后，他们全家移居到了黑海之滨的敖德萨（Odessa）。] 他的父亲是俄罗斯帝国银行在当地支行的行长。当地这些俄罗斯少数民族虽然遭到憎恨但却占据主导地位，结果，巴赫金感受了他们所占据的优势和带来的不便，并且几乎没有迹象表明他被直接卷入这座城市的下层文化或语言环境。

巴赫金没有留下关于他在维尔纳生活的任何描述。然而，根据他的兄弟尼古拉（Nikolai）的回忆，这座城市为巴赫金对世界的理解留下了一个明确的印记。给巴赫金写传记的一些作者提出，这位学者那些语言学对话和复调式叙事的文学表述与他在帝国时代的维尔纳度过的那段青春岁月之间具有直接联系。

> 因此，巴赫金青年时代的维尔纽斯就是关于语言异质性的一个确凿的例子，这种现象会为他的理论奠定基础。语言异质性，或者不同语言群体，文化和阶层的混合体，是一种巴赫金心目中的理想条件，这可以保证语言学和知识的永久革命，在一个现存的社会中防止出现任何一种“表述真理的单一语言”或“官方语言”的霸权，也可以反对僵化和思想停滞。事实上，在 20 世纪 30 年代的一篇名为《小说叙事的史前史》的论文中，他认为，古希腊时期的语言多元主义促进了希腊小说的发展，巴赫金描述卢西恩（Lucian）的家乡萨摩萨塔（Samosata）所用的术语也同样适用于他所知道的维尔纽斯。萨摩萨塔的当地居民是说阿拉姆语（Aramaic）的叙利亚人（Syrians），而

受过教育的精英则说希腊语，写希腊文。但萨摩萨塔是由罗马人统治的，他们有一个军团驻扎在那里，因此拉丁语是官方语言。由于该镇位于贸易路线上，因此也能听到许多其他语言。[36]

巴赫金兄弟就读于维尔纳的第一高级中学，这所学校位于俄罗斯总督官邸旁边已经倒闭的大学里的巴洛克式建筑中。在学校里，哥哥成了那些不守规矩学生的头儿，用他自己的话说，他们“在持续地紧张地学习知识，他们知道有成千上万的书需要读，有无限的东西需要学，但他们相信，当自己汲取了几百年积累下来的人类思想之后，他们能理出一条自己的脉络，然后转身成为创造者”。他们遍读了从马克思（Marx）到尼采（Nietzsche）的一切，崇拜莱昂纳多·达·芬奇（Leonardo da Vinci）和瓦格纳（Wagner），并模仿波德莱尔（Baudelaire）。“维尔纽斯小组之前的一名成员回忆道，‘他们偶尔会在夜间吃饭和畅饮，或者希望在吸食大麻中引发幻想，但更多的时候他们会漫步于维尔纽斯周围，就这样一直到天明，背诵诗歌并进行哲学思考’。”[37]

偏僻的维尔纳，它颓废的生命也印合当时的革命精神，最好被称为俄罗斯文化中象征主义运动所捕捉和推动。俄罗斯象征主义的主要倡导者于1898年至1905年在圣彼得堡出版了《艺术世界》（*Mir Iskusstva*）这本杂志，这本杂志将国民与国际大都会融为一体。谢尔盖·佳吉列夫（Sergei Diaghilev）是20世纪10年代在巴黎轰动一时的《戏梦芭蕾》（*Ballets Russes*）杂志背后的策划者，他主管这本杂志。佳吉列夫在艺术上最亲密的盟友之一是画家穆斯提斯拉夫·多布任斯基（Mstislav Dobuzhinsky, 1875—1957），他的生平传记与维尔纳有着密切的关系。

多布任斯基的父母不是一对传统的夫妻：他的母亲是一位歌剧演唱家，在与丈夫离婚后，将儿子留给了他。而他父亲这边，多布任斯基家族则来自一个古老的立陶宛贵族家庭。然而，他的祖父和父亲是沙皇军队里的高级军官。尽管如此，他们对自己非俄罗斯的族源没有表现出任何的羞耻。（在他圣彼得堡的家里，多布任斯基的祖父自豪地展示了波兰民族英雄的肖像。）多布任斯基的家庭展示了作为帝国侍从的那种典型的游牧式生活，他们跟随父亲派驻各种地方，从帝国的一个城市和地区迁移到另一个城市和地区。有一次，他的父亲驻扎到维尔纳，然后在那里退休了。

在1884年的复活节，九岁的多布任斯基第一次来到维尔纳拜访他的叔叔。这个城市给他留下了深刻的印象：

> 春天伴着它那温暖的蓝天降临在维尔纳。离开了几何图形般规整的、素朴的圣彼得堡之后，我突然遇到了狭窄弯曲的小巷，多彩的房屋，倾斜的红瓦屋顶被高耸的教堂塔楼和尖塔所环绕。我身边的一切都是喜庆的，充满温暖的阳光，空气中回荡着引人注意的，复活节庆典的回音。在这里，我第一次听到天主教堂的钟声。这不是我在访问诺夫哥罗德期间所了解到的那种漫无边际的，正统虔诚的嗡嗡声或是铜钟永远的回声。在这里，钟声如波浪般翻滚着，如庄严的凯旋般送入耳中。[38]

四年后，多布任斯基和他的父亲从圣彼得堡搬到维尔纳，在那里他毕业于当地的俄语高中。他于1895年离开维尔纳，前往帝国的首都学习法律。

在维尔纳，多布任斯基佩戴有他们螺旋形的民族身份标识。他们是当地忠诚于立陶宛的俄罗斯殖民者。在他的回忆录中，多布任斯基描述了这座城市打上俄国性（Russianness）烙印的方式。“我们郊区那一带被称为裴斯基（Peski），那里是刚刚开发的。大多数街道的路面已经铺好，但没有房屋，只有围栏，涂上了白色、黄色或奇怪的粉红色——这是维尔纳最流行的颜色。在空旷的街道岔口，已经贴上了具有（俄语）地名的标志：托穆博夫（Tombov）、雅罗斯拉夫（Yaroslav）、沃罗涅什（Voronezh）和科斯特罗马（Kostroma）街。贴这些地名的目的是为了把俄罗斯的烙印印在这座城市上，但即使在那时，这种强行俄罗斯化的过程也给我带来了极大的困扰。”[39] 俄罗斯本身对于多布任斯基来说仍然是一个谜：“在‘欧洲化’的圣彼得堡，以及信天主教的巴洛克式的维尔纳长大之后，我用陌生人的眼光打量着俄罗斯的城镇。”[40]

维尔纳的一条街道；穆斯提斯拉夫·多布任斯基绘制的明信片，约 1914 年。（明信片由 A. 库比拉斯提供）

多布任斯基的父亲曾梦想让他的儿子成为欧洲人。儿子想成为一名画家。1899 年，多布任斯基辞去了他在圣彼得堡的那种令人不满的官场职务之后，于世纪之末前往慕尼黑学习绘画，这两个愿望都实现了。在那里，他遇到了亚夫楼斯基（Jawlensky）和康定斯基（Kandinsky），这两位堪称是颓废艺术的总教父。在后来的几年里，多布任斯基前往其他现代艺术社交中心学习和生活：柏林、德累斯顿、巴黎和威尼斯。然而，他认为，在美学方面，他早期在维尔纳的生活与后来他对这些城市的了解一样都是令人长见识的：

> 维尔纳最优雅的教堂建于 18 世纪，在那里我领会了那个时代的精神。此外，维尔纳还保留了一系列不同风格的建筑，包括哥特式，华丽的巴洛克式和古典主义建筑（拿破仑曾临幸的总督官馆）。还有

一个令人愉快的晚期哥特式风格的圣安娜砖砌教堂——这座教堂在冬天被白雪所包围，它看起来就像剧院里的一件完美的装饰品。据说当拿破仑看到它时，因为不能把这件小巧的哥特式玩具带回巴黎而倍感伤痛。离开了心爱的圣彼得堡之后，由于沉浸到了维尔纳真正的艺术杰作之中，我的眼光和品位才得以有组织地继续提升。在这里，我开始意识到建筑比例的重要性，平坦而优雅的表面中兀立着一个旋涡花饰或带装饰的盾形图案［例如，在大教堂或圣约翰教堂（Saint John’s Church）里］，贝形装饰之美——最重要的是，我开始领悟到建筑是一首诗。[41]

因此，当这位崭露头角的艺术家在他的学生时代第一次去西欧时——在这种情况下，在德累斯顿——他“感到完全被故乡维尔纳那种熟悉的装饰包围了，在旧集市广场周围18世纪的建筑上，具有相同的洛可可式装饰和相同的平立面”。[42]数年后，在从慕尼黑到俄罗斯的旅途中，多布任斯基又短暂地造访了维尔纳。艺术家对这个城市的反应是一样的——纯粹的魅力：“一如既往，我心爱的城市令我感到高兴。每次出国旅行后——通常是在前往圣彼得堡的途中——我会习惯性地在中途停留，维尔纳，如果将它精致的巴洛克式建筑与其他城市的建筑进行对比的话，它从来也没有落过下风。”[43]对他来说，这也是一个画画的地方：

1903年夏天……我和妻子以及小女儿维洛奇卡（Verochka）一起回到了心爱的维尔纳。在这里，我混合了水彩画和平面设计的技术创作了一些新奇的画作。这些画的新奇之处在于我在技术上变得更加大胆：我开始提高眼光并增强我的构图感。

第一次在维尔纳，如果有人可以打折购买我学生时代的两到三幅画作的话，我就开始画粉笔画——一座庭院，院内满是箱子，还有一座突出的巴洛克式钟楼；彼得和保罗教堂那长长的空白墙壁，前面有一棵树，还有其他的小幅建筑装饰图案。我也试图画过树林，但大多数时候没有成功。

在接下来的几年里，我主要在维尔纳画画，我常常从圣彼得堡回来。并且我敢于在街上公开画画。为维尔纳作画是一件舒适的家务事，因为没有人在那儿骚扰我，除了风景如画的维尔纳“犹太区”里偶尔闻到的臭味——那是我最喜欢的地方——带有狭窄弯曲的小巷，拱形门户和色彩缤纷的小房子。当我讲完了绘画课时，那些通常挎着篮子靠近排水沟（rinshtok）坐着的犹太老商妇会告诉我：“下回再来我们这吧。”有一次我注意到有人用手从背后指着我的画说：“比例不正确”，我被一名艺术学校的学生训斥了。我要感谢他的建议。还有一次，当我在一处用于作画的空地上画画时，我听到有人说：“有第三位艺术家在这儿画画——这一定是个幸运的角落。”我转过身来，看到一位路过的警察在夸奖我。[44]

与巴赫金不同，对于多布任斯基而言，与维尔纳的这种亲密关系以及他从审美角度对这座城市的体察反而支持了他的世界主义观点。然而对于大多数俄罗斯人来说，这个城市仍然严重地激起了民族主义情绪。1870年，虔诚的保守派诗人费奥多尔·丘特切夫（Feodor Tyutchev，1803—1873）——这位俄罗斯早期象征主义的大师——宣称这座城市是俄罗斯精神的圣杯：“古俄罗斯的维尔纳 / 擦亮祖国的十字架 / 铜钟响起东正教之声 / 响彻在天堂之中。”[45] 然而在维尔纳，在1905年后的革命之后，当其他民族——波兰人、立陶宛人、犹太人和白俄罗斯人——开始称这座城市为他们自己的城市时，这种返祖而且仇外的观点开始逐渐得到强化。在1912年，拿破仑进攻俄罗斯失败一百周年纪念活动的标志是一系列庆祝和教育活动，还包括一场爱国主义游行，他们前往拿破仑大军遭遇惨败的那个山丘。[46]第二年，一座崭新的俄罗斯东正教神殿又得到了祝圣，用以纪念罗曼诺夫王朝三个世纪的统治。它的设计风格是传统的拜占庭——莫斯科大公国风格，建在城里现代化街区的制高点上，它的目的是想无声地镇住老城里天主教的巴洛克式圆顶。

维尔纳的圣卡西米尔小教堂。由J.布乌哈克摄的照片制作的明信片。（明信片由A.库比拉斯提供）

一年之后，在一场新战争开始时，维尔纳因尼古拉二世（Nicholas II）的到来而受到了尊敬。他是俄罗斯最后一位沙皇，到前线视察是他义不容辞的责任。在驻扎于该处的俄军部队里，伯纳德·帕雷斯（Bernard Pares，1867—1949）是一位英国的官方观察员，他跟随沙皇的军队随行人员前往维尔纳。帕雷斯于1914年10月8日——即军事行动开始六周后抵达该市——他惊讶地发现这座城市显示出对俄罗斯君主制极端忠诚的迹象：

> 沙皇对维尔纳的访问取得了巨大成功。他骑马通过这座无人看守的城市。街道很拥挤，他受到了最为亲切的接待。……除官员以外，这里的俄罗斯人不多。在战争开始时，不远处的敌军让人感到非常的焦虑。而现在有了一种恢复工作而且受到保障的氛围。大酒店和几座公共建筑物被改建成了医院，这里主要使用波兰语。沙皇探望了所有主要的医院，并与许多的伤员进行了交谈，分发奖章的数量很多，以至于供不应求。他还接待了一个犹太代表团并感谢犹太人在这个如此庄严的时刻对俄罗斯报以同情的态度。一般人可能会感觉到历史又翻

> 开了新的一页。在那些受过教育和未受过教育的波兰人中，大家普遍对沙皇报以热情。这就更加引人注目了，因为在任何情况下都不能在政治上将维尔纳视为波兰人的城市。[47]

帕雷斯对这个充满爱国情怀的维尔纳的描述可能是英国战时宣传的幻想，它将俄罗斯描绘成英国与德国作战时可靠的盟友。出生于美国，为伦敦《泰晤士报》（*Times*）工作的随军记者斯坦利·沃什伯恩（Stanley Washburn）也非常熟悉俄罗斯，就在同一天，他在前往前线的途中也路过了维尔纳。他对这座城市的感觉并不那么热情。“第二天早上（10 月 8 日）我们到达了维尔纳。我以前曾经六次路过这里，但从未在这里停留过。这座城市是俄罗斯最大的犹太城市之一，非常古老。由于没有任何兴趣，我在这里漫步了一两个小时就已经感到满足了，然后我回到火车上。”[48]

到了 1914 年冬天，成千上万的俄军正在穿过这座城市并开赴崎岖不平的前线，这条前线已经深入了德国领土之内。他们之中有一位战地记者瓦列里·布鲁索夫（Valery Bryusov，1873—1924），他是俄罗斯颓废派艺术和波希米亚生活方式最大胆的倡导者之一，因此在文学上很有名望。布鲁索夫诗歌中的文学形象包括了对性开放和性虐待狂的描写，这一点曾让公众感到愤慨。然而在他年轻时，这位诗人曾是丘特切夫的崇拜者，丘特切夫感伤并富有爱国情怀的诗歌被新一代的俄罗斯象征主义者重新发现。人们祝福俄军取得胜利，但面对战时的维尔纳，布鲁索夫（他完全了解丘特切夫的沙文主义）在描绘俄罗斯对这座城市的影响时使用了一种更加带有凶兆的语气。战争唤醒了对帝国统治的外来性的认识：

> 更常见的是维尔纳的街道
> 它们披麻戴孝。

战争的收获很大
而开放的地牢也赫然显现。

大多数情况之下，通常是在一个角落
在黑暗的教堂中，
在这出令人茫然的悲剧中她无助地坐下
一位母亲，姐妹或一位女儿。

战争像天上的惊雷，
让这可怖的世界颤颤发抖……
然而梦想仍然让这个奇迹般的孩子平静下来，
这是维尔纳的守护圣徒——卡西米尔。

那未曾描述的梦境，一如既往，
像往昔岁月的幻梦一般，
举起圣安娜（Saint Anna）的神龛，
显露出其石作最崇高的美感。

还有当地人忧伤的海洋，
这海里充满了怜悯和不幸，
巨浪在犹太区咆哮
也咆哮在俄罗斯胜利的尖叫声中。

《更经常》（*More often*）[49]

在这一年里，俄罗斯在东普鲁士的胜利变成了失败，一旦德军越过帝国的边界，维尔纳就变成了前线城市。1915 年夏天，随着俄军在波兰各

俄罗斯的维尔纳，约 1900 年。（明信片由 A. 库比拉斯提供）

省与德国作战的失败，俄罗斯政府突然在有关波兰（和立陶宛）的事情上找到了可供宣传的资本。俄军的最高指挥官尼古拉大公这位曾经离开过沙皇尼古拉二世的堂兄发布了一项声明，承诺在战争结束时恢复与俄罗斯结盟的波兰人的国家。尽管如此，多次被欧洲皇权出卖的波兰人并不热衷于相信俄罗斯的专制统治。尽管如此，在其关键军事盟友法国和英国的眼中，沙皇讨好波兰人的举动却免除了俄罗斯政权的罪责，就其地缘政治目标而言，英法两国急于抵制德国和奥地利，并力图将波兰所有的领土纳入其控制范围之内。

另一位英国记者斯蒂芬·格雷厄姆（Stephen Graham，1884—1975），用他自己的话说，是俄罗斯人的崇拜者，1915 年那个夏天他是在维尔纳度过的。据报道，在狂热的，受到军事化管理的日常生活中，他所目睹的这两个对手（波兰和俄罗斯）国家和对立（天主教和东正教）宗教之间迸发出的情感和尊重使他感到茫然：

我刚刚住进古老的维尔纳市，这座波兰人的城市如宫廷般气派，这里也是波兰许多古老贵族之家的故乡。而城里现在挤满了俄罗斯军官和士兵。军队沿着主街不间断地游行，当你向下看时，你会看到刺刀的尖刺像风中的芦苇一样挥舞着。晚上当你躺在床上时，你会听到士兵沉重的拖拖拉拉的脚步声。或者当你趴在窗口向外张望时，你会看到军车和携带枪炮的队伍足足用了二十分钟通过这里，或者你能看到来自七河（Seven Rivers）、伏尔加河（Volga）、顿河流域的哥萨克人踩在鹅卵石上，踩在泥浆里欢快地蹦着跳着。在革命爆发的年代，波兰人在看到俄罗斯士兵的时候会愤懑地咬着嘴唇，他们会低声地诅咒，握着左轮手枪冲出来并瞄准炸弹开枪。而今天他们却笑了，眼泪流在他们的脸颊上；他们甚至欢呼起来。谁能够想到，有一天能看到波兰人在他们自己城市的街道上为列队行进的俄军欢呼！

俄罗斯人得到了宽恕。他们现在是来解放斯拉夫人的，而不是像以前那样践踏他们。你进入一家餐馆，用俄语点晚餐时，你会收到微笑并受到特别的款待。只要是俄罗斯人就能成为朋友。而俄罗斯人的情感也发生了一百八十度的转变，他们觉得斯拉夫人民是如此的能干，他们对波兰人报以深挚的情感。据说，自大公尼古拉宣布声明以来，由于俄罗斯人想学习波兰语，因此对波兰语语法和词典的需求量变得相当高。就我而言，我立刻读到了这份宣言，（并且）决定学习一些波兰语，因为我知道波兰开始突然变得有价值了。

刚刚在维尔纳的神圣之门（黎明门）处见到了每天似乎都可以看到的非常感人的一幕。通道的上方是一座小教堂，它的大门敞开，里面展示一幅金碧辉煌并装饰着花朵图案的童贞玛利亚圣像。一边是一排铅制的管风琴管，另一边是一位神父。音乐飘荡在空中，伴随着燃香的味道和祈祷的声音。在狭窄、泥泞的道路下面，许多可怜的男男女女手里捧着祈祷书跪在地上。他们是波兰人。但不断走过这条通道的是俄罗斯的军队，他们没日没夜地走过这里奔赴前线。当每个士兵接近这里时，不管是军官还是当兵的，他都会举起帽子并穿过祈祷的人群。这很美好。在波兰之母的面前，让俄罗斯永远如此。[50]

这幅海市蜃楼般的民族和谐的画面里没有犹太人，他们也被斥责为俄罗斯和波兰的所有不幸之源。格雷厄姆指出，维尔纳最悲惨的景象是“一群贫穷，无家可归的犹太人”，敌人在前方攻城略地时他们被迫逃离家园，并“挤进城里，手里拿着他们所剩下的一切”。[51] 俄军的失败重新激起了民粹主义的反犹太情绪。“所有俄罗斯人似乎都能立刻通过他的相貌和举止来认出一个犹太人，所以他们对这种人的厌恶程度如此强烈。我认为就是这样，”据这位英国记者说，“这是由于在犹太人的性格中他们从骨子里最反对的东西恰恰是斯拉夫人最为珍视的，（例如）对快乐感的忽视，对物质财富的轻视，重视邻里之间的友爱以及神秘主义。”因此，尽管他们处境悲惨，地位被边缘化，但格雷厄姆肯定地认为，犹太人“对贸易的掌控，对西方主义的同情和对东方主义的蔑视，这些都在危及俄罗斯的理想”。[52]

格雷厄姆在犹太复国主义者希望建国的政治梦想中看到了对犹太人遭受异化这一问题的解决方案。“犹太人的困境在于波兰人得到了承诺，有些东西是属于波兰人的，但犹太人却没有得到任何承诺。”从长远来看，“战争的可能性之一是土耳其帝国的垮台以及叙利亚（Syria）从伊斯兰教的枷锁中解放出来”。在这样的结果之下，记者沉思道：“巴勒斯坦会真空化，或至少有资格成立新的政府。在我看来，为了建立犹太人将来的政府可以在巴勒斯坦做些事情。”这种激进的地缘政治计划可以通过新近重新制定的战后帝国世界秩序来得到保障，并且“一旦组建了一个（犹太人的）政府，犹太人可以选择放弃他们在各个欧洲国家的身份并且成为犹太国家的公民”。犹太人“将得到他们自己政府的财政支持和道义上的保护。如果他们愿意，他们可以及时在巴勒斯坦建立一个民主国家；如有必要，他们可以拥有自己的陆军和海军。这对世界来说将是一个巨大的祝福”。反过来，犹太人的国家会拯救沙皇俄国，从国家的羞辱中拯救俄罗斯和东正教的灵魂，因为“俄罗斯农民认为犹太人是被诅咒的，其主要原因是他们没有自己的土地。例如，当俄国人在波兰撤退时，我问了一个普通士兵其中的原因。他的答案是——‘犹太人背叛了我们……他们尾随着我们，而且无论在哪儿他们都出卖我们。’”[53]

除了地缘政治之外，德军进逼维尔纳这件事也给格雷厄姆的思想里灌输了魔鬼般的力量，唤醒了他描写死亡主题的创造力。格雷厄姆对这个饱受战争蹂躏的世界的未来前景感到困惑，但是他却用德语地名标记这座城市并抓住了当下时刻的时代意义。维尔纳到威尔纳的文本转换标志着俄罗斯的统治将于近期结束：

> 在威尔纳时我好几天都在雨中跋涉！我发现自己比以前更接近战争了。战争变得更加迫在眉睫，它创造并释放出了一曲充满思想和印象的音乐，所以我一直在不停地走着，就像坐在管风琴前的阿布特·沃格勒（Abt Vogler）一样。成千上万人走向冲突和死亡，战斗的音乐，战争的激情和狂欢的舞蹈，这些颜色和这些旗帜，这些徽章和这些标志，这些胜利和这些可怕的屠杀，对王国的征服，对古老神灵的贬斥，以及新国家的建立，在一曲充满激情而又骇人听闻的音乐中融入了灵魂。[54]

抒情诗人勃留索夫（Bryusov）也因维尔纳的战争而激动，但他是站在另一个优势地位来看问题的。这位俄罗斯象征主义诗人用一双流浪者的眼睛来看待这场命中注定汹涌而来的暴虐巨浪，他颓废的冷漠可能只不过是这位爱国主义者面对即将遭到毁灭的维尔纳时为了掩盖这种悲痛的一张面具而已。在肆虐的战场上如雷鸣般的进军中，这位诗人漫步在“俄罗斯古城维尔纳”的街头，他的内心满怀着不堪回首的乡愁：

再一次，我一个人——一个无家可归的漂流者，
然而呼吸却很容易。
现在，我饱受困扰的灵魂，
接下来会在何处游荡？

《在维尔纳》(*In Vilna*)[55]

第六章 德国的入侵

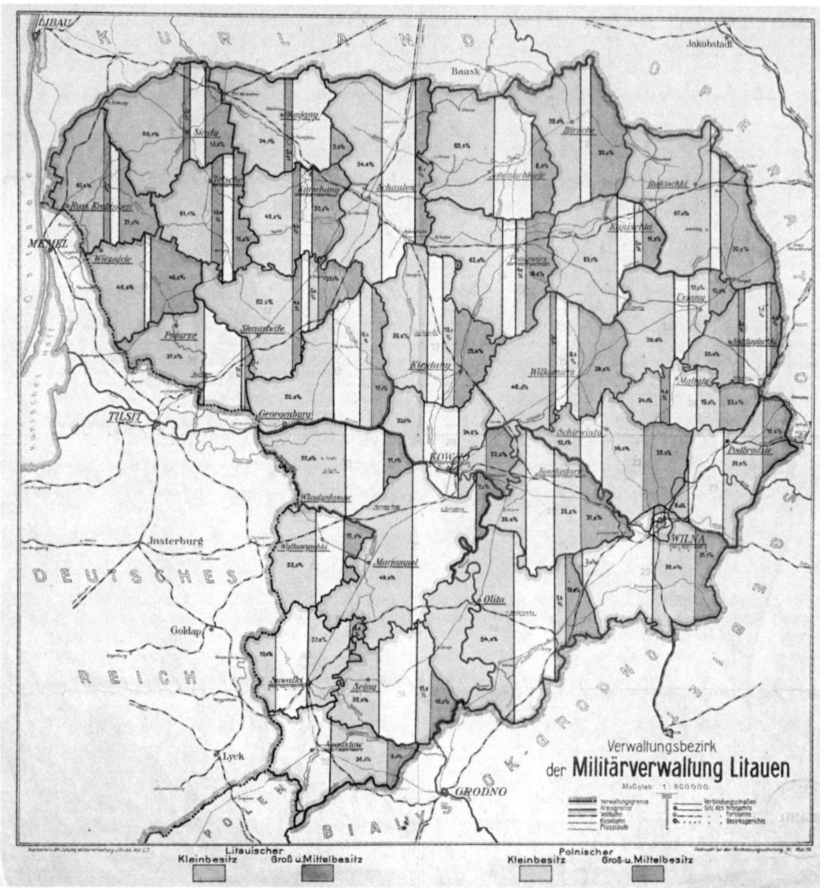

德国占领军设计的一张立陶宛的统计图，用以标示这个国家的民族构成，1918年。(维尔纽斯大学图书馆)

战争虽然具有破坏性，或者实际上由于其普遍造成的恐怖，战争业已成为一种唤醒人心的力量。它不是社会变革的刺激因素，而是个人想象力和内心的刺激因素，是通向新的活动领域的途径。

莫德里斯·埃克斯坦斯

根据犹太历，第一个德国哨兵于5676年提市黎月（Tishri，犹太教历7月）10日到达威尔纳近郊；遵循（俄罗斯的）儒略历传统，这一天是1915年9月4日，而遵循（西欧的）格里高利历，这一天则是9月17日。这一天标志着最为神圣的犹太节日的到来——赎罪日（Yom Kippur）。这一天标志着敬畏十日（the Days of Awe）结束，同时也开启了新的一年，人类的罪得到赦免，与上帝的和解再次得到重申。这不是一个欢乐的节日，而是一个斋戒和克己的严肃仪式，首先是参观墓地，最后是闭门(N' iloh) 祈祷。希伯来语N' iloh的意思是关闭，最初是在圣殿门闭锁时提到这个词的。后来，在圣殿遭到毁灭之后，这个词便获得了一个更为神圣的意义——关闭了天堂的入口。这是一年中标志人类命运的关键时刻。[1]

在赎罪日前夕，东欧的一个犹太小镇变得沉默起来，因为所有世俗事务都得推迟，人们期待着一个新的开始。持有维也纳文凭的作家约瑟夫·罗斯（Joseph Roth）将赎罪日仪式的场景与犹太人的葬礼进行了比较。“街上突然暗下来，因为窗口处的烛光灭掉了，百叶窗也慌里慌张地关上了——窗子关得是如此严实，以至于在人们的印象中这些窗子在审判日之前是不会再打开了。……为所有的死者点燃蜡烛。其余的蜡烛是为生者而燃的……死者离这个世界只有一步之遥，而他们又将在另外一个世界里复生。大型祷告活动开始。……从千扇窗户中惊闻到一声悲泣的祈祷，悲声中穿插着从天空传来的柔和、轻微而又超凡脱俗的旋律。”[2]

1915 年 8 月，“占领一座俄国政府管辖的城市——威尔纳”在这张纪念明信片上，德国占领这座城市的日期及其代表性的观点都是不正确的：威尔纳于 9 月被德国人占领，而且实际上，河堤延伸出去的方向与图中所示的方向相反。（明信片由 A. 库比拉斯提供）

1915 年，赎罪日的沉默和闪烁的灯光因为俄军撤退所造成的混乱和即将到来的德军而熄灭。维尔纳军区的参谋长是保尔·冯·兰宁康普夫（Paul von Rennenkampf），这位俄国将军是具有波罗的海德意志人血统的贵族，在 20 世纪初，他与德国和其他国际联军一起带领着沙皇军队在中国镇压过义和团运动（Boxer Rebellion）。在战争初期，兰宁康普夫这位新教徒在维尔纳唯一的路德教堂为沙皇的健康和俄军的胜利祈祷。这一次，沙皇的高级指挥部只能寄希望于推迟这件必然之事的发生：力争保卫立陶宛的俄军第十军根本不是德军第十军的对手，这支装备精良并与俄军番号相同的军队于 1915 年夏季向维尔纳发起了猛攻。

接到了适得其反的军事命令后，俄军的绝望是显而易见的，这些命令企图让这座城市从德国向前推进的地平线上消失。8月，维尔纳陷入黑暗，城市变得一片肃杀：街道照明遭到禁止，所有面向西方的房屋窗户全部遭到灯火管制。俄国当局禁止了街上所有的社交聚会和文化活动，也严格限制平民上街活动。无论如何，一旦德国人突破了防守不力的前线，随之而来的必然是一场惊慌失措的喧嚣。

> 当科夫诺（在8月底）垮台后，威尔纳的俄国人就准备撤离了。长期以来，街道上挤满了逃往东方的难民车。现在政府机构撤离了，官员和代理人们挤满了满是包裹和货物的火车站。他们带着自己那些象征着沙皇统治的纪念品和雕像。教区居民包围了教堂，以防铜钟被他们拿走。城市停止了活动，邮政和电话业务遭到中断。随着德国人的临近，很快就从三面听到了炮声。齐柏林飞艇（Zeppelins）飞过城市上空，在黑暗的街道上投下炸弹。撤退的俄罗斯人决定对进军中的德国人实行坚壁清野。在晚上，这座城市的外围燃起了熊熊的烈火，因为火灾“疏散”了铁路疏散不了的人口。政府试图动员当地所有的预备役人员，以防止他们的人落到敌人手里。而计划中的措施很快变成了恐慌。纵火焚烧宅地、农场和庄园，掠夺、抢劫并以武力驱赶人民。1915年9月9日，陆军长官下令所有18岁至45岁的人都要与军队一起撤退。一场疯狂的搜捕开始了，当地人和逃兵躲藏或逃到树林里。被警方抓获的人被送往接收点以便运走。齐柏林飞艇加强了轰炸，炸毁了火车站，随意抛掷的炸弹意味着一切的结束。最后的俄军军团和哥萨克人从一个似乎已经死亡了的城市中跑出来。在德国兵到来之前的那段梦幻般的时间里，当地人组织起了民间委员会和警察民兵，也办起了报纸，生活又慢慢开始恢复了。当桥梁被炸毁时，沙皇军队就以这样的爆炸声作了最后的告别。[3]

9 月 19 日凌晨，随着最后一批俄军士兵逃离这种城市，120 年的沙皇统治落下了帷幕。在这短暂的一刻，当地居民接管了这座城市，直到德军开始夺取战利品为止。

德军的高级指挥官像 1812 年的拿破仑一样，将夺取威尔纳设想为一种战略上的胜利。根据埃里希·冯·鲁登道夫（Erich von Ludendorff）将军的说法，"决定性地击溃俄军"这一事实结束了可能会发生的战争。[4] 尽管柏林对前线寄予了厚望，但德军在东方阵线的推进却没有带来和平的前景。1915 年年底，德俄战线在立陶宛的北部和东部的边缘稳定下来，这让威尔纳成了一个边境上的城镇。

德国人占领了俄罗斯帝国的西北（Severo-zapadnyi）地区，并把这里划归为东北（Ober-Ost）地区的领土。在边境线以内，当时被任命为东方阵线参谋长的那位失败的军事战略家鲁登道夫则专注于德意志伟大的"文明工作"。将军写道，"单调的堑壕战"，"与在工厂里做工相比，对这些士兵是一种舒适的放松。我同情这种感觉，并很高兴能找到一个为祖国服务的新领域。一件非常刺激的工作落到我肩上，它吸引了我的全部注意力。我们觉得，即使是在一片陌生的土地上，我们也依然在为德国的未来而努力"。[5]

在立陶宛，在德意志民族所受的磨难中激发出来的英雄之光的照耀下，鲁登道夫看到了祖国的未来。在这种观点的启发下他发生了转变，他在科夫诺建立了东北地区的军事指挥部，而且持一种宏大的历史观，将科夫诺看作德意志文明的杰作：

> 在涅曼河更远的岸边，耸立着一座古老的德意志城堡的塔楼，它曾属于条顿骑士团，是德意志文明在东方的象征，距离它不远处则有一座法国征服世界计划的纪念碑——拿破仑曾在 1812 年站在那座山上，看着他的大军越过河流。

我思绪万千，脑子里满是历史的记忆；我决定在这里恢复文明的工作，德意志人曾在这片被占领土上劳作了数个世纪。这些混居的民族永远不可能自愿地干成任何事情，他们给自己也留不下什么，而且还会屈服于波兰的统治。……似乎可以保证一个繁荣而美好的未来对我们的祖国敞开。[6]

比起让这块地方满足帝国目前的需要来说，将德国未来的繁荣与被征服领土的历史联系起来这项工作则更为成功。尽管历史和地理位置相近，但在德国官员看来，东北地区仍是一块无名之地（terra incognito）：

由于战争的原因，该国正处于遭受破坏的状态，只有在我们占领过一段时间的那些地方才有秩序。……除了德意志人这部分之外，其他人口都是与我们隔离的。在德统区，波罗的人（Balts）尤为欢迎我们的军队。拉脱维亚人（Letts）是机会主义者，他们在等待着什么大事的发生。而立陶宛人则认为得到拯救的时刻即将来临，但当他们预期的美好时代没有来临时，由于残酷的战争所造成的紧急状态，他们就再次变得疑虑起来，并转而反对我们。波兰人是满怀敌意的，因为他们很有理由担心我们支持立陶宛的政策。白俄罗斯人（White Ruthenians）是没什么价值的，因为波兰人剥夺了他们的国籍，但反过来什么也没有给予他们。在1915年秋天，我有了一个想法，我愿意了解一下这个民族的分布情况。起初，他们确实没有被发现。随后我们发现他们是一个广泛散居的民族，而且他们显然是源自于波兰民族的，但他们的文明水平是如此之低，或许在将来很久以后我们才能为他们做些什么。犹太人不知道要持什么态度，但他们没有给我们带来任何麻烦，至少我们能与他们进行交谈，这对波兰人、立陶宛人和拉脱维亚人来说几乎是不可能的。语言障碍确实对我们有严重的影

威尔纳：从城堡山上俯瞰。（明信片由A. 库比拉斯提供）

响，但也不能过高估计这种影响。由于缺乏关于这一研究对象的德文参考文献，我们对这个国家或这些人民知之甚少，我们发现自己处于一个陌生的世界之中。在这样一个面积等于东普鲁士、西普鲁士、波美拉尼亚（Pomerania）和波兹南（Posen）之和的地区，我们面临着一项令人震惊的任务。我们必须重新构建和组织一切。

与过去一样，被征服领土的重组始于掠夺，用鲁登道夫的话来说，“尽可能有条不紊地进行，但是一定程度的混乱是不可避免的”。[8]但是，不应该把这种混乱归罪于德军命令的不恰当性或低效性，而应归咎于“由于战争的迫切而造成的可悲境地”。然而，“对于遭受损失的个人来说，如何丧失个人财产是一件无足轻重的事。个人对于战争的必要性一无所知，因此我已经准备好谈论敌人野蛮的战法了”。[9]

虽然占领科夫诺带来了荣耀的梦想，但威尔纳却对他们提出了挑战，因为“仍有需要克服的超常困难”。[10]这些困难主要不是因为德国无法控制战争的紧急战况，而是来自这座城市令人费解的地理位置。在科夫诺和威尔纳之间的某个地方，作家阿尔弗雷德·布鲁斯特（Alfred Brust, 1896—1934）在占领军队中任职，当他抵达立陶宛时他注意到，“西方和东方之间教条主义式的隔阂变得毫无意义，一切东西——宗教、语言、文化、民族、历史和建筑风格——都在这里交织在一起了”。[11]德国东北地区的新闻检查员理查德·戴默尔（Richard Dehmel）称，科夫诺“与东普鲁士省的城镇差别不大……而且这座城市的全景让人想起威尼斯的一处潟湖，而非莫斯科或彼得堡。只在威尔纳才开始有真正的俄罗斯文化，这座城市有一百座教堂和一千家青楼。但即使如此，那里仍是立陶宛人和波兰人的精神王国”。[12]

据俄方统计，维尔纳在战前就有近20万居民，其中大约百分之四十是犹太人，波兰人占百分之三十以上，俄罗斯人占百分之二十左右，其余则由立陶宛人、白俄罗斯人、德意志人和鞑靼人这些少数民族组成。在1915年春天，一旦德国的反攻开始，这里的人口状况就发生了戏剧性的变化。虽然大多数俄罗斯人撤离了这座城市，但却有来自立陶宛乡村的数千名难民涌入。许多难民是犹太人，他们被迫依照俄罗斯当局的命令离开自己的家园，他们成为潜在的“同情敌人者”。

德国最初以三种语言宣布对威尔纳的占领：德语、俄语和波兰语。占领军司令普菲尔（Pfeil）将军大肆宣扬沙皇暴政已经结束：“德军在威尔纳这座波兰城市的领土上把俄军赶走了。德军的几个师开进了这座著名的传奇之城威尔纳。这座城市一直是波兰王国的一颗明珠……而德国则是这个王国的朋友。”[13]第二天，普菲尔接受了立陶宛人和犹太社区代表的造访，他们反对德国将这座城市安置在波兰境内。代表们解释说，威尔纳是一座操多种语言的城市，它是立陶宛的首都，其主要人口是犹太人。于是将军之后就把多语制确立为一种半官方的制度。由于德语取代俄语成为官方通用语，新政府也承认其他语言可以公开使用：波兰语、意第绪语、立陶宛语和白俄罗斯语。

为了弄清这个地方的民族分布情况和未来的前景，德国人通过人口普查开始了他们的统治。根据母语原则，他们共统计了 140840 名居民，这些人分为几个语言使用群体，操波兰语的人（占百分之五十）和操意第绪语的人（占百分之四十四）占据最大比重。同时，操立陶宛语、俄语和白俄罗斯语居民的人口不到百分之十，俄罗斯人的人数下降幅度最大。在这个城市的平民中也发现了大约 1000 名德意志人（占不到百分之一）。该市的宗教信仰反映了各种族间的隔离，其中半数以上的居民是天主教徒，百分之四十三的人信仰犹太教。此外，还有一些信希腊东正教和新教的少数民族。[14]

统计数据显示，这种人口分布对柏林并不是有利的。在占领区的人民中，德国人明显偏向立陶宛人，他们认为立陶宛人的政治和文化活动较少，因此更能顺从德国人的权威意见。虽然帝国政府计划建立一个附庸性质的立陶宛公国，但鲁登道夫说出了他的担忧："波兰贵族会进入任何一个维尔纳王子的朝廷，然后军队里的军官就会有波兰人，大多数的文官也会是如此。"因此，只有"普鲁士的德意志人可以为立陶宛人维持立陶宛的存在，并能提供军官和文官，立陶宛人里选拔不出足够的文武官员。能够独立存在的国家不是由政治流行语产生的，即便是小国也是如此。因此，我对不明确的解决方案并不满意，这对德国的未来似乎是非常危险的"。[15]

这种对城市政治的未来所给予的强烈关注并没有给现在的居民带来任何缓解。德国政府在立陶宛推行食品征用令，并让城市居民承担沉重的徭役。随着食品供应量的减少，一波又一波的流行病席卷了整个城市。为了防止疾病的蔓延，军方通常进行闭市，并下令对商店进行消毒。他们还禁止葬礼游行并"强迫每个人接种霍乱、麻疹等疫苗，禁止人们更换住所，最后登记和检查妓女"。[16] 尽管如此，这些措施却未能挽救这座城市：

> 俄罗斯人遗留下的霍乱于1915年11月得到了根除；但这16个月所造成的身体虚弱又导致了伤寒的流行，从1917年开始一共肆虐了9个月，并在一段时间还伴有痢疾发生。那年夏天，维尔纳几乎没有一所房子没有出示红色标志，警告市民瘟疫已进入那里。发生紧急情况后通常需要等待两到三天，然后才能叫救护车把他们转移到隔离医院，而且在很多情况下车来得太晚了。人们不得不排队等候使用棺材。灵车无法满足需求，所以棺材沿着人行道码放，等待前来收棺的货车。维尔纳变成了一座死城，那些仍然能动的人觉得他们只是一群鬼魂。[17]

在打扫这座城市里俄罗斯人遗留的地图和地形上的“遗物”方面，德国政府则更为成功。大多数街道名称都从俄语翻译成德语；但奇怪的是，穆拉维耶夫广场（Muraviev Square）却改成了拿破仑广场（Napoleon Platz）。俄罗斯东正教的圣尼古拉教堂（以前的圣卡西米尔天主教堂）则被改建成了新教的圣殿，以便满足德军第十军的精神需求。沙皇尼古拉二世在战争初期曾在那里祈求上天的祝福——而威廉二世（Wilhelm II）皇帝在1916年夏巡视俄罗斯阵线时也做了同样的事。

尽管德国人靠近前线，而这里具有多民族的人口和不确定的未来，但他们很快就将这座城市称为自己的城市了。对于当地媒体的语言多元化政策，德国军方指挥部也增设了自己的报纸《威尔纳人时报》（*Wilnaer Zeitung*）。该报的第一期于1916年1月20日出版，标题是《黑山（Montenegro）的投降》。然而，这一期的头版文章则简称为《德意志的威尔纳》（*Das deutsche Wilna*）。

《威尔纳人时报》是占领期的产物，由第十军出版，目标读者是驻扎在市内及周边的德国士兵。在其版面上，军事新闻里很容易融入平凡的市民故事，当地的德国、犹太、波兰和立陶宛的戏剧评论所占的版面与德国军队战略进展的报道所占的版面相同。该报每周都会发布威尔纳火车站的列车时刻表——这表明该城市是一个将德意志祖国与东部前线连接起来的重要交通枢纽。1916 年 3 月，该报开始发表一系列连载文章——这些都是城市日常生活的小插曲——其标题为《漫步威尔纳》(*Wanderstunden in Wilna*)。编辑解释说，这些小插曲是为那些处于休假期的德国士兵写的，他们渴望更多地了解这座城市。他们每周出版一次，最初采取短期导游的形式，将这些四处漫步的士兵带到当地的旅游目的地：大教堂，各类教堂，犹太区或市外更有趣的郊区。几周之内，这些未署名文章的语气和格式发生了变化——从具有指导性和描述性的报刊片段变成了纯文学写作的范例。

《威尔纳人时报》的协理编辑是文化及文学评论家保尔・奥托・海因里希・费希特（Paul Otto Heinrich Fechter），他于 1914 年撰写了第一本关于作为艺术运动的表现主义的书。费希特于 1880 年出生于普鲁士西部城镇埃尔宾（靠近福斯特的家乡），他的原生家庭是一个与立陶宛有着密切商业联系的木材商人家族。像当时许多有才华的人一样，他被柏林这个德意志帝国的繁华首都所吸引，他到那里学习建筑、数学和物理。26 岁时，他完成了关于辩证法的哲学博士论文。然而，费希特脑子里想的并不是什么学术生涯，他转向了富有创意的新闻学，成了一名连载文章的编辑，他首先在德累斯顿工作，后来又去了柏林。费希特在现代戏剧和文学方面撰写了大量文章，作为表现主义的早期倡导者，他完全被快速移动的城市景观和大都市的生活经验所吸引。[18]

在战争期间，费希特没有积极地参与军事行动，但他对现代战争并非没有深入的了解。他的弟弟汉斯・费希特（Hans Fechter）是德国帝国舰队的首批潜艇驾驶员之一。作为《威尔纳人时报》连载文章的作者，费希特极大限度地发挥了他的创造性写作手法。军事报刊所要求的宣传鼓动性和严厉的审查并没有提供多少回旋的余地：他很好地利用了自己在表现主义艺术，现代戏剧和精致文学方面的知识。然而，富有想象力的费希特在《漫步威尔纳》的文学叙述中找到了一块小小的乐土，在那里他可以将大都会漫步者的文艺情感与军事事务所要求的限制性主题相结合。这些城市小插曲都收录在一本指南中，并由该报以相同的标题出版。这本书是由保罗·蒙蒂（Paul Monty）撰写的，这是费希特（Fechter）使用的英语化名。这本书又有后续的三个版本——最后一版于1918年在德国占领期结束时发表——并且得到了东北地区军事指挥官的正式认可。

蒙蒂（或费希特）将他在威尔纳的旅行作为一种逃避军事责任的方式，但具有讽刺意味的是，这却可能开始另一种更为彻底的征服：

> 在这个世界上，只有少数几个霸王和将帅才有征服外国城市的权利，但如果能玩转漫游的艺术，每个旅行者都可以成功地征服那些不知名的城市。如果这位旅行者是一位聪明的战略家，他肯定会在冒险进入一座陌生城市之前查阅各种地图和编年史。如果这位旅行者是一位艺术家——并且将漫游当成最自由的艺术形式的话——他会从一个完全不同的角度走进这座城市。城市漫步者会毫不犹豫地让新鲜空气引导他穿过遥远城市里的陌生街巷。这种旅行方式或许会攻破任何一种防御工事。对于旅行者来说，幸运的是，我们的老威尔纳永远都有微风，这为那些总在街道和广场上闲庭信步的人们创造了完美的条件。[19]

他用在威尔纳的这种经历讲述了一个未实现的关于现代和青春的故事，这是这位德国士兵的外在属性。这本指南声称，“城市的历史是不能通过编年史和书籍来概括的。一个地方的自我表现能最为明显地体现出这个地方的年龄。现代城市的功能是由其所经历的历史考验和当代的活力所决定。如果一张人的面孔反映一个人的生活和命运的话，那么在这个地方的总体布局中就可以看出这座城市的特点。”这本指南的作者继续写道，“威尔纳的地图看起来像一位老人的脸，他可能经历过漫漫人生之旅，但却从未真正体验过生命中最重要的关键时刻。”[20]作者说，这种古老的地图揭示了一种回归历史的模式：

在威尔纳闲逛的德国士兵，1916年。（明信片由A. 库比拉斯提供）

> 与许多其他古城一样，威尔纳经历过许多毁灭性的火灾。首先，它度过了这么多困难的时期；其次，这里缺乏富有天赋的领袖，这些都会阻碍城市的全面复苏。这就解释了这座城市那张衰老的、满是皱纹的面孔是如何而来的：由于没有总体规划，每栋房屋都是在不考虑其他建筑的情况下建造的，因此一条直线就变成了曲线，随着时间的推移，又因为这里的丘陵地貌，这些曲线又演变成一张网。看看威尔纳，罗马那些老街交织成的迷网则显得连贯而富有理性。[21]

蒙蒂继续写道，“这是一副扭曲的城市骨架，其弯曲的街巷和扭结在一起的车道并没有明确地划分出街巷的层次”，因此，它没有“一个能调节其日常生活的心脏”。总之，“这幅城市地图上需要一个切口”，要有一种激进的市政规划手段将现代欧洲的活力注入年迈的威尔纳那些堵塞的城市动脉中。

城市的重建必须首先拆除旧城里那些蜿蜒的窄巷，并扩大其主干道。应该铺设新的林荫大道，需要重新开发了无生气的城市广场；也应该对当地那些肆虐的河流加筑堤坝，必须驯服这种张牙舞爪的洪荒之力。最重要的是，这个城市里应该设立火车站——这是德国战争机器中必不可少的一环。为此，“应该整饬并扩大那些弯曲的老街，以便火车站可以直接进入市中心。这条鲜明的裂缝会创造一条城市的中轴线，这可以立即将地图与城市的功能协调一致”。蒙蒂以讽刺的语调表明，传奇般的现代城市设计师，“巴黎大道的缔造者豪斯曼（Haussmann）男爵也许会找到很多鼓舞人心的工作”。但是，在现代转型期那一神奇时期到来之前，威尔纳的游客“将不得不忍受当地几乎完全没有规律的街道，因为只有接受这里过时的城市布局才能漫步于这座难以理解的城市迷宫之中”。[22]

蒙蒂自己承认，按照这种逻辑，旅行者将不可避免地发现自己漫无目的地漫游在无法辨认的迷宫中。“在许多城市，人们可以通过记住街名并注意到它们之间的地理关系来给自己定位。但威尔纳并非如此，游客必须多次穿过同一条街才能将其与其他街道区分开来。”[23]此外，虽然城里有许多在春天看起来非常迷人的“大小广场，但却没有能够统一城市生活的主广场。所有这些广场就像城市里弯曲的街道一样，其布局都是随意而为的，并且没有任何明确的公共功能”。例如，威尔纳没有一个相当于“希尔德斯海姆（Hildesheim）的集市广场（Marktplatz），或德累斯顿的老市场（Altmarkt）或佛罗伦萨（Florence）的露天市场（Piazza）”的地方。“威尔纳巨大的大教堂广场”是一片看似无垠的广阔区域，一面被城市所包围，另一面却通向荒野。“它甚至不是一个广场，而是一处荒野公园，是一条通往城堡山的绿色隧道，并将城市与周围的私家花园融为一体。”[24]自然世界的侵入终止了现代所有的活动；因此，“威尔纳的广场还没有跟上当代城市那种进步的节奏，这些广场上仍然到处是一副了无生气的样子”。[25]

蒙蒂指出了一个过客所发现的东西与进入这个迷宫中的人所发现的东西之间的区别。“任何从周围的山丘或一些高楼上（如从火车站附近的高级军营）俯瞰这座城镇的人，”导游说，“可以看出威尔纳是一个大城市。在前往更重要的目的地的途中，许多旅行者只在这里停留了几个小时，他们只看到了一座街道铺设不佳的贫穷的外省城市。这种令人沮丧的第一印象打消了探索这座城市的任何欲望。但只有当置身于蜿蜒曲折的地形之中，才有可能发现这座城市里五彩缤纷的生活。”[26]因此，蒙蒂请旅客们当一回漫游者，并将他的文字用作可能会有趣的城市地图。换句话说，在缺乏好用的地图或现代地形特征的情况下，只有通过毫无目的的漫步，才能在威尔纳发现现代生活的进步精神。

因此，作者的目标受众，以及那些潜在的“实践者”，那些按照他的建议能够实地进行城市旅游的人，就是驻扎在威尔纳及周边的前线士兵。该指南不包含实用的旅游信息，例如关于住宿、食物和交通的具体细节，因为士兵不需要这些知识。他的住宿和食物由军方提供。第十军的同一出版社还出版了其他一些德语读物，这些书刊专门关注这座城市的建筑和历史景观，并强调了这些与条顿文化的关系。[27]相比之下，蒙蒂试图通过一系列无目的并且表现内心感受的短途旅行让他的读者们熟悉威尔纳，在这种旅行中能有更大程度的个人自由和想象力。

随着战争变得更加残酷，突破了文明的、和平的、熟知的世界那种附近的环境，用历史学家埃克斯坦斯（Eksteins）的话说，德国士兵将逐渐脱离他们故乡的文化氛围而变成边缘人。“作为破坏和再生，死亡和重生的代理人，士兵倾向于将自己看成是‘边疆’人，看成是推动变革，引领新生活的圣骑士。他是一个旅行者，按顺序旅行到了存在的极限，在外围，他以一种独特的方式‘生活’在无人区的边缘，在正常范畴的边

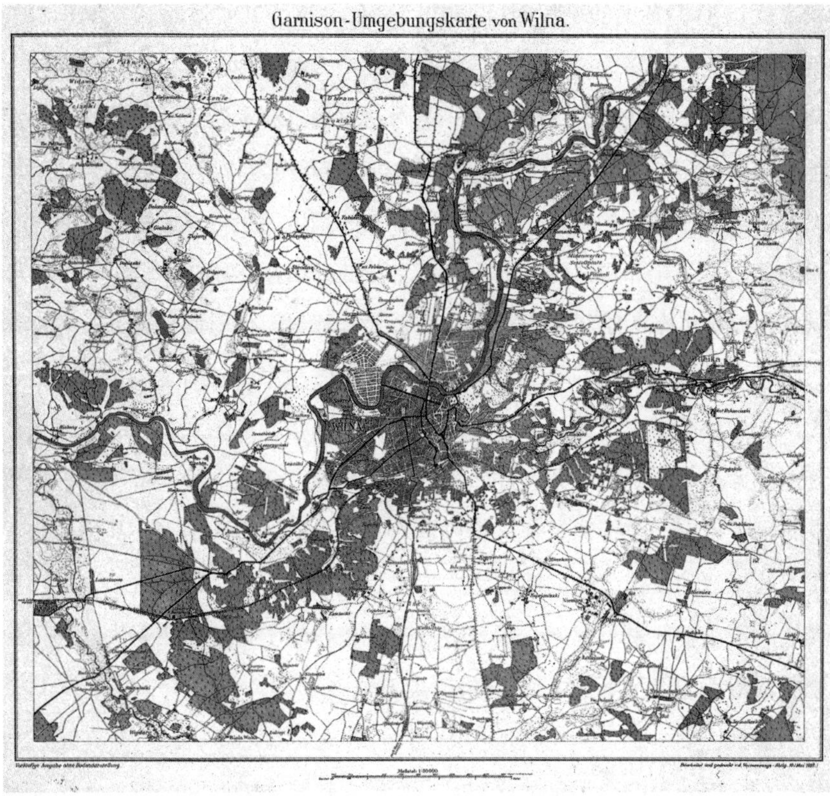

一张威尔纳及其周边地区的规划图，图中标示出来的是横贯这座城市的主干道，1917 年。(立陶宛国家博物馆)

缘。”[28] 在东部战线上，士兵的这种“边疆人格”被一个简单的事实所强化，即他是一片奇怪的，陌生土地的征服者。这名士兵不仅走到了人类世界的边缘，而且他所前往的还是德意志世界的边界。在这里，在被占领土上，要求他成为一位先驱，一位德国文化的旗手。由于缺乏理性的空间规划和作为大都市的经历，用蒙蒂的话来说，威尔纳只是“说出了我们的情感”[29]，具有讽刺意味的是，这使得这座城市成为测试德意志祖国和文化所达极限的理想之地。

蒙蒂透露了他对这个地方的真正兴趣和详细认识；据推测，他在这座城市度过了相当长的一段时间，并且完全习惯了其“过时的空间理性”。可以说，他的认知，以及更重要的是，他个人对当地文化、宗教和历史复杂性的尊重，这些使蒙蒂变成了一名对这座城市充满激情的崇拜者。在整个威尔纳的引导性叙事中，他经常将这座城市称为“我们的城市”。可以把这个使用所有格的术语解释成一种熟悉的暗示，也可以解释为一种统治权的信号。第十军是一支好战的部队，其长长的战壕防线跨越了 1915 年秋末在城市以东冻结了数百千米的俄德北部战线。但与西部阵线上的德国野战军形成鲜明对比的是，第十军也是一支占领军，它肩负有全部行政职责。正如鲁登道夫所说，第十军的士兵，特别是其高级军官，有着双重的爱国义务：与敌人作战并在此殖民，也就是说，要将占领区德国化。所以在某种程度上，蒙蒂通过他这本颇具新意的指南试图让德国士兵适应殖民统治的想法和做法。他的威尔纳之旅把前线作战士兵的军事责任与城市观光的文艺乐趣联系了起来。蒙蒂教导这些旅行的士兵如何在不失去强烈的德国认同感的情况下进入城市的未知空间。

对这座城市的介绍是从火车站开始的，这是一处受到严管的人员流动的地方，但允许人们不留姓名地到达这里和离开这里。在这里，用蒙蒂的话来说，“战争与和平融合到了一起”，无论是这座城市还是那些“从国外来到这里”的人，都没有获得一个带有其归属地所赋予的可识别标志的身份。[30] 火车站是一个流动的地方，“一个巨大的候车室，每个人都是离开了自己祖国和家庭的依附关系的旅行者”。[31] 然而，这位德国士兵并不是一个自由的旅行者，因为他的行动能力是由战争变动的轨迹而决定和约束的。“战时旅行者不是一个个体，”该指南的作者提醒道，“但他是一个物体，一件有生命的货物，在日常生活中他被迫隐藏了自己跟国内的所有关系。”[32] 是前线而非城市生活在支配着火车站里的日常活动：

维尔纳火车站的候车大厅，1916 年。(立陶宛科学院图书馆)

> 威尔纳的火车站就像任何一座战时火车站一样——这里的一切都是为了战争的需要。这里没有任何一点混乱或无序的迹象：军用和民用列车总是准时到达并离开。火车向两个方向飞奔：向西则朝向家园，向东则朝向新的战场。火车站并不完全属于这座城市，因为它符合了这台管理全世界的巨型战争机器的操作准则和规程。[33]

在往来旅行的下级士兵的眼中，车站里发条般的节奏依然掩盖了战争的一触即发性。候车室、火车时刻表、售票员、自助餐、取行李处以及其他一切使火车旅行成为可能的事物，这些使军人乘客和平民乘客都感到舒适。在车站，所有年龄段的男男女女都在来来往往，德国官兵似乎与当地农民和文员自由交往。车站是一个无人区，但与前线相比，它似乎又是属于每个人的。最后，在蒙蒂看来，在这个战争与和平交汇的空间中，“个人的命运交织到了一起”，但这只是暂时的，然后就各自分开了。[34]

最初，这座城市对旅行者的命运和目的地的影响是微乎其微的，只有“在车站外，才真正开始进入这座城市”，士兵才能完全进入他自己的家庭生活中。蒙蒂观察到：“在火车站，旅行者是无家可归的；而在站外，他就立即看到登载他的新住所的广告。这座城市迅速将他抓住并带走了他。从现在开始，旅行者不必搜寻任何东西——他只需要跟从。在车站的候车大厅把即将启程的士兵带回战争之前，这座城市完全控制了他的命运。”[35]

在火车站外，威尔纳成了一座既无名又无个性的城市，一个与德国没有明确联系或与士兵没有直接联系的地方。但随着每次新的遭遇，士兵又为这座城市无名的面孔上增添了新的特点。威尔纳开始渐渐地变得像家一样。

蒙蒂带着他心里那张大陆分界的地图来到陌生的威尔纳。他到处都发现了远离欧洲的迹象。在俄罗斯大地，在这片预想中的亚洲空间和东方街区里，他很快就发现了当地独特的传统、习俗和建筑细节。甚至在当地，现代性所留下的烙印都带有一种与众不同的，非西方式的特征。林荫道般的格奥尔格大街（Georgsstrasse）旁边新近铺设的卢奇什基广场（Lukischkiplatz）是一个“典型的俄罗斯荒地，与周围的建筑之间没有任何明确的关系”。而坐落于这个城市现代购物区里的格奥尔格广场（Georgsplatz）则“缺乏建筑架构的一致性和欧式的空间秩序感”。[36]

只有经过仔细辨认，这座城市才能显露出它与祖国之间的亲密关系。例如，哥特式的圣安娜教堂，以其建筑中“只有在德国南部的教堂中才能发现的那种活力”[37]而让这些德国游客感到愉悦。从城堡山往下俯瞰，游客所见到的如画般的风景虽然不能明确地唤起，但是大概也能唤起人们记忆中的那些“德国著名诗人”[38]抒情性的篇章。而在维尔纳老城里那些狭

威尔纳劳工住房展览会，1916 年，正如海报所示，有五种语言受到威尔纳德国当局的认可并用于公共场合——德语、立陶宛语、白俄罗斯语、波兰语和意第绪语。（立陶宛科学院图书馆）

窄蜿蜒的，铺着鹅卵石的街巷里漫步就仿佛是青年们在德国“小大学城”的街巷里探险一般，可以通过一种令人熟悉的学生口吻来概述这些。[39] 主要是通过这些德国中产阶级所著的有关地理空间和传记的参考文献，威尔纳那种令人难以理解的空间结构才变成了亲善的、谦卑的，最终被驯化的存在物。这些显露出来的，碎片化的，熟悉的地形让流离失所的德国士兵感到这里与祖国在地理上是临近的，在这种情况下，这座被占领的城市才给予人们一些关于那种田园诗般的德国生活的暗示。因此，蒙蒂发现威尔纳是位于“家园与外国之间”（“zwischen Heimat und Fremde”）的。对于前线士兵来说，认识到威尔纳的这种混搭的特性是他们学到的第一条也是最重要的一条经验：

当一名士兵从战区返回城市时，他与世界和人民的关系会经历巨

> 大的变化。如果士兵直接从前线回来，在那里他过着如同在森林里生活一般的原始生活，那么他是不可能快速适应城市生活的。在前线，士兵的脚已经习惯了沼泽地和泥泞的地形，但在城市里，他会踩着坚实的街道路面。士兵需要重新掌握一种不紧不慢的速度和节奏以便参加各种街头活动。在这种情况下，诸如行走之类的平常行为都会成为一种特殊的行动。
>
> 但如果命运将这个身处前线的人带到威尔纳，他就需要学习别的东西：他必须要掌握如何在这些狭窄的通路里穿梭。威尔纳的主街与欧洲各地的街道类似：人们在宽阔的人行道上散步，这些人行道能将街道与建筑物清晰地隔开。在德国，我们将街道的这一部分称为步行道（Bürgersteig），因为我们几乎忘记了它还有另一个（法语）名字——Trottoir（人行道），人们也把它叫作 Trittoir（人行道）。但是如何用德语或任何其他外语来描述我们城市里这种不文明的人行道呢？用什么术语可以解释沿着排水沟铺设的这条狭窄的木板呢，当你踩上去的时候它就不断发出吱吱声并在你的脚下移动：它会突然翘起来然后完全沉到泥浆中。当然，这个跷跷板很少会完全属于某个人——所有的行人都非常热衷于使用它。所以，一场迷人的舞蹈就伴随着不断的新动作在这块板子上开始了：首先你要跳到板子上，然后它会把你翘起来，然后再扭曲并反弹，你要试图保持平衡。这不是散步，而是四轮舞。[41]

掌握街巷的布局对于找到通往城市中心的道路至关重要，因为在威尔纳“有一些秘密车道和通道只有本地的居民才熟悉。这些私密的通道连接着无数的房屋和庭院，但你无法在任何地图上找到它们。他们的浪漫精神在我们这个以铁路旅行为主的社会中是一种异常情况，但我们关于商业通道的现代观念却起源于这些熟悉的祖籍地”。[42] 威尔纳的小巷就像拱形的

维尔纳：一个繁忙的跳蚤市场在战时的景象。（明信片由 A. 库比拉斯提供）

现代购物游廊一样，交易从未停止过。

> 欧洲的每座城市都有一些秘密通道，但它们通常都是非常安静而且荒凉的地方。但不是在威尔纳！在这里，威尔纳神秘的小巷直到今天依然充满了生机。尽管如此，威尔纳最有趣的方面并不在于这些通道总是存在的，而是在于城里的每个居民都非常了解它们。沿着这些属于私人的公共车道组织起了整个城市的商业生活。您可以购买您想要的任何东西：家具、香肠、鞋子、铁床、毛皮等等。在威尔纳，这些小巷就像现代大都市的林荫大道一样，对于保持城市的总体幸福感同样重要。在这些秘密的小巷里，生活每天还再延续着。[43]

通过老城里狭窄的小巷，蒙蒂一定会带着读者前往历史上最为活跃的犹太区。与立陶宛之前的贵族以及俄罗斯人相比，德国人更着迷于犹太人在这座城市里的生活。德语和意第绪语之间的语言亲和力使得他们之间会更容易熟络起来。(《威尔纳人时报》上甚至印有希伯来语字母，所以德国士兵可以阅读意第绪语商店的标志。）然而对于德国人来说，犹太人仍然是一个神秘的民族——一种极大的文化困惑。“在威尔纳这座大城市的中心，”蒙蒂说道，“有一个海岛，以色列人在这儿过着孤立隔绝的生活。在过去，犹太区的大门口是犹太人聚集的地方，但今天，传统和虔诚则将他们与其他人区别开来。”进入这个城市“环礁”的旅程并非一定没有实际的风险，因为“无论天气状况如何，犹太区的天空总是黑暗的。一名不小心来到这个岛屿岸上的西方人会立即被泥土和贫穷的海洋所袭击。永远不断的噪声会惹恼他；而他的鼻子——好吧，鼻子会遭到各种恶臭气味无情的攻击。对于流浪的欧洲人来说，漫步在犹太社区是一件极具挑战性的事情，因为只有当地居民才能忍受其令人窒息的腐臭气味”。[44]

在这种无法接近的，令人不快的，危险并且令人生理上感到难受的，但同时又是神秘的，如同海市蜃楼般的城市环境中，这些作为审美家的德国士兵突然成为殖民地的民族志学者，他只要耐心地忍过这一遭就会马上愉快地看到东方集市里那种忙碌的景象，这对他是一种犒赏：

> 在冬季，居民们为了躲避寒风窝在家里。但在温暖的夏日，这些七扭八拐的逼仄小巷以及那些狭窄的人行道和无法通行的路面就变成了一座舞台。每一个到东方旅行过的人都会熟悉当地的这种场景。然而，在丹吉尔（Tangier）或阿尔及尔（Algiers），这些熙熙攘攘的人群是分散于相互连接的街巷之中的，而在这里，街巷则将人们聚到了一起。在这条街上，居民生活的家长里短则从各个角落里一股脑儿地涌到了公共场所上，个人的隐私生活融入公共空间，成了社区生活的一段插曲。在这些建筑物无数的门户里，庭院里，走廊内各行各业都开始忙碌起来了：每个角落、凹室和墙壁上的豁口里都有人在交易。

> 整个犹太区是一个巨大的市场，商业——这个民族祖传的营生，规范着当地居民的一举一动。然而，大多数商店看起来像是没有任何照明或新鲜空气的洞穴。……当你离开犹太区时，脑海中会留下两幅令人难忘的景象：许许多多的购物篮子以及许许多多的儿童。[45]

蒙蒂给予犹太区的这种民族志学评定证明这里是商业繁华的地方，这消解了德国官方试图规范每一笔市场交易的政策。食物是配给的，大多数城市人口处于饥荒的边缘，但根据许多行政法令，大多数商业交易，特别是涉及出售农产品的商业交易是遭到禁止的。蒙蒂目睹了、描述或想象了这座城市里非法和半非法的集市生活，这些满足了贫饿居民的基本需求。总的来说，这不是大规模的贸易，因为它依赖于来自立陶宛农村的那些无法预测的农产品走私暗流。甚至德国军事当局也不得不承认，在战时当地犹太人堪称“奇观”的商业生活与“东方”犹太人的传统经商习惯和规范关系不大。事实上，威尔纳贫穷的犹太区根本满足不了德国官场想研究民族志的欲望。在第一次世界大战期间居住在该市的赫希·亚伯拉莫维奇(Hirsch Abramowicz）回忆道：“有一次，德国人利用维尔纳居民对鱼肉的热情设计了一种相当原始的调查方式。每个犹太社区都贴上了意第绪语的通知，声称星期五将在市场上以每磅 10 芬尼的价格卖鱼，而且能无限量供货。到了周五，成千上万的人涌入市场，但并没有鱼可供出售。德国人需要拍摄描绘维尔纳犹太人的电影镜头，这是当时能聚集大量人群的唯一办法。”[46]

尽管如此，在蒙蒂笔下的威尔纳，犹太区繁忙的生活“一直在这里沸腾着，直到有一天，所有的购物篮子、货物和儿童突然间都消失了。安息日的召唤关闭了所有那些经商的洞穴，街头那些平常的喧嚣也迅速平静了下来。日常生活这出戏终于演完了”。[47] 但是，即使这种犹太人每周进行的宗教活动也因德国人的占领而大为改变。德国的行政法规不仅大大改变了城市居民的商业活动空间和习惯，而且还打破了安息日的召唤这一传统的神圣性。在整个占领区内，会定期“命令犹太商店在星期六营业几小时。这使这座小城不再因为亵渎安息日而感到恐惧。在安息日，德国人不会理会这些宗教情感，经常强迫犹太人清理街道，修缮人行道等”。[48] 尽管有这些强制让犹太人从传统中走向现代的举措，或者也正是有鉴于此，蒙蒂沿着这些虔信宗教的犹太人的秘径继续探索着犹太社区。

一旦当犹太社区里这出日常活剧的第一幕——商业活动结束的时候，第二幕——犹太人的宗教奇观就开始了。为了饱览这一幕，这些作为民族志学者的士兵必须打破那堵把他与犹太社区的居民分隔开来的社交之墙以及真实之墙。他必须成为这种社区活动的参与者，而非简单地观察和记录犹太人的宗教习俗，他必须重新演绎这一出源自古老传统的，每周上演的活剧。因此，在安息日的晚上，蒙蒂邀请士兵加入“古代犹太部落”那种高深莫测的仪式。但这位现代的豪杰首先必须找到威尔纳犹太宗教生活的精神核心：大犹太会堂（the Great Synagogue），这里通常是外国入侵者无法靠近的。

> 威尔纳所有重要的宗教（基督教）建筑都清晰可见而且很容易找到；相比之下，著名的大犹太会堂则隐藏在旅行者凝视的双眼之下。你简直就不可能找到它，因为它隐藏在犹太社区平凡无奇的房屋后面。旅行者可能会经过这个上帝之家一百次而不会怀疑它的存在。一个单独的开口，威尔纳众多神秘之门的一扇，显露了它不为人知的位置：门牌为德意志大街（Deutsche Strasse）12号的建筑物的大门是一个神奇的入口，由此可以进入大犹太会堂它那难以捉摸的世界。
>
> 进入这个神秘世界的最佳时间是周五晚上6点左右。此处距离繁忙而喧闹的德意志大街只有几步之遥，那里满是商店，商店都有现代的展示商品用的橱窗，然而一旦当旅行者穿过大门之后，他就会立即

被带回到古代的历史中。狭窄蜿蜒的小巷里迎面而来的是犹太社区里闷热的空气：建筑物的墙壁上装饰着无法辨认的希伯来文字母。虔诚的犹太人汇成一股巨大的人流从旅行者身边涌过，但他周围没有一座建筑物表明召唤这场骚动的神圣的上帝之家在哪。在他面前的这个微不足道的房子是否有可能吞噬掉这一群人呢？这就是他的探险之旅所到达的最终目的地？旅行者还没有充分意识到这股人流将要带他去往何处，但他必须跟随这股忠实的人流。他必须耐心，并跟随那些人的脚步，他们刚刚消失在这栋建筑物之中。一条黑暗的楼梯通向楼下，然后，隐藏在这条逼仄走廊后面的东西开始令人意外地变得清晰起来了。最后，找到了这座大寺！当宗教迫使其虔信者低头时，这座建筑就像是时间的象征，它被深深地淹没在地下。几个世纪的岁月使它的墙壁变暗了，但是这所犹太会堂却依然让人有一种令人窒息的敬畏感和虔诚感。在大犹太会堂附近有一座澡堂和一座图书馆，这使整个建筑群成为连接犹太世界的纽带。一名宗教人士可以在不离开大犹太会堂的庭院的情况下度过他的一生。几个世纪前来自遥远国家的传统和习俗依然在他的生活中延续，而这一切与那个时代处于战时动荡期的威尔纳只有几步之遥。[49]

“来自维尔纳的圣诞问候：如画般的一个角落”，1916 年。（明信片由A. 库比拉斯提供）

在这次进入威尔纳犹太人宗教中心的城市探险结束时，蒙蒂意识到这两个世界——这座城市和“犹太孤岛”——不仅过着两种独立的生活，而且还将自己定位于不同的时间和地理顺序之中。因此对于现代旅行者来说，要想走进这个紧凑的犹太世界是极其困难的，这个世界似乎是随着古时候的宗教虔诚和神秘主义而突然出现的。旅行者遇到的犹太人——无论是出于宗教或社会原因来到大犹太会堂庭院里的老老少少——会完全无视他，然后这个偶然而至的浪荡子又怀着一种迷惑感离开了这个地方，仿佛他被一种拒绝承认他的存在的文化力量赶出了威尔纳似的。

他打算在威尔纳的一个偏僻的角落里试试运气，开始他的艺术活动和民族志研究。河对岸是老旧的犹太人墓地。作为一项规则，蒙蒂并不试图将犹太人生活的世界置于欧洲或德意志世界之中，然而，在他的“犹太戏剧”的最后一幕中面对着犹太人的死亡，他觉得有必要至少要将犹太人的过去强制性还原到德国的文化年表中。犹太人墓地之旅始于穿越这片水域：乘坐渡轮从市中心到达墓地。在这个古老且相对偏远的墓地中，旅行者会被“奇怪的，外国的而且难以辨认的”墓葬所包围，他试图用德国著名人物的生卒时间来标记这个犹太世界。导游说，“很明显，几十年来没有一具尸体越过墓地的大门”。“这里的一切都属于衰退的，被人遗忘的，往昔的岁月。当马丁·路德（Martin Luther）还是个孩子的时候，第一座坟墓就出现了——这里最后一次葬礼是在歌德去世的那个年代举行的。”[50]

在参观完当地这片犹太人的世界之后，蒙蒂从老城搬到了威尔纳最具异国情调的郊区之一——卢奇什基（Lukischki）。这座城市里这个城乡接合部的角落是按照一种“典型的俄式城市空间布局”规划的，卢奇什基广场，未完工的现代化林荫大道的封闭区域，格奥尔格大街，沙皇监狱壮观的外部结构和威利亚（Wilja）河，现在这位主人公发现了威尔纳另一个难以穿越的地方，即所谓的土耳其区。“应该从一开始就指出，”蒙蒂警告

威尔纳老犹太会堂的一个圣日，1916 年。[卢基什柯斯（Lukiškės）](立陶宛科学院图书馆)

说，“所谓的土耳其区并不意味着威尔纳有一个完整的社区居住着我们值得信赖的盟友奥斯曼人。这座城市里的这个区之所以得到这么个名字是因为这里曾经被伊斯兰教信徒占领过。”[51] 但是，由于它与伊斯兰教的联系，这个小社区成了一个烙在威尔纳北部土地上的东方印记。“我们越过卢奇什基广场，这是一片广阔的城市空间，”指南继续说道，“进入一个形成鲜明对比的东方城市迷宫的世界。”[52]

对这个东方迷宫的仔细探查表明，这是当地一处不那么神秘但同样具有异国情调的奇观。令人惊讶的是，只有这座新建的但却不起眼的清真寺和古老的穆斯林墓地才是以前这座“东方迷宫”的遗迹。所谓的土耳其区只不过是距离市中心仅几个街区之遥的一个风景如画的村庄而已：如果石头路面和砖房表明一个地方是城市的话，那么我们知道这里是一个真正的村庄。我们完全被木制房屋和长栅栏所包围，最为奇妙的木雕勾勒出建筑物朝向街道的立面。他们的邻居犹太人所住的那个社区明显处于战争波及的范围之外，与之相比，这个街区里居住过自15世纪以来定居于此的鞑靼穆斯林。这个区遭受了战争幽灵彻底的扭曲。蒙蒂对居住在这座城市里的穆斯林的好奇心源于一种地缘政治意识，他意识到在当前冲突中奥斯曼帝国扮演着德国盟友的关键角色。他走进村里想寻找一些有关这个联盟的明证。可惜，迎接他的却是沉默和冷眼相待。尽管如此，战争的需要决定了他的视野，具有讽刺意味的是，木制房屋上那些木雕的细节没有激起他的审美欣赏，但确实引发了功利性的反应。蒙蒂总结道："你无法在战时拒绝所有这些木结构，因为它们都会变成非常有用的木柴。但似乎当地人会热切地保护他们房屋的每一处细节。"[53]

最后，这个乡村般的飞地并未带来预期中的东方式体验，蒙蒂很快就撤回到了一个更有希望而且更具神秘感的地方，这个小型穆斯林墓地就在这附近。在这里，他对几个世纪前从故乡克里米亚来到这里的这些流离失所的鞑靼士兵的悲惨历史命运作了简短而富有同情心的评论：

> 当一个人看着这些成行的外国坟墓掩映在附近监狱的基督教堂的高大穹顶之下时，他的心里会笼罩着一层异样之感。在坟墓的高处矗立着一个闪亮的十字架，这象征着这座清真寺无家可归的半月形标志也是在这个帝国控制之下的。当地居民的祖先是战俘，按他们的风俗修的墓地是伊斯兰教信仰的最后遗迹。哀悼和悲伤的氛围笼罩着这座清真寺和整个土耳其区。[54]

面对历史上远逝的死者，蒙蒂离开了这个"忧郁的社区"，并通过以下两个条目结束了这次城市之旅：不夸张地说，"在河的另一边"和"在屋顶上"意味着沉浸于这座外国城市的风景时所得到的欢乐和遇到的危险。最后，他在地理空间上的兜兜转转与在这座城市中抒情般的流连忘返之间产生了矛盾。虽然他们让德国士兵熟悉了这个城市最私密和最隐蔽的特征，但他们也重新疏远了作为征服者的艺术家和该地区居民之间的情感。显然，这个“新家”里不仅住着不熟悉的人，而且还被家中各种幽灵般的回忆所困扰。

威尔纳的木制清真寺，1916 年。（明信片由 A. 库比拉斯提供）

最初，蒙蒂的旅游活动暗示出这是一种纯粹的体力活动——在城市中自由漫步，没有任何个人记忆的负担或关于这个地方的预先了解。同时，它也意味着解开这座城市的奥秘。与军事征服相反，军事征服通常是一种集体行为，涉及一定程度的规划，而旅游则是进行空间征服的个体行为。然而埃克斯坦斯提醒我们，在第一次世界大战的中间时期，“战争变得越来越成为一种能通过个体力量来解释的问题”，而蒙蒂所建议的在威尔纳的旅程似乎也印合这一理念。[55] 每一次新的旅程都会成为一次新的冒险，而士兵并不一定是隐姓埋名来到这座城市的，两者之间的界限不再像一开始那么清晰而精确。这位在威尔纳远足的主角发现，越来越难以将这座被占领的城市与他在德国的那个记忆中的忧郁无名的故乡分开了。身心上的感觉融合成一种诱人而危险的，催眠般的超现实体验，进行旅行的士兵开始紧张地体验这里，而非仅仅是看看这座城市。直接接触这座城市并且长时间地居住于此会引发一场情绪的爆发，这使得士兵会对自己的内心世界进行一场危险的挖掘。

在指南中最具自传色彩的一个条目中，蒙蒂在他的起居室中描绘了一段短暂的旅程。“我无法确定这次旅行的行程，”作者说，“因为这条路很短，而且不适合公众旅行。我只需要在桌子上站起来并靠近房间的窗户，就可以看到威尔纳的所有地标。整个城市坐落在我们这座私密的小山和城堡山之间的山谷中。我的窗户同时框定了并反映出这片俄罗斯领土的无尽空间。我的视线可以从这里开始轻松地扫过城里的各个屋顶，一堵堵山墙和一座座塔楼。”[56] 但是蒙蒂不是在检视这片“俄罗斯大地”的全景奇观，他的目光凝视着这座露天的城市里各种庭院和公寓的私密场景。缓慢但又肯定地，他逃避军人的责任来此进行偷窥的行为导致了一种痛苦的自我发现。一旦城市的私人景点被他征服，这位作者兼旅行者就会发现自己被这个家庭里目光炯炯的幽灵盯上。这不是鲁登道夫元帅在科夫诺遇到的那种来自祖国的光荣而欣喜若狂的幻象，而是一种感到折磨和迷失的幻觉，一种只能导致个人危机的谵妄。随着它变得越来越熟悉，这座城市也燃起了激情。胜利的偷窥者成了逃亡者，成了他自己好奇心的受害者，这出乎意料地变成了一种致命的诱惑。在严格的监视下，威尔纳变得如女妖塞壬一般，她对士兵如催眠般的影响可以与晚期的斑疹伤寒相比——这种病在世界大战结束时蹂躏了如此多的生命——托马斯·曼（Thomas Mann）描述道，“乏力……在它最糟糕的”时候“没有人可以说患者的心灵是否已经陷入了夜晚的空虚，或者他的体内是否已经有了一个陌生人，并且这个人已经转身离开，在遥远、深沉、无声的梦境中徘徊，没有能看得见的标志或听得见的声音。身体已经完全丧失感觉了。这是个危险的时刻”。[57] 逃避——这是现实的一剂良药——这是城市和士兵之间这种病态关系的唯一解决方案：

一种不同寻常的感觉抓住了从上面凝视这座城市的士兵。在森林

第一次世界大战爆发后第四年的威尔纳，1917 年。（明信片由 A. 库比拉斯提供）

深处待了几个月之后，城市里的灯光和影子激起了他的回忆。他好像出现了幻觉，士兵看到了故乡的街道和广场。战争创造了一些惊人的东西，这种东西在祖国和外国的土地之间移动着。

在荒野中度过了一年中的所有季节——在前线待了一年之后——我们对城市有一种无法控制的渴望。至少，我们希望看到完好无损的房屋，屋顶也是完好无损的，窗子也没有打碎。我们坐在窗前，凝视着这座城市——我们从未想知道这座城市的名字——但我们感受到这座城市在支配着我们的生活。这座城市揭下了它神秘的面纱：它不为人所知但却可爱，它属于异国但却又如此亲密，这座城市毫无遮蔽地展现在我们的眼前。它奇怪但又令人熟悉，关于这座城市，下面谈谈我们的感受。它石质的肌体变得不再那么的神秘；但是它的灵魂，它内心里的声音，它现在被正午明亮的阳光照着，但仍然是沉默的。只

> 有当黑暗降临之后它才会开始慢慢地展开自己。在黑暗中，当安息日蜡烛发出的那束微弱而稳定的光芒从揭开的窗户中射到我们这里时，在温暖的夏夜，当温柔的耳语离开了城里居民的家庭（由于战争，禁止居民外出上街）开始随风飘荡时，受到这些秘密的引诱，我们的感受变得冷静下来。然而，如果我们的情绪不受影响的话，这一切还会好得多，那样我们可以离开所有这些耳语和沙沙声，然后毫发无伤地回到黑夜之中。[58]

依恋着外国城市威尔纳的这种如此痛苦而又多愁善感的情感纽带——在当时很是罕见——这一定会与这个城市和它的德国占领者之间的那种更为乏味的关系形成鲜明对比，这种情感纽带在某些情况下与蒙蒂梦幻般的城市入侵同样具有强烈的体感和情感。威尔纳和前线附近的任何城镇一样，都拥有一些公共的房屋，对于许多德国士兵来说，他们与这座城市短暂的遭遇明显有着性方面的考虑。在这种情况下，两个“伴侣”之间的关系就被保存在私人的个体记忆中，因为德国的军事和社会审查不允许在祖国的公众之间讨论这些话题。这些不对称的社会关系所能达到的程度是难以衡量的，但当地妇女与德国士兵之间的一些互动则是基于更加平等的社会和物质的相互依赖关系。例如，吕西安·菲南斯（Lucien Finance），一名在威尔纳的德军中服役的阿尔萨斯人，他与当地一名女子结了婚。他对这座城市的回忆（回忆录写于 1995 年）表明了当地波兰居民和德国士兵之间存在合理程度的互惠。顺便说一句，德国军事指挥官并不相信这些拉丁化的“来自阿尔萨斯—洛林（Alsace-Lorraine）的人……因此，他们一般会被派往东方”。[59] 因此，许多“不可靠”的阿尔萨斯人都驻扎在威尔纳及其周边地区，也许就是这一个原因，正如菲南斯所提出的那样，可能有助于解释德国士兵与当地居民较高程度的社交能力。毕竟，像威尔纳的大多数居民一样，阿尔萨斯人也拥有边疆身份：大多数人都是双语者，他们对国家的忠诚取决于作为敌军的欧洲军队的帝国和王朝命运。

菲南斯以私人身份通过柏林和柯尼斯堡旅行至此，他是阿尔萨斯的塞莱斯特（Seleste）镇土生土长的人，他被不情愿地带到了威尔纳。在这里，他经历了第一次激烈的战斗。他几十年后回忆说，在此期间，他“可能做了许多可怕的事情”。“有人不得不死，”菲南斯说，“而且要么是他们（俄罗斯人）要么是我。”在经历了威尔纳绿桥（Green Bridge）上那场“英勇的防御战”之后，菲南斯的指挥官想要提名他获得铁十字勋章（Iron Cross）。但他对个人生存的关注程度高于那种军事上的虚荣：“我告诉他我不需要铁十字勋章。相反，我让他帮我撤出前线。指挥官答应在他的办公室里雇用我，因为，正如他所解释的那样，‘这样一个勇敢的人值得我们去尊重！’因此，这位首长把我安置在部队总指挥部的会计局里。”[60] 刚才我们提到了他的勇敢，正因为这样，从德国占领威尔纳的第一天起直到 1918 年 11 月德军最终撤离为止，吕西安·菲南斯一直住在这座城市。

不久，他爱上了玛丽亚（Maria），在当地银行工作的一位波兰妇女。在威尔纳的逗留结束时他娶了她。（战争结束后，玛丽亚和他一起搬到了法国。）因此，在菲南斯的回忆录中，威尔纳成了这样一个地方，在这里，他相当普通的（即便是非常规的）家庭生活与在前线的日常经历交织到了一起：战斗、受伤、猝死、疾病、饥饿、抢劫、部队军纪、等级服从、遗弃等。因此，在他遥远的记忆中，琐碎的个人细节和对这座城市的亲密体验超过了对这个地方的全景式或史诗般的体验。简而言之，对于吕西安·菲南斯来说，也许对许多其他的德国士兵来说，威尔纳没有直接的意识形态或明确的地缘政治意义。正如他所说的那样，它只是在“欧洲另一边”的一个熟悉的地方，在那里他被帝国主义战争那不可预测的力量给禁锢住了。[61]

第七章 缺席的国家

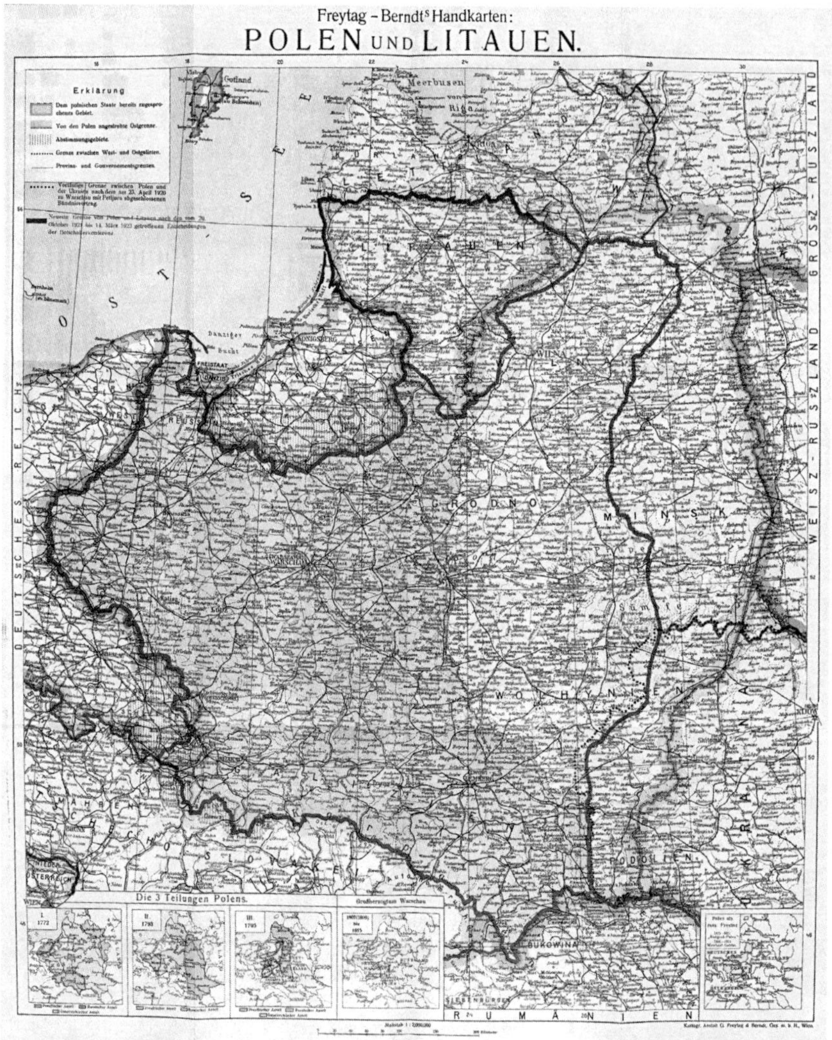

一张绘有波兰和立陶宛的德国地图，图中标示出了这些新兴国家变动的边界，约1923年。（维尔纽斯大学图书馆）

对于外国人而言，要学会理解最近发生在波兰和立陶宛的关于美丽的威尔诺的冲突并非没有困难。如果这位读者爱好历史，他可能会记得，威尔诺曾经是立陶宛大公国的首都，在过去，立陶宛大公同时也是波兰国王。……总之，这个威尔诺似乎有些神秘，有时每个人都是立陶宛人，有时候却没有人是。

——1942 年，《维尔诺的故事》中的“一些令人费解的外表”

在欧洲的东部，和平姗姗来迟。1918 年 11 月在西线签署的停战协议要求德国撤出所有被占领土，这只会进一步让维尔纽斯变成一座边境城市。在德军留下的广阔领土上——从波罗的海到黑海——一系列新兴的国家正试图夺取一些欧洲帝国留下的战利品，以便开创他们的政治基业。俄罗斯现在正通过 1917 年的两次革命彻底转变为一个苏维埃国家，它同时也受到内乱、恐怖和饥饿的困扰，它虽然急切但却无法像战前那样重新对该地区进行统治。德意志帝国现在成了魏玛共和国，它在政治上也很脆弱，并且在军事上也受到限制，社会上满是沮丧的情绪，这给在该地区进行地缘政治上的重组制造了很大困难，而且胜利的大国——英国、法国和美国——它们太遥远了，而且它们之间也有分裂并且无法承诺解决当地有关国家和意识形态分裂的问题。在这里，政治实用主义成了交战规则：不用考虑国家的色彩、意识形态基础还是联盟的未来前景，敌人的敌人就是朋友。尽管如此，在西方列强的支持下，大多数政府都在反击前进中的红军，与基于共产主义和资本主义对抗的全球性斗争的战争相比，新兴国家之间和它们内部的战争是同样恶劣的。最后，随着各种民族凝聚成各自的国家，国际主义和阶级斗争理论被民族自决的概念所取代。现代欧洲正在成为一个满是民族国家的大陆——一个由充斥着对外仇恨和对内不信任的各种国家拼凑而成的大杂烩。在很大程度上，这个新的欧洲所覆盖的地理地形与长期遭人遗忘的萨尔马提亚地区是相同的，萨尔马提亚是该大陆的一部分，它的特点是空间上的流动性和历史上的矛盾性。

帝国的建立是王室的事务；而共和国的建立至少在理论上是关于民众集会的事务。由于欧洲民族国家的未来是由获胜者来讨论的，大量的人民因战争和随后的革命而流离失所，并因多年的贫困和疾病而疲惫不堪（1918 年流感大暴发夺走了数百万人的生命），人民正试图找到安家之所。对于无数的欧洲人来说，地域流动性不是一个选择的问题。寻找家庭，在许多情况下是在寻找失去的家庭，这是一项在当下尚未结束的艰巨任务。对于一些人来说，欧洲政治版图中不断的变化带来了不同的错位：随着新兴国家的出现，人们很容易在不改变居住地的情况下最终进入一个陌生的国家。

因此，在这些地理版图混乱的年代里，家庭不仅仅意味着房屋地址所固定的东西（顺便说一句，由于任何一个新政权对意识形态的痴迷，这些地方和街道的地址可能会在一夜之间被重新命名）。多次流离失所引发了人们想要过一种远离战争和社会动荡的生活的渴望。家庭成为一个植根于人的地方，并给人一种共同团结和社会友情的感觉。建立国家和关于新国家形态的想法提供了某种程度的安慰。建立民族国家是解决旧世界遗留问题的答案，但它并不能平等地或同样地为每个人服务。在一次发现自我的集体之旅中，新欧洲要求放弃一个人过去重要的部分，将个人记忆和私人经历视为过去时代的特征。

像波兰这样的一些国家已经脱颖而出变成了现代国家，他们的领导人具有治国的才能。波兰作为受到重创的胜利者，它所建立的政体是旧帝国主义秩序规模较小的复制品，这个复制品具有庞大而且多样化的领土，以及混杂的具有多元文化的人口。而其他像立陶宛这样在实现其国家目标方面不太成功的国家则光荣地挂彩，它的领土缩小，政治重要性降低而且文化也遭到边缘化。在这个机会不平等的领域，维尔纽斯未能成功地利用它的政治手腕找到一个有利可图的位置，让这个国家可以摆脱必须与别国再结盟的命运。让维尔纽斯在新欧洲的地图中成为一种特殊存在的想法是一种知识分子的幻想，这种想法是一些当地活动家所提倡的，他们在立陶宛大公国以前的领土上寻找着解决现代困境的答案。他们的哲学探索从未达到过现实的效果，其原因在于，根据一位这种观点的支持者的说法，由于受到另一波难民的侵扰，并鉴于外部军事和意识形态压力的增大，战后城里的混乱程度是如此巨大，以至于没有什么社会贤能和政治意志力能扭转乾坤。[1] 事实上，根据军管统治的政治原则，那些人从未放弃过这个城市，即使在 1919 年年初最后一批德军撤离后，维尔纽斯也被所有相互冲突的方面——波兰人、立陶宛人和苏维埃政府——当作被征服的领土而控制起来。

维尔纽斯的民族国家问题，即其政治归属问题，威胁到了 1919 年在巴黎和会期间战胜国的大使们聚齐的那间密室，那些人打算描绘战后欧洲的未来。然而这个问题过于复杂，但同时对大国领导人来说，这又是一件非常平凡的事，他们想把这件事当作有关民族和解的外交范例。立陶宛人声称，基于史实维尔纽斯是独立的立陶宛合法的首都；而波兰人则根据威尔诺与波兰在文化和语言上的亲和力拒绝了这种主张。苏维埃政权在外交上受到孤立，但也表达了自己的观点，虽然维尔纳曾经是俄罗斯的一部分，但布尔什维克准备与来自立陶宛和白俄罗斯的被压迫民族（主要是农民）分享这一国家。没人去问一问或想听一听维尔内对于犹太人的意义。

但是，对这座城市的外交争执仍未得到解决，部分原因在于没有任何一方能真正控制该地区。在短短的两年时间里（1918—1920），这座城市经历了从红军到波兰军团再到立陶宛志愿军的一系列占领军。当地居民已经习惯了战场上的生活，那些勇于离家在外冒险的人在远处安全的高地上观察着不同交战派别之间的战斗。随时都有可能出现暴力，但这却是可以预测的——布尔什维克的目标是“民族资产阶级”的代表；波兰人主要针对的是共产主义者和犹太人，每一次新的占领都笼罩着大屠杀的幽灵。由于没有明显的军事优势，立陶宛当局试图通过用立陶宛语来治理这座城市，以便加强其语言优势，这是一种绝大多数居民所不知道的语言。

1920 年，这座城市成为大公国叛军政府的首都，它尴尬地自称为中央立陶宛（Middle Lithuania），这个政权是由一群不听话的波兰军官把持的。最后在 1922 年，在一次有缺陷的全民公投（许多非波兰政党抵制了这次公投）之后，威尔诺被并入波兰共和国并成为波兰新成立省份的省会。但由于立陶宛要求将其归还给自己的国家，这个城市的国家地位要求它拒绝离开立陶宛。事实上，尽管维尔纽斯是波兰的一座省城，但它一直是立陶宛宪法上的首都。这种法律框架使两国处于永久的战争状态：波兰与立陶宛之间的边界——实际上是停火线——从未得到某一方的批准，也没有允许已建立的邮政或运输网络跨越这一边界。波兰对这个城市的接收从来就不是一件一揽子包办的事情，甚至在第一次世界大战结束后的 20 年，在《国家地理杂志》(*National Geographic Magazine*) 上也能注意到维尔纽斯的地位是有争议的。该杂志在 1938 年刊登了一张照片，上面写着“威尔诺，波兰边境上的继子女”。

德国作家阿尔弗雷德·德布林（Alfred Döblin）非常不喜欢旅行。毫无疑问，他对离开家乡的短途旅行感到不安，因为这种不安在西线战壕中被来自战争的那个隔绝体验放大了；但他也认为旅行是一种轻浮的追求，只适合虚度光阴的资产阶级或无聊的傻瓜。然而，他对城市生活感兴趣，特别是对现代都市的体验感兴趣。对他来说，柏林，或更确切地说，亚历山大广场（Alexanderplatz）周围混乱嘈杂，熙熙攘攘的工人阶级居住区是这个世界的中心。他与妻子和三个孩子住在附近，在当地公共卫生所担

威尔诺：圣乔治大街，约 1920 年。（明信片由 A. 库比拉斯提供）第 196 页。

任医生，通过他的文学想象——以及他最著名的小说《柏林，亚历山大广场》（*Berlin Alexanderplatz*）——使广场成为现代主义时代精神的代名词。城市探索中所有不可预测的可能性和那些普通的情节剧都被制成了代表每一种都市体验的代码，但是德布林也将其转化为一种政治艺术的形式，一种对现代社会的批判，不带有一丝怀旧感，多愁善感或意识形态的陈词滥调。

城市生活渗透进了德布林的血统中，这勾勒出了现代城市里的移民模式。这位作家是一个真正的柏林人，并且也知道这座城市是他的家，尽管像当时的许多居民一样他也不是土生土长的。他于 1878 年出生在波罗的海的港口城市什切青（Stettin），他的父亲马克斯·德布林（Max Döblin）在那里拥有一家小企业。40 岁时，父亲离开了家人，带着情妇逃到汉堡。几年后，据说有人在美国见过他。与此同时，德布林那位被遗弃的贫困的母亲和她的五个孩子搬到了柏林。按照作者的说法，这一次搬家决定了他的“整个存在方式”。从省城什切青相对安稳的生活到柏林大都市极度贫困的生活，这种突然的变化让他意识到自己已经成为“贫穷国家”里永久的一员。多年之后，德布林已经成了专业技术阶层里的一员，但他从未放弃过对全世界穷苦人阶层的忠诚。

这位作家已经成长为一名德意志人，即使他在二战后的自传中回忆说，“在什切青的家中，他曾被告知自己的父母具有犹太血统”。他的祖父母仍然说意第绪语——但他的父母已经在说德语了，但还是有一些波兰口音。德布林在那位与他疏远的父亲身上发现了一些文化上的混乱，他“既大声诅咒这些但又默默地钦佩他们”。[3] 马克斯·德布林是一个没有家园的人。用他儿子的话来说，他是在民族上被“重置的受害者。他所有的价值观都遭到了重估并且贬了值”。[4] 德布林渴望通过努力使自己与他祖先那个远去的世界达成和解来扭转这种文化游牧主义：“只有在我这一代人中才有记忆，包括对我们文化背景的愉快记忆，以及对过去的尊重，这些已经在很大程度上逐渐地恢复了。”他声称取得了成功：“我——在这场伟大的重置过程中幸免于难。”[5]

这是一次重大飞跃，因为在德布林的童年时代，他几乎没有注意到他的家庭宗教信仰和种族。他被同化的父母只庆祝了两个犹太节日——新年和赎罪日——并且“我注意到这是我的家庭里关于犹太教唯一的两件事”。在学校里也是如此，“犹太教的布道不仅是模棱两可的，而且更是自愿聆听的。……至于教义，实际上是宗教教义——我会阅读并予以听取。这对我来说一直是肤浅的，并且仍然是肤浅的。它在情感上并没有影响我。我觉得与之没有任何联系”。[6]

在一战期间，德布林担任德军的军医，帮助缓解西部前线上过度拥挤的野战医院里正在发生的人间悲剧。他在战壕里重新变成了一位坚定的和平主义者，反民族主义者，并对欧洲的新政权给予了无情的批评。他还写了一部关于华伦斯坦（Wallenstein）的传记小说，华伦斯坦是三十年战争期间最无情、最奸诈的将军之一。这位小说家在“20 世纪 20 年代上半期在柏林的城市东部，高尔诺（Gollnow）街及其周边地区发生的类似的大屠杀事件”之后对犹太政治产生了更为浓厚的兴趣。他参加了一个调查反犹太主义问题的讨论小组，一些著名的德国犹太复国主义知识分子要求他前往巴勒斯坦（Palestine）。这个建议对德布林产生了反常的影响：“我当然没有同意去巴勒斯坦，但我发现我想了解更多有关犹太人的信息。我发现我并不了解他们。我不能把我的熟人里那些自称为犹太人的人称为犹太人。从信仰的角度看，他们不是犹太人，用他们的语言来说，他们可能是很久以前就融入了他们现在所在的这个环境里的那些已消亡民族的遗民。所以我问自己和其他人：犹太人在哪里？有人告诉我：在波兰。”[7]

这位作家兼医生于 1924 年秋天代表《新时事评论》杂志（*Die Neue Rundschau*）前往波兰，该杂志发表了他大部分的文学作品。杂志要求德布林撰写一系列关于现代波兰民族国家的各种社会、文化和政治方面的报告，然而在大多数德国人眼中波兰仍然是异域的领土，异域的国家机构。虽然该杂志支付了为期三周的旅行费用，但实际的旅行行程取决于德布林的个人兴趣和创造性感知力。德布林对波兰知之甚少，而且对阅读大量学术著作并不十分感兴趣，他怀疑这些学术著作怀有偏见，而且乏味过时。在他讲述柏林故事的文学探索中，他依靠所谓的事实想象（Tatsachenphantasie）这种表现手法，创造出了一种基于蒙太奇原理的表现形式来描写现实。他以类似的方式去探索波兰并讲述着波兰的故事。旅行结束后两年，德布林出版了一本书名简单的书——《波兰之旅》（*Reise in Polen*）。这本书反对那些日益增多的反波兰和反犹太出版物——它的特点在于具有罕见的内省性分析。

在整个 19 世纪，那些受到同化的西欧犹太人对他们在东欧的同胞们的看法中经常杂糅着怨恨和迷恋。民族志学者奥格·迈耶·本尼迪克森的父亲是一位富有的丹麦犹太人，他在 19 世纪的最后 10 年造访了立陶宛。

他属于德布林的父母那代人——是“遭受重置的受害者”。他对立陶宛犹太人的详细描述表现出一种矛盾的优越感和羞耻感，其中掺杂着怜悯和惊奇，这些都是西方犹太人在遇到那些未被同化的东欧犹太人时所表现出来的：

> 犹太人从最早的时候起一直都在立陶宛，我们有可靠的记录，但他们既不愿意也不能同化于这个国家的土著居民。他们庞大的人数，他们的偏见，他们的宗教狂热，以及他们古老而特殊的律法，在这个国家里，这些往往巩固了他们作为完全外来民族的地位。许多世纪以来，他们都是与本土民族疏远的，而不是与后者相联合的，他们彼此之间不说这个国家的语言，而是使用他们自己的希伯来语—德语方言，他们的穿着与其他人不同；虽然他们被禁止穿着他们那种古老而特殊的服装，但他们通过调整自己的着装来达到看起来与其他人不同的目的。他们既没有朋友也没有敌人，也没有与这里的人民共同的利益。犹太人的政策主要是机会主义的，而且这也是必要的；他们从来没有愿意结交真正的朋友，因为他们害怕给自己树敌。他们小心翼翼地嗅出他们暂时可能会得到最大保护的那个角落，他们从未敢于依靠安全的生活；如果他们觉得自己能生活在一个属于自己的国家的话，他们很可能没兴趣去那里生活。立陶宛一直是犹太人对弥赛亚有最简单和最真诚信仰的地方。没有什么地方比这个偏僻的角落更能让他们更多地准备接受救世主的救赎，周围神秘而朦胧的环境能让他们保留所有的记忆、传统和习俗。就在这一天，立陶宛犹太人以与几百年前相同的信心说：“他肯定会来，他很快就会来。”
>
> 人们应该根据这种坚定的信念来看待立陶宛犹太人，或者无论如何，应该基于这种沉淀于信仰底层的遗传倾向来看待这些人，这样便于人们试图去理解他们，因为只有如此才能原谅他们的整个生活方

> 式；在这些人中甚至可以看出一些伟大的东西，否则他们会不由自主地给人留下不好的印象。
>
> 立陶宛犹太人觉得自己是陌生人，在躲避他们的人当中他们半是无家可归的，他们的整个生活是一种持续的努力，以最简单的方式保持着平衡，为的是找到必要的生计，以他们那种狡猾的方式努力获取尽可能多的权力，而这与犹太人这个概念无关，是否能有这种权力取决于他们所居住的国家的善恶。犹太人通常看起来很谦卑而且悲惨，但民族的骄傲仍然植根于他们的内心。他们难道在乎异教徒的粗暴和蔑视吗，他们只有在遭到强迫时才会放弃，然而他们骨子里的骄傲是不会受其影响的。……从肤浅的角度来看，他们肮脏、卑鄙而贪婪，但犹太人依然拥有金子般的灵魂，这是可以在适当的时候闪闪发光的，如果一个人不怀有任何愚蠢的偏见来接近他们，那么他就可以看到这些人的优点，那些明显的、最美好的人性品格，包括同情和助人为乐。
>
> 犹太人在立陶宛感到叹息，这种两面性的事态是他们所持错误立场的原因，他们中有许多人是盲目的，但却全神贯注于如何实现目标。[8]

在20世纪之交，越来越多的德裔犹太知识分子开始在东欧众多的小城镇（shtetlakh）中寻找他们的祖先文化之根。这些民族志学、文学以及有时家谱上的发现都是由一本有影响力的杂志推广的，这本杂志有一个带有暗示性的书名《东部与西部》（*Ost und West*）。该杂志发起了一个主题活动以便调和德裔犹太人的两个分支间的矛盾：被解放的西欧人——西部犹太人（Westjuden）——以及更传统的东欧人——东部犹太人（Ostjuden）。其编辑政策“反复谈到了‘调和的’犹太人身份，一种平衡于传统与现代之间以及东方与西方之间的身份”。[9] 两个人群之间的社会交往在战争年代有所增加，当时德军控制了一片巨大的居住着东部犹太人的俄罗斯领土。这场战争的最后一次战斗是在德布林访问波兰之前一年爆发的，而这本杂志也是在那时出版的，这使得“二十到四十岁的犹太人能够打破他们父母那辈人受到同化的前景，同时也让他们远离了东部犹太民族（Ostjudentum）消极的方面”。[10]

德布林对典型的“波兰犹太人”的最初反应是一种夸张到难以置信的感觉。在华沙，在他旅程的第一天，他感到了自己的无能为力，他无法将犹太人的身份置于现代欧洲快速发展的城市地形中：

> 我站在一个电车车站那里，仔细研究着这个很有用的有轨电车标志，这上面标示出每条过往的线路及其路线。突然一个脸上留着胡子的男子独自一人穿过人群向我走来：他穿着一件破破烂烂的黑色华达呢的袍子，头上戴一顶黑色带帽檐的帽子，足下是一双长筒靴。另外一个人就在他身后，他大声说着话，那些话我能辨认出是德语，那个人也穿了一件黑色华达呢的袍子，那是一个高大的男人，他面部宽阔脸色红润，脸颊上和嘴唇上都有红色的绒毛。……我大脑里感到一种震惊。他们在人群中消失了。人们没有理会他们。他们是犹太人。我惊呆了，不，是吓坏了。[11]

在他第一次目击犹太人的几小时内，德布林的民族焦虑感变成了一种文化魅力，他很快就学会了如何在他们自己世界的背景下看待波兰犹太人。他到处跟着他们，一直跟到克拉科夫——在旅行结束时——他发现那些受到同化的西部犹太人的文化傲慢和社会习俗是难以忍受的，而且也无法为他们辩护。“我知道开明的绅士，犹太人的启蒙者会说些什么。他们嘲笑自己民族中的那些‘愚蠢落后’的成员，他们为此感到羞耻。……我既不是一个启蒙者，也不是这些民族大众中的一员，只是一个来自西欧的路人——我认为那些'开明'的人像非洲人一样炫耀着他们从水手那里得到的玻璃珠子，他们晃来晃去的手臂上脏兮兮的袖口，以及头上戴的全新的凹顶帽。西方世界遭到了摧毁，变得多么贫穷，多么破旧，多么没有价值，多么没有灵魂，这个世界给了他们那些袖口；料想他们应该会知道这些。"[12] 德布林仍然以其独特的思维框架为特征，并且在不挑战自己的文化忠诚的条件下，将自己从两种类型的犹太身份中剥离出来。他选择了独立观察者的角色，成为两个世界公正的目击者。

在名义上，德布林的波兰之行是代表左翼德国媒体对独立后的波兰进行社会政治上的一次新闻调查。作者与社会主义运动的各种流派都有着很强的私人关系，但他从未成为一个僵化的理论家或党政官员。他的政治观点受到俄罗斯无政府主义思想的影响，他对国家的限制性政治功能和强制性社会职能持批评的态度。他还反对现代民族国家的观点，他前往波兰是要看看"这种国家的独特意义及其权利赖以为生的公信力的妄想"到底是什么。[13]

波兰没有改变他对现代国家或民族主义政治的负面看法，尽管他从不反对民族自决。德布林认为，这种欧洲民族国家自然会成为一种压迫性的结构，因为它的民族特性无法包容当地异质性和多样性的现实。复活的波兰远非一个语言和领土上单一的国家。正如德布林所指出的那样，国家统计数据无法掩盖其背后多民族的帝国性质："我有 1924 年的波兰官方年鉴；我不会让自己被统计数据吓到。根据 1921 年的人口普查，这个波兰有 40 万平方千米的面积，其领土上居住着 2700 万人。这些人中有 1100 万人是受到波兰旧国会支持的，800 万人受奥地利支持，400 万人受普鲁士支持。400 万人被漏掉了：他们占据了'东部领土'，包括格罗德诺、威尔诺、明斯克（Minsk）、瓦莱尼亚（Volhynia）等地区。"[14] 大约三分之二的人口是波兰人，百分之十四是乌克兰人，差不多百分之十是犹太人，

威尔诺的多语种报刊。照片来自《国家地理杂志》74-6 (1938 年 6 月)，779。第 202 页。

还有超过百分之五的白俄罗斯人，大约百分之二点五的德意志人，以及不到百分之零点五的立陶宛人。德布林希望通过多样性社会这个棱镜来探索这个新近重建的波兰国家。他很快就被这项任务所压倒。作家宣布：“我很快就认输了，因为我不会说这种语言，或者说这个国家的语言：波兰语、乌克兰语、白俄罗斯语、意第绪语和立陶宛语。”[15]

由于他自己语言能力的不足，这位灰心的作家成了这片风景中一个细心的读者。波兰民族国家的诞生受到战争的影响，在整个旅程中，他在各种地形上多次见到过去发生过冲突的印记：废墟，人口稀少的城市，退伍军人的游行队伍，战争公墓等。但他的调查也受到了未来战争幽灵的引导：波兰各族群间的仇恨，在政治上对邻国的不信任，对大众意识形态的操纵，文化孤立主义，以及最重要的是国际上对军国主义的崇拜。在旅途中，他杜撰出了他的政治座右铭：“今天的国家是民族的坟墓。”[16]

由于他的社会发现，德布林——在当时自称是一位无神论者——他逃到多元文化环境下波兰的宗教世界。他被每一处圣地和精神景象迷住了：天主教活动兴盛的场面，隐秘中的俄罗斯东正教仪式，以及带有私密性的哈西德信仰（Hassidic worship）。在这种万花筒般的，经常处于敌对中的多元化精神世界中，德布林描绘了他的旅途方向：“它是一个死的世界还是一个新的世界？我不知道哪个死了。旧的并没有死。我感到它亲密而猛烈地吸引着我。而且我知道我的指南针是可靠的。它永远不会指向任何一种审美性的东西，它总是指向生活，紧急的事情。”[17] 稳定而肯定的是，这次旅行采用的是个人朝圣的方式。

在为期八天的犹太结茅节（Sukkoth），也就是住棚节（the Feast of Tabernacles）开始时，德布林离开了繁荣的华沙。这个古老的（但却是作家所不熟悉的）犹太节日将沙漠居民的游牧传统移植到了现代城市繁忙的地形之上。东西方生活的融合，新的与旧的，世俗与精神生活的融合使他兴奋不已——而且这也体现出两个世界的兼容性：

> 住棚节即将到来。木板已经被带到犹太社区街道的庭院里，这些普通而原始的纸板经受锤打并被修剪成形。插入一扇门；屋顶上覆以郁郁葱葱的草木。庭院里搭起一间又一间的小屋。每个家庭都有桌子和长凳，他们把这些推进小屋里去。在许多庭院中，他们将电线从电气系统中分出来挂到帐幕的屋顶上以便给屋内照明。……他们现在要在大都市的黑暗庭院里庆祝大自然的节日，旁边是垃圾桶，在楼顶的阳台上。它看起来像是大众的一种坚不可摧的姿态：藐视一切！[18]

在卧铺上经过一夜之旅后，德布林抵达了威尔诺风景秀丽的郊区。他以前对这座城市没有任何了解，并且因为无法用任何一种当地语言进行交谈，所以也无法从他的旅伴那里获得关于此处清晰的认识。但是过往的景色让这个城市定格到了地图上。从这趟沉睡的火车令人感到不安的近旁看去，威尔诺出人意料地成为了一个迷人的地方：

> 从黎明开始我就凝视着火车窗外。我被打断了一次，那时我上铺打瞌睡的同伴放下他那两条穿着满是破洞的白色羊毛袜子的肥腿，他

> 呻吟着，在我面前穿上满是泥泞的长筒靴。早上7点，景观发生了变化。山丘变得多了起来，而且看起来是起伏不平的。早些时候，它像草原一样均匀地伸展开来，还会间或出现草地和农田。现在它变得起伏波动，显出丘陵的样貌。森林、冷杉和落叶林经常交替地出现。一座城堡般的建筑物从左侧飞逝而过，那是一片废墟。隧道的入口和出口由荷枪的哨兵把守；这个国家正处于动荡之中。报纸上报道了布尔什维克派和匿名帮派所制造的袭击；我突然觉得这些不仅仅是帮派所制造的袭击而是战争。我们在一条高而窄的桥上缓慢而笨拙地挪动。这里的景观是多么的美妙动人。山丘变成了山脉。枯萎的树木显出红色和黄色；在这些树木之间，岑寂的冷杉显出一片深绿色。一列长长的有轨电车在轨道上行驶并朝着火车的方向开来。外面是一座座小房子，一个个行人，一群一群的路人以及一条条的街道。威尔诺站到了。[19]

凭借对华沙这座大都市繁忙的街头生活的新鲜记忆，德布林要去散散步。在这座省城里冷冷清清的火车站附近，威尔诺显得微不足道。看似无方向的街道不知通往何处，直到经过几次转弯后，兜兜转转的德布林偶然发现了一扇古老的大门：

> 在这寒气逼人的清晨，我沿着一条大道漫步。街道的两侧是低矮的房屋，其中大部分都显得老旧而可怜。然后从左边开始，一条街道就会通入一条大街，那是一条狭窄的街道，没有真正的人行道。我一直在寻找主干道，我认为必须有一条主干道。然后，一座相当高大的通道上的拱门赫然笼罩在街道的上方；听到有人在唱歌，我就走过这些老旧的建筑去寻找这声音。一群人躺在右边：有农民、市民，有男的也有女的，他们跪在地上，一直弓着身子低着头。但这些人不是歌

> 手，唱歌的来自其他地方，他在上头。当我转身时，我看到拱门上有一个小教堂。而且它是面朝街道开门的，里面有一座祭坛，有许多点燃的蜡烛和一团我无法分辨的东西。走在街上的人手里都拿着礼帽或便帽。在拱门下面时我也脱下了我的帽子。表现圣母圣迹的圣像在那里。圣母玛利亚看起来栩栩如生。她出现在巨大的半月形背景上，那半月形的背景类似一只动物巨大而卷曲的角。圣母像是画出胸部以上部分的半身像。她的僧袍装饰华丽。她头戴冠冕并转头向右倾斜。她的两只手交叉在胸前。她狭窄的喉咙出现在华丽而鲜艳的服装和斗篷上面。然后是一张高而窄的脸，她的眼睛只开了一条裂缝，而她的嘴唇闭上了。整个头部周围都是锐利的金色光芒。她在祈祷，或被什么所吸引，或在倾听着什么，她显得温和而忧郁，或沉浸在她的悲伤之中，并试图战胜这种悲痛：我无法指出她的表情。这幅圣像看起来很有启发性，而且令人感动。来这里的寻访者倾向于将他们的痛苦与天堂里的痛苦交织在一起，然后更加平静地离去。能绘制出这样的圣像，并且这幅圣像可以作为一个例子，足以证明它是一项伟大的艺术成就。[20]

虽然德布林与黎明门的神奇遭遇是偶然的，但他皈依基督教的过程却是漫长的。这个过程于 1941 年达到终点，他最终皈依了天主教。当时，德布林和他的家人在加利福尼亚（California）流亡；他所完成的这种转变不仅与作家的共产主义者和无神论者身份有关，而且与他的犹太血统也有关。德布林把他皈依天主教的这条曲折但坚定的道路看成一系列没有相互关联的启示："一个人必须要感激两种类型的遭遇。一种是与满足了我们的意愿并回答了我们的问题的人相遇。另一种是与那些让我们产生愿望并让我们提出问题的人，或书籍，或事件，或图像的遭遇。"[21] 感知到这种遭遇后的效果是看不见的，也就是说，它们以一种毫无预兆和无法追踪

黎明门，布乌哈克摄。（明信片由 A. 库比拉斯提供）

的方式发生，就像一个人“以自己的方式来到自己的家中：他完全就没有留意到这些”。[22]

在德布林的转变中威尔诺的角色只能是一种推测性的角色。但也许人们可以将他与这座城市的相遇与另一位皈依天主教的著名英国作家吉尔伯特·基思·切斯特顿（Gilbert Keith Chesterton，1874—1936）的相遇相提并论。切斯特顿于 1922 年公开接受了洗礼，并于 1927 年在一次组织良好的波兰奢华之旅中与妻子一起造访了威尔诺。这种转变使切斯特顿更能接近这个新兴的天主教民族国家的政治领域和文化环境。因此，与德布林相反，切斯特顿作为一位支持波兰利益的著名人物受邀正式访问了波兰。切斯特顿一家受到了热烈的欢迎：在华沙的火车站，他们受到了一大批波兰政要的欢迎，其中包括几位代表毕苏斯基（Piłsudski）元帅的骑兵军官。

在这次旅行中，切斯特顿对波兰表现出了无限的热情。在波兰PEN俱乐部的来宾签名纪念册中，他留下了一段讨人喜欢的题词："如果波兰不再出生，所有的基督教国家都会死亡。"[23]他还赞扬了毕苏斯基，他形容毕苏斯基道："他非常同情立陶宛，虽然立陶宛人和波兰人当时正在争吵。他对威尔诺很热心；然后我在边境发现了一处古迹，在那里波兰人和立陶宛人之间保持了和平——即使在当时他们两国处于战争状态。"[24]相比之下，德布林则将毕苏斯基描述成了一个形象更加模糊的人物："一位马志尼式（a la Mazzini）的革命者……反对神职人员……激进的左派……以自己的方式坚决组织军队……一个富有魅力并充满激情的人，他是议会制度彻底的反对者。"[25]

切斯特顿显然对波兰克雷西（Kresy）（边境）地区巴洛克式的"和谐之城"威尔诺感到很高兴。旅行结束几年之后，在一本自传体小说中，他使这座城市成了本次波兰之旅的亮点。可以预见的是，作者没有注意到或者选择性地忽视了所有民族仇恨的迹象。在他的记忆中，威尔诺仍然是一座充满嬉戏的无辜之城：

> 我和一位波兰女士一起开车，她非常诙谐，她熟悉整个欧洲的特点，也熟悉英格兰（以及斯拉夫人的野蛮习惯）；而且我只是注意到她的语气发生了变化，我们停在了通往一条小街的拱门外面，看看是否能变得凉快点，然后她说："我们不能在这里开车。"我感到怀疑；因为通道很宽，而且街道显然是开放的。当我们走在拱门下时，她又用平淡的语气说："在这里要摘下你的帽子。"然后我看到了开阔的街道。街上挤满了人，他们都面朝着我；所有人都跪在地上。好像有人走在我身后；或是一些奇怪的鸟儿在我头上盘旋。我面对着这个圆形的门洞，在拱门中央看到了敞开的大窗户，后面是一间金光闪闪、五光十色的房间；再后面是一幅画作；但是整个画面的一部分却像木偶

戏一样在移动，这激起了我奇特的双重回忆，就像我在儿时梦见木偶戏中的桥一样；然后我意识到，从那些不断变化的人群中，能听到正在举行的弥撒仪式，见到那些古老而壮丽的东西在闪闪发光。[26]

他对这个神奇之地和这位令人愉悦的同伴都感到着迷，切斯特顿的好奇心（或者他的记忆）并没有让他迈过这座大门。而德布林则对城市的日常生活表现出更浓厚的兴趣。他迷恋这座城市但并没有走火入魔，他更加深入这座城市中，在偶然间发现了本地另一处秘境：

这条街道被命名为黎明门街。这里几乎是无声的，虔信者们几乎没有发出任何声音。在拐角处，人们正在将排水管埋到地下。我缓步走在这条令人忧伤的街上，街道两旁都是小房子。现在是上午10点，但商店仍然关着门。有一些是开门的。然后我看看标志上的名字，发现这是犹太人的商店，现在不开门。现在仍是住棚节期间。

这条街道像一个广场一样宽阔。在另一边是一栋古老的像石头盒子一般的建筑：那是老剧院，前面有四轮马车。经过电影院，我注意到海报上有两种语言：波兰语和意第绪语。许多商店的标志同样也使用希伯来文字母拼写的意第绪语。我在华沙的纳勒夫基（Nalewki）区遇到过这种情况；但在这里，城里到处都是这样的。这里似乎有非常大的一群犹太人，或者一群非常勇敢的犹太人。然而我却没有看到任何犹太人，这是第二件事。有些犹太人一定会站在那里，即便现在是假期。现在我注意到我确实看到了他们，但却没有注意到他们。他们就站在我的旁边，站在电影院外面，他们戴着白帽，有年轻的男子和女孩子们；年长的人慢慢穿过凹凸不平的广场，用他们的语言相互交谈着。没有人穿长袍！我看不到任何一个人穿着“带帽子的黑色长袍”。他们都穿欧式服装——但不会说波兰语。这是一群与华沙犹太人不同的犹太人。[27]

德布林再一次面临着自己无法将犹太人置于其生活环境中的困境。只是这一次，他感知能力的不足更令人尴尬。在华沙，他受到了自己夸张的想象力的过度刺激，在威尔诺，他则因缺乏想象而变得茫然。德布林很快意识到，为了完整地看到维尔内或威尔诺整个犹太世界的全貌，他需要进入一个没有标注在地图上的讲意第绪语的文化区域。

海德·史洛斯（Haid Sloves，1905—1988）是一位意第绪语作家兼剧作家，他描述了意第绪语——及意第绪语使用区的文化景观——这是一片以地理上的永恒流动性为标志的领土："有一块土地是没有标记在任何一张世界地图之上的，这是一片奇怪而且未知的土地，它广阔得令人几乎觉得不真实，其永恒的边界横跨过大陆和海洋。这是操意第绪语的土地。有多少人声称这种语言是自己的语言，从纽约（New York）到莫斯科（Moscow），从布宜诺斯艾利斯（Buenos Aires）到华沙，从耶路撒冷到巴黎，从墨尔本（Melbourne）到约翰内斯堡（Johannesburg），有数百万人。"[28] 由于其多元化的特质，意第绪语没有一个中心。然而，当代犹太观察家"经常将维尔纳视为东欧犹太社区的典范，这是一个可以将过去丰富的传统作为创新文化底蕴的地方。在1930年意第绪语科学研究所（YIVO）会议的发言人说：'对我们来说，维尔纳不仅仅是一座城市，而是一种理念。'"[29]

维尔内之所以能够成为意第绪语使用区中一个理想的文化枢纽，是因为这座城市在欧洲碎片化的民族国家的地图中有着不稳定的地缘政治和语言地位。由于没有任何一种单独的民族、语言、宗教或意识形态的力量可以无可匹敌地统治这座城市，所以讲意第绪语的犹太人能够绘制他们自己的城市地图，这时间可比大多数执政政权都要长：

事实上，如果维尔纳在犹太世界上有一种特别的地理位置的话，这主要是通过使用一种独特的语言而创造的。当这座城市的名称正式从维尔纳变为威尔诺又变为维尔纽斯时，犹太人则将这座城市称为立陶宛的耶路撒冷（Yerushalayim d'lite），这个名字从未出现在任何官方地图上。此外，犹太居民使用他们的意第绪方言，他们既正式地又非正式地对城市的特定地区提出过要求。正如犹太人对维尔纳有着自己的称呼一样，这个城市的某些部分，尤其是犹太区的那部分，都有着独特的意第绪语称呼。大多数建筑都围绕着庭院（hoyfn）进行修建，这些庭院是以其主人的名字命名的；例如，入口在意第绪（Yidishe）街 7 号的庭院被称为沙乌勒·施斯科先生（Reb Shaul Shiske）的庭院，而亚特科威尔（Yatkever）街 8 号则是乌勒尔—费格尔（Urel-Feygl）的庭院。一些街道在意第绪语中也有自己的名字，例如圣尼古拉斯（St. Nicholas）街，犹太居民称之为 Gitkes-toybes zavulek [吉特克—托易贝（Gitke-Toybe）巷]。由于俄罗斯、德国、立陶宛和波兰政权陆续上台后，大街的街名经常变化，犹太街道的名称有时比他们的官方街名更古老而且更有名。[30]

然而，很少有非犹太人的游客或当地人对这座城市里的犹太区感兴趣。在华沙，德布林受到“一位既非常聪明，又非常现实的波兰民族主义政治家”的警告，他警告要当心那些“精力充沛，狡猾而又讨厌的立陶宛犹太人（Litvaks）”，他认为这是波兰反犹太主义的主要原因。[31] 许多来到又离开了威尔诺的人都带有强硬的种族和宗教的不容忍感。例如，在 1938 年，信天主教的美国人罗伯特·麦克布莱德（Robert McBride）在持极端民族主义思想的波兰牧师和随军牧师的陪同下参观了这座城市。他的行程以及随后对这座城市的印象否定了那些人对有关犹太人一切的蔑视：

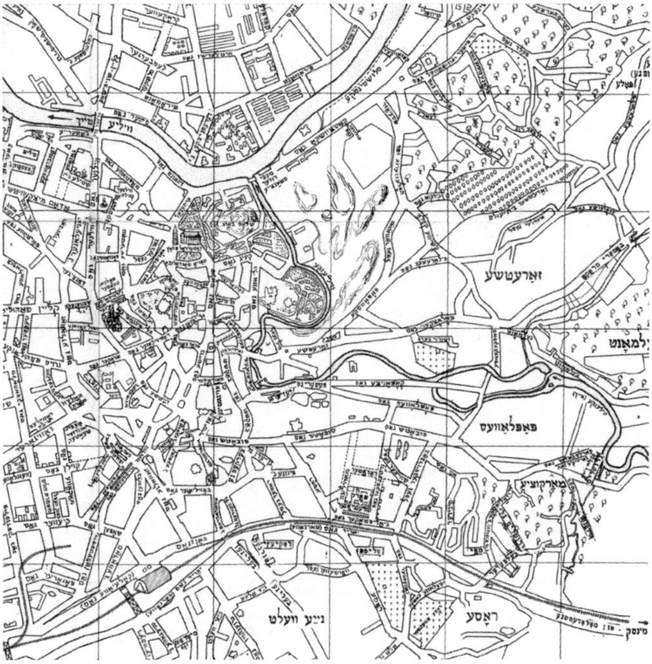

意第绪文标注的维尔纳地图，约 1940 年。(维尔纽斯大学图书馆)

在每座波兰城市中，除了极西部的城市之外，贫民区都是社区里不可分割的一部分。在威尔诺，它比在其他任何重要城市中都要更为相称。在这里，百分之四十的人口是犹太人，这里也和其他地方一样，他们更喜欢在贫民区里隐居并保留他们唯一的种族特征。在现当代，没有人试图进行种族隔离；这些犹太人同样更喜欢挤在一起在屋子里蜗居，他们穿着正统的黑袍，脸上也不刮胡子。他们的种族特征和正统观念受到严密保护，他们与自己的波兰邻居没有任何社交往来。他们看似是不可同化的，如果现有风俗习惯保持不变的话，他们还将处于种族隔离的状态，而且那些波兰人也会将他们视为自己社区里的外国元素。为什么他们希望自己被隔离于贫民区里那些狭窄、恶臭的街巷之中，这点是很难理解的。但毫无疑问，他们受到经济、便利性和习惯的影响，因为他们曾经在历史上被迫与信基督教的邻居分隔居住。威尔诺的这些希伯来人从事各种交易行当——开店，在市场上的贩卖，驾驶无顶的四轮马车，而且我也不会怀疑，他们会为彼此净身沐浴。[32]

德布林当然是不同的。在他最初的困惑过去之后，他勇敢地走进了贫穷的旧犹太区这座繁忙的迷宫。他是把这种过度拥挤的生活当成了生活充满活力的标志：

我找到了德意志大道这条犹太街道。在这里，我能理解他们的语言。这里的商店鳞次栉比，而且有着数不清的人。这里的犹太人有的在拉货，有的在搬东西，有的站成一组一组的。他们穿着一种罕见的长衫，这种衣服通常是欧洲偏远地方的服装。街头小贩在非常狭窄的小巷里沿街叫卖，他们一直排到庭院。商店是开放的，通常没有窗户，一排排的肉铺和卖家禽的铺子紧紧地挨着。拱门跨越了几条街道。它们标示出旧贫民区的边界。这是一种充满活力的生活，在这里和城堡山上、在水面上，士兵们都在进行操练。[33]

作者在适应了犹太街巷里这种快节奏生活的同时，也发现了城市里更为惬意的生活。他发现很难透彻地了解这个城市，部分原因在于其尚未解决的民族和政治身份。他拒绝按照地图上的行政区划来认识这个国家，但却在当地找不到合理的答案，他因此变得焦躁不安：

我有一张俄占时期的威尔诺地图和一张更新的地图。几乎所有的街道和广场都已被重新命名。在华沙，我因为这次重新命名而感到愉快而兴奋；但奇怪的是：我在这里并不关心它。它似乎是从上头强加

维尔内犹太区的街景。（明信片由 A. 库比拉斯提供）

给这座城市的。它不是像华沙那样从内部发出的。市中心的主干道曾被称为“大道”（Bolshaya），位于西北部的是格奥尔基耶夫斯基大道（Georgievsky Prospekt）；现在“大道”被称为大街（Wielka）和城堡街（Zamkowa），格奥尔基耶夫斯基大道被更名为亚当·密茨凯维奇大道。然后还有一条斯沃瓦茨基（Slowacki）大街，一条毕苏斯基（Pilsudski）大街，一条西格蒙德大街，以及一条科希丘什科大街。

一个受过教育的女人对我耳语道：波兰人是礼貌的，多愁善感的，同时又是虚伪的；俄罗斯人有自由的本性，他们诚实而有魅力。哦，她误解了我。我是波兰人民的朋友。几个世纪以来，波兰人运气不好，他们被迫隐藏自己的感情，就在俄罗斯人的统治之下——他们无法做到心胸开阔，但他们是诚实而富有魅力的。压制能让你屈从并变得虚弱。而波兰并不像俄罗斯那样自由自在，它不像俄罗斯那样广阔；这片土地楔入东西方之间，也楔入南北方之间。除了单纯的人，

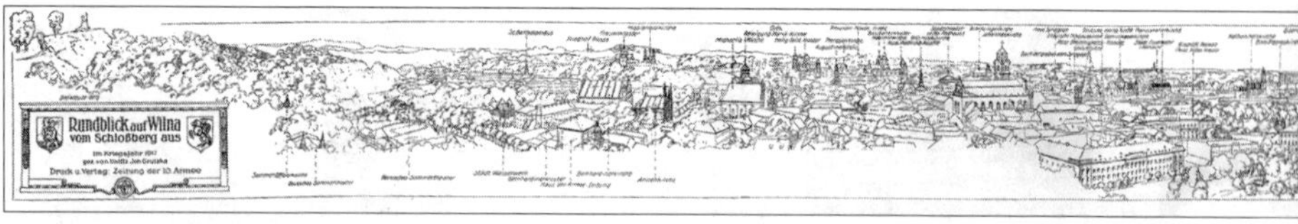

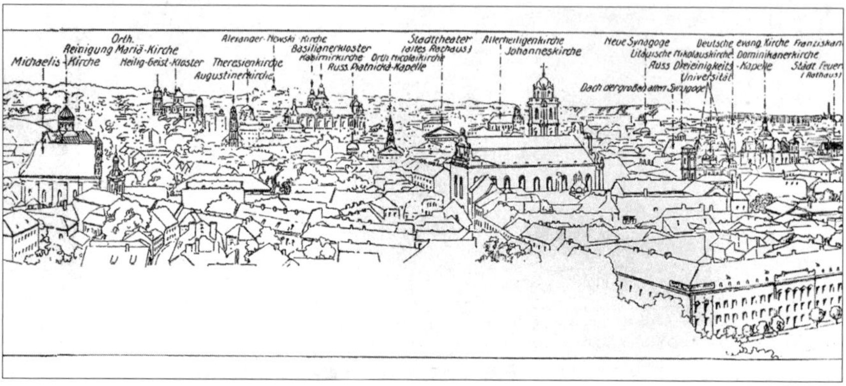

从城堡山上俯看威尔纳的全景，1917 年。(维尔纽斯大学图书馆)

这里会产生一切东西。波兰是一座桥梁：那么它是陆地上还是水上的桥梁？我感到很苦恼。

威尔诺地区是一个亟待解决的问题。立陶宛人声称维尔纽斯是他们的首都。而波兰人占领了它。波兰—立陶宛之间边境遭到关闭。这两个年轻的国家之间处于永久的战争状态。[34]

像任何游客一样，德布林也爬上了陡峭的城堡山以便获得更好的视野，并可能更详细地了解这个地方。到了这个时候，“奇迹般的全景式画面”这种话已经成为陈词滥调。尽管如此，德国占领军是在“愉快的”历史遗忘症中第一个吸取教训的人，尽管他们没有得出任何不合理的结论。蒙蒂在漫步威尔纳的过程中，将这座山丘描述为这个地方神话般的基石。“从这个高度看去，格迪敏（格迪米纳斯）统治着他庞大的国土，据传他

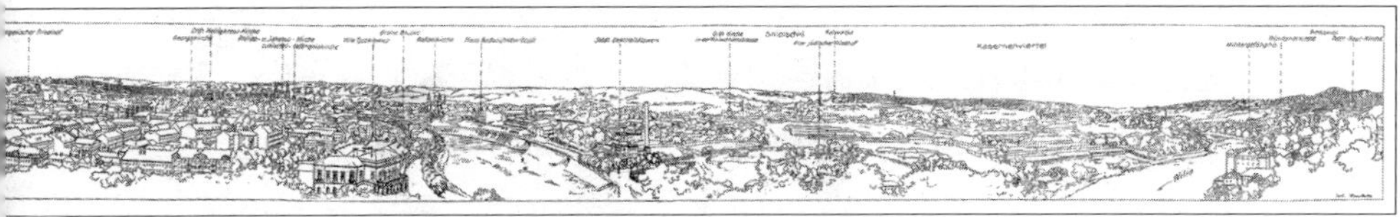

的坟墓就位于城堡废墟的附近。在这个制高点上开始了这座城市的历史；但在今天，”蒙蒂又妄自尊大地补充道，“没有必要记住它的过去。观众应该遵循他的审美直觉而不需要什么记忆，他应该心里不存有任何挂碍，用他的眼睛去享受这全立陶宛最美丽的风景。”“目光划过白雪皑皑的屋顶、田野和山丘之后，又滑向了那看似无尽的地平线。”这个神奇的地方本身就规定了这些参与规则，因为“黑暗而遥远的山丘完美地衬托出城市里无数的尖顶和圆顶，营造出一种非凡的节奏感，并表现出描绘这个地方的这幅画作中的动态”。[35]

尽管这里具有理想的位置和田园诗般的背景，但（或是因为这些）这幅全景并没有让德布林陶醉，德布林俯视下方并立即将历史记录在画面中。他在历史叙述中加入了个人的注释，这就将这幅如图画般完美的场景变成了一场闹剧：

> 但是秋天即将到来，在黄棕色树叶的闪动中，城堡山就矗立在那里，那里有最古老的威尔诺。那里曾经住过一位立陶宛大公格迪敏（Gedymin），他在那里修建了他的城堡。在山下，异教徒的神庙里火光闪闪。来自波兰的美丽而秀雅的雅德维嘉注定会与这个男人结婚，他是第一任波兰—立陶宛大公雅盖沃，他成了一名基督徒——我相信他会按照协约——摧毁了这座神庙。他以圣斯坦尼斯拉夫（St. Stanislaw）大教堂取而代之，这是为了基督教进行的报复。而当一个基督徒看到这座可怕的大厦时，他又恢复了异教信仰。这些强扭的

婚姻没有任何结果。这座教堂看起来像希腊神庙或波兰的市政剧院。这是维斯瓦（Vistula）河畔的古物。这桩婚姻因死亡而告终，波兰和立陶宛再次分道扬镳，而大教堂则是无法撤销的。据说，圣卡齐米日（St. Kazimierz）在这里有一个重达2500磅的银棺；波兰国王的八尊银制雕像站在这里，但来自阿拉伯半岛（Araby）的所有香水……一座钟楼在这座希腊神庙或市政剧院旁边自由地矗立着。我在中午时分走过这里，从头顶上传来一声咆哮。那个男人朝着四个方向都发出刺耳的声音。我听到了：他是一名士兵，这是波兰人驻军的习俗。俄罗斯人从城堡山脚下的公园里把这座纪念碑移走献给他们的普希金。他们一定是为这尊金属纪念碑而来的。在伦南坎普（Rennenkampf）撤退后，德国人的总部就设在这里。下午在城里的公园中播放着德国音乐。长椅排成了一排，就如同在度假公园中一样。[36]

受到来自战争的记忆碎片的困扰，德布林很快就失去了对威尔诺众多地标性建筑的兴趣："有人带我去了很多教堂；我顺从地跟着，但到了里面就小心翼翼地闭上眼睛和耳朵。在一座教堂里，我看到在石柱上凿出了一张张波兰农民胖乎乎的脸。而在另一座教堂里，有人告诉我拿破仑曾站在它面前，说他想把这座教堂带到巴黎。我无法忍受这些该死的古老艺术品。"[37] 由于无聊，德布林开始了一场休闲游戏。他承担了导游的责任，通过讲故事他利用着并且塑造着这个地方的历史。

在山上是红砖的建筑；传说有一条隧道能从这里通往邻村特罗基。下面是红色的兵营，沿着斜坡是黄色的灌木丛，漆黑的河面上闪着光：这是威利亚河。再下面是许多带有红色屋顶的房子，听到一阵马车的轰响，还有一阵叮叮当当的敲打声。奇怪的是，在我身后，一边竖着三座挨着的高大白色十字架：这是波兰人的墓地，我听说这些人是在1863年被穆拉维耶夫将军杀害的。在占领期间，波兰人什么都没忘记，他们已经开始工作了，是他们竖起这些十字架的。还有一尊大炮：俄罗斯人中午12点开炮，这是已到中午的信号。这里有这么多古老的习俗：在教堂举行博士毕业典礼时要号角齐鸣，还得鸣放礼炮。时钟一直在流转，但当局注意到这些事情的速度特别慢。我很喜欢威利亚河闪亮的水面；在它背后，是环绕着它的森林。

俯视着所谓的城堡广场，旁边有一座古老的教堂，还有城堡本身，我再一次走到下面，但是无法下定决心要去看看。毕竟它只适合老一辈的游客，但我属于新一辈人。我的同伴很乐意看到它；他是从威尔诺来的；所以我决定带他看看这座城堡。

“俄罗斯总督住在那里？”

“是的。”

“我就知道；这很明显。后来，德国人把它变成了一个军官的食堂或军队医院——总指挥在那里，不是吗？ ”

“一所医院。”

带金色铭文的大理石牌匾上说拿破仑在从俄罗斯撤退时曾在此逗留。他于1812年11月24日晚上不得不乔装离开城镇。

一个吉卜赛女人经过入口，她的臂膀里抱着一个孩子。吉卜赛人在镇外有一个营地；很多人来自俄罗斯。我的同伴说他们正在逃离布尔什维克。

我的儿子，他们不会逃离布尔什维克。当穷人上台时，他们只会向富人施加压力。吉卜赛人总是逃离，或者更确切地说，不会逃离，他们只会徘徊。

我给同伴留下了“徘徊”这个词。然后我们进入城堡中的庭院。差不多是下午1点了，在我们走路时没人打扰我们。拿破仑已经逃走了，俄罗斯人也已经离开了，德国人也离开了。现在我们在这里。

我的同伴和我在思考，我们是否应该举起旗帜，用波兰语和意第绪语发布宣言，解释说我们是作为朋友而来的，居民应该在各方面协助我们和我们的军队。但他首先要问问看守，我没有异议。而看守注意到了我们，他吃了一惊，然后就立即跑去吃午饭了。我的同伴赶上了他。他们在交谈——他们说什么语言呢？俄语。他们钦佩拿破仑，而且他们说俄语或波兰语。但我不羡慕他，我说法语。当我用法语跟搬运工说话时，他回答说他听不懂意第绪语。我垂头丧气地独自徘徊着，然后爬上楼梯。我的路上有一间等候室；在几个世纪的岁月中屋里的地毯不见了。我们一路走进舞厅；破破烂烂的洛可可式家具仿佛是在为拿破仑哀悼。有些房间是粉刷过的，这里通常都有带瓷砖的炉灶。他们问他们自己也问我在城堡里干什么。可怕的穆拉维耶夫住在一间非常吓人的房间里。屋子里没有窗户，连一扇窗户也没有。那仅仅是一个小房间。由于穆拉维耶夫非常害怕，所以他从不睡在有窗户的房间里。而现在我注意到有一股气味让我感到极为难受，这是我从未在城堡中闻到过的气味。但我并不后悔来这儿；这是一座不同寻常的城堡。穆拉维耶夫一定在这里；我嗅到了他的存在，你可以在这儿闻到他的味道。看守平静地回答道：首先，他不懂意第绪语；其次，穆拉维耶夫不在这里。我闻到的是污水系统的味道，而污水系统不在这里。他说自从拿破仑时代以来在这儿早就没有污水系统了，但从那以后，却一直能感受到强烈的气味。之所以这种情况能持续下来，是因为这是一座城堡，一个历史悠久的景点，它带有过去的气味。我松了一口气，可怕的穆拉维耶夫不在这里。看守向我展示了俄罗斯人留下的真正遗迹：有几条楼梯通向一条弯曲的楼梯。这是这位强大的暴君用于紧急逃生的秘密通道。[38]

只要德布林在旅行时遇到一战的遗物，他的历史想象就会飞入一个属于私人的内省性的世界。在目击了最近的暴力事件后，他饱含这种内省性的情感进行了回顾性的洞察，这座城市变成了一个令人感到耻辱的地方：

> 我愉快地获悉，德军进占了这里。据我所知，德国人留下了三个墓地：一个是平民的，一个是军官的，还有一个是士兵的。根据民法和军事法，这位好德国勋爵（Good German Lord）拥有法庭。然后，在扎克勒特（Zakret）树林中，我看到了他们排成一行行的长长的坟墓：有简单的木制十字架，以及俄罗斯人奇怪的希腊东正教十字架：横梁是倾斜的。这种安静是深刻的。下面是无数的死人，他们在大炮的轰鸣声中、在医院的呻吟声中离开了这个世界。这些可怜的生灵；他们中没有一个人可以不抱怨地离开这种可怕的生活。当我沿着一行行坟墓行走时，我感到了内心的煎熬和羞愧。我觉得我必须请求得到原谅。因为他们躺在这里，而我却活着。我不想问，也不能问他们觉得如何。我想：他们感觉很好，像从坟墓里长出来的长长的青草一样舒适而自在。[39]

社会责任感和政治好奇心驱使德布林回到了现在。他想探索当时占统治地位的意识形态的机制："我会看到变化的、松动的力量。在东欧，群众的解放是在一个国家框架内进行的——事实上，时代的最强音是民族主义。"[40] 他看到"数百万的犹太人正在形成一种自由的欧洲民族的新意识，他们在甩掉那种旧时代中奴役和耻辱的包袱。他们希望成为少数民族，或者从他们的宗教中寻找到在亚洲的古老家园"。[41] 凭借这样的洞察力，作家深入了维尔纳的犹太人的时代精神之中。

作者访问了犹太复国主义者和同盟组织，他前往希伯来语和意第绪语学校，之后他明确了现代犹太人的主要困境："不仅仅是巴尔一闪姆

(Baal-Shem）与国家的对立，还有东方与西方的对立。犹太民族的第一道裂痕是：加翁和巴尔—闪姆与世俗政治的对立。解放后的犹太人之间的第二道裂痕是：资产阶级国家的支持者与社会主义者的对立。社会主义者——是普世的，人道主义的，国际化的——他们更善于维护加翁古老的路线，这是一种伟大的超越民族的观念。”他还发现了意第绪语的推动者和希伯来语的拥护者之间在意识形态上的相似性：“两者都是现代的、民族的、西方的。”他对犹太复国主义团体充满了不信任，但他立即又对同盟组织，即意第绪语的社会主义支持者感到放心。[42]

这座城市里犹太世界的文化多样性和政治活力给德布林留下了深刻的印象。他认为维尔纳的加翁是现代犹太人的榜样——富有理性而且勤奋，坚定不移地投身于精神生活。但他担心犹太人的国家这一理念会违背加翁教义的原则。在他看来，民族主义可能会抹杀犹太人的灵性：

> 我出门的时候情不自禁地在想：犹太人是一个多么令人印象深刻的民族。我不了解这个民族：我相信我在德国所看到的东西，我相信犹太人是一群勤劳的人，是商店的店主，他们沉浸在自己的家庭意识中，慢慢变得过于肥胖，他们又是机敏的知识分子，他们还是极为庞大的一群有教养的、没有安全感的、不快乐的人。现在我看到的那些是孤立的例子，那些人堕落，远离生活，他们在这里寻求自保的民族核心。这是一个非凡的核心并它产生了富人，扑面而来的巴尔—闪姆，威尔诺的加翁的黑暗火焰等。在这些看似没有文化的东欧地区发生了这么多的事。这一切都在围绕着精神王国流动！
>
> ……如果历史倒退并且真的把锡安（Zion）赐予了犹太人的话，那么会发生什么？这已成了一个紧迫的问题。过去那些虚伪的条件再也无法维持下去了，严酷的环境正在解绑。在现代，经济需求正在推

动犹太人摆脱他们的隐居生活。逆历史潮流的运动正在酝酿着。发生悲剧的可能性也在增加。如果他们确实去寻找的话，那么他们将要寻找的圣殿将不会是那座圣殿（Temple）。信教的人，有精神信仰的人都知道这一点。他们说：只有弥赛亚（Messiah）才能赐予我们圣殿。最诚恳的犹太人也早已不再期待什么“国家”了。人们只有在精神世界中才能保存自己；这就是为什么一个人必须活在精神世界里。政治不能带来天堂，政治只能产生政治。“现代”这个时代对那些犹太人来说没有任何问题。

但是，今天的外部环境、政治、经济和群众的困境却都是事实。旧的社会有机体会对所有的变化产生强烈的抵制。对抗加翁和巴尔—闪姆的“国家”和“议会”即将来临。[43]

这次造访共为期四天，在最后一天，德布林被带到了位于城堡山脚下那条河正对岸的老犹太墓地。伊斯雷尔·科恩（Israel Cohen）在他所撰写的 1943 年的维尔纳历史中写道：“这是一处犹太人的墓地，按照正统犹太人的传统说法，就是一个‘永恒之家’（Bet ‘Olam’），这个术语里可以说是既包含了对使用委婉语的热衷又包含了对不朽的信仰。维尔纳有两所这样的‘房子’，它们彼此相距很远。位于维利亚河那边的旧墓地所延伸出去的范围非常大，这里大部分地区都像是一片荒芜的田野，遍生野草；因为墓碑的数量相对较少。”[44] 这些墓地有一个重要的功能——它们记录并包括了当地犹太人的过去。曾居住在这座城市里的美籍犹太人露西·达维多维奇（Lucy Dawidowicz）回忆道：“大多数的维尔纳犹太人知道他们历史的方式不是通过阅读书籍而是通过参观这两座犹太人墓地，就字面意义上说，他们的历史被埋葬在了这里。……传统认为，犹太人使用（旧墓地）作为丧葬场所的历史可以追溯到 1487 年，但有史可考的记录始于 1592 年。俄罗斯当局因缺乏空余空间在 1830 年关闭了这座墓地。”[45]

维尔内的老犹太墓地。（明信片由 A. 库比拉斯提供）

这些墓地对德布林是有诱惑的：他在赎罪日（Day of Atonement）去了华沙的犹太墓地。墓地里挤满了一群前来哀悼的女人和祈祷的男人，这些人都焦躁不安。德布林惊呆了："当我看到、听到这些东西的时候，我的脊梁骨感到一阵阵的寒战。……这是某种根本性的东西，出现这种东西也是一种返祖现象。这与犹太教有什么关系吗？……这是一种异教的，万物有灵论的，死者崇拜的残余。"[46] 访问威尔诺的旧墓地，为犹太人的生活提供了一种可供对比的纪念。

德布林带着两名年轻的向导和意第绪青年运动的积极分子前往旧墓地。带栅栏门的墓地被锁上了。他们就像三个淘气的半大孩子一样不得不闯进来。这位中年作家高兴地笑着说："这是一件说起来可怕的事情——我们笑着，笑着走进了墓地，然后在身后把门关上了。"[47] 这个荒凉的地方，它平凡的虔诚，以俗世的方式对上帝的亲近和忧郁的寂寞让他迷醉。这是德布林第一次——事实上，也是他对波兰印象派风格的描述中唯一的一次——终止了自己的思想活动。他放弃了在加翁墓前展开他的叙事流，好像在重新安置和混乱流亡这些无休止的轮回之后等待着一个令人振奋的念头：

> 在这里，我们发现一片巨大的草坪，有几棵树散乱地分布在这儿和那儿，它们或兀自生长或成簇而生，这儿还有低矮的石板。枯萎的叶子到处都是，甚至堆积在几个空洞中。一阵细雨正在落下。石碑上有长长的铭文，有红色和黄色的方形希伯来文字。石板上经常绘有狮子的图案。碎瓷片和碎石片散落在周围。可怕的是墓地被忽视了。许多墓碑上还有些碎砖头和小石头。小石头下还有些麦秸，以及希伯来文写的纸条。这些是在这里祈祷的虔诚的犹太人的纪念物。因为他们从遥远的地方旅行至此，然后在这些著名人物和圣人的坟墓前祈祷。深沉而黑暗的感觉促使他们来到这里。不知何故——他们认为并且觉得——这位圣人仍然在他的坟墓里，他的身体仍然是有生命的，他们可以像他们的祖先在生前那样接近他。这位逝者被禁锢在他的坟墓里，他消失的灵魂仍然附着在他的遗骸上，他的灵魂可以通过祈祷来唤起。而这位虔诚的人，这位先生（rebbe），这些圣徒与上帝离得更近，并且或许可以通过上帝的方式从上帝那里获得比常人更多的东西。这里的一切都是那么的破败。我听到喊叫、命令、士兵在唱歌，有一次，还听到一声呻吟。我爬过一个小小的上坡，在那里撒满了破碎的石块。当我站在坡上时，我看到一头牛在下面吃草。牛儿就在墓地里吃草。牛粪到处都是。
>
> ……我发现，威尔诺的犹太人感到自豪，但他们只是部分地，以一种非常东方的方式感到自豪。这些疯长的野草都长得高高的。在土堆上，你一直都会踩到破碎的墓碑。墓碑上经常绘有漂亮的，抽打着尾巴的狮子，这是力量的古老象征。威尔诺的加翁墓是一所低矮的石

头房子，周围是铁栏杆的围栏，这所房子上了锁。这里有他的坟墓和他的亲戚朋友的坟墓。他和这些人长眠于此，在他的一生中他并不怎么了解这些人。当他的妻子去世时，他说："我不得不经常挨饿，但我是为了律法（Torah）和上帝才做了这些的。但你是因为我这么个人而挨饿的。"他的石碑和附近的地面上堆满了成堆的写着字的小笔记本。这些甚至挂在了外面，挂在了铁栅栏上，用稻草和丛生的草叶绑在铁栏杆上。……[48]

德布林一家眼中的威尔诺是一幅由交错的印象、并列的思想和矛盾的描述所组成的抽象拼贴画。但这种文学风格反映了他现代表现主义的叙事思想。人们不应该把他对这座城市的描绘看作一幅模糊的肖像画，而是应该看作一个地图上的印记。地图永远不是一个地方的完整或可靠的表现形式：它是对事实想象的投射，只有当人们遵循其特定的制图比例尺时才可以阅读并理解其中的意义。

这位作家终其一生都对维尔纳的犹太人感到钦佩。在大屠杀之后，德布林把自己与这些人业已消失的世界的遭遇列入了他最为珍视的经历之中："我去了波兰。我写了一本关于它的书。我去了那里，这是我生命中第一次见到犹太人。看到他们，我深受感动。我永远不会忘记我在华沙、威尔纳和克拉科夫的犹太贫民区里所看到的……"不过，德布林认为他未能突破自己和理想之间的鸿沟。最后，他为在这场大迁徙中幸存下来而付出的代价是另一种形式的隔阂。在威尔诺，他与意第绪文化的现代性的这场简短邂逅纯属是逢场作戏，他用一种失败主义的论调总结道："我的话毫无意义。我一无所获。这是我无法扛起的另一面旗帜。"[49]

第八章 欧洲的旋涡

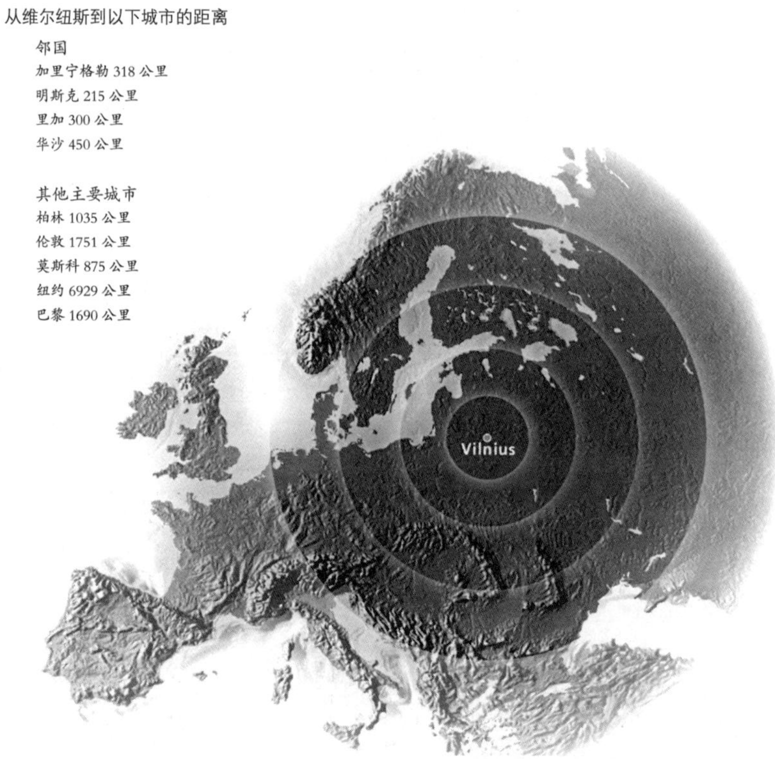

维尔纽斯位于欧洲的中心。维尔纽斯示意图：难忘的和谐与魅力，维尔纽斯市政府经济部旅游局，2002。（经维尔纽斯市政府批准印刷）

我再一次看到人类的改变比城市的改变更容易。人类可以改变自己。一座城市崩溃了。

——阿尔弗雷德·德布林

在我写这本书的时候，欧洲地理中心的确切位置再次发生了变化。根据法国国家地理研究所（再次）得到的新的科学结论，大陆中心现在位于北纬 54°50′，东经 25°18′ 的位置。新的计算是在排除了欧洲的各种政治特例之后得到的，例如，亚速尔群岛、加那利群岛和马德拉群岛，就其地壳构造基础而言，这些地方属于非洲，还有一些属于爱琴海在亚洲一侧的希腊岛屿。这些制图学上较小的调整收紧了欧洲脆弱的边界，变更之后大陆中心的位置更接近维尔纽斯了，就在距离老城区以北仅 6 千米的地方。尽管如此，旧中心的纪念意义仍然没有变化。为纪念立陶宛加入欧盟而竖立起来的纪念碑仍是旧中心的一件“装饰”，即使它所传达的象征性意义是基于暂时的科学计算错误而取得的。

20 世纪的维尔纽斯就像这个欧洲的地理中心一样：它总是在变换，在重新计算，在重新绘图，但却永远无法获得一种固定的意义或达到稳定的位置。现当代所给予维尔纽斯的不仅仅是战争，还有外国的占领、革命、冲突的意识形态、屠杀、人口减少、经济萧条以及不规律地循环着的现代化进程；它还为记忆的转换和误解创造了完美的条件。现代的维尔纽斯是建立在一种历史伪装之上的，这是一种故意想出来的想法，即过去没有留下目击者，只有可以被拆解，重新组装然后又一次分散的遗物。当代维尔纽斯是一个不安分的城市——不是就现在而言的，甚至是它的未来，还有它自己的过去。它是一个充满遗迹的地方，就像一个古老的墓地，古代的死者与最近到来的人之间在争夺着空间和记忆。由于纯粹的偶然性，新的欧洲中心落在了一片休耕地上，它最近已经复活了，以便满足维尔纽斯纪念品市场不断增长的需求。一间废弃的农舍变成了一个繁忙的工作室，这里生产墓碑，墓碑抹去了欧洲心脏地带的记忆。

维尔纽斯的居民尊重这里的逝者。这是一种被牢记的习俗，它源于各种宗教和文化传统。人们认为逝者如果没有明显的坟墓的话，他所遭受的就是一种可怜甚至残酷的命运。火葬、无坟墓丧葬、墓地租赁、迁坟和非个性化墓地这些现代的做法，在欧洲和北美大部分地区流行的这种传统，都被当地人视为野蛮的做法。维尔纽斯的墓地仍是当作永恒的遗址而进行规划和看管的，这些地方会永久地分配给逝者和他们的活着的家庭成员。因此，不断扩大的墓地占据了城市绿地中很大一部分地方，这使维尔纽斯成为在欧洲对逝者最为尊重的地方之一。

在 20 世纪，维尔纽斯的墓地在当地人民和城市的游客中都受到了极大的重视。遗物不可能会说话，但是它们将历史这张不完整而且没有写完的羊皮纸卷磨碎后深深地嵌入了当地的地形之中。在缺乏连贯的历史叙事和稳定的地理位置的情况下，逝者成了表明城市当前身份的最明显标志。1938 年，一位美国游客在来访的第一天早上就参观了该市最古老的天主教墓地之一：

> 我们没有吃早餐就被拖去看毕苏斯基和他母亲的合葬墓，然后去观瞻波兰最著名的神坛之一黎明门上的清晨弥撒。从车站到所谓的拉索斯墓地只有几分钟的车程，这座坟墓就位于墓地的边缘处，通过宽阔的楼梯可以到达这里。在混凝土平台上镶嵌一块抛光的黑色大理石板用以纪念这对母子，这种极致简约给人印象深刻。一个白色十字架构成的方阵——其中有两百个——护卫着坟墓的每一侧，这些无声的

墓志铭是为了纪念因保卫国家而在威尔诺罹难的英雄们。纪念碑的每一侧都站着一个人，这两名波兰军队的士兵会永远为逝者守夜。他们穿着卡其布制服就这么一动不动地站着，他们看上去非常像青铜雕像，以至过了一会儿我们才意识到他们是共和国活着的士兵。……我们漫步在墓地之中，研究着早期和最近在威尔诺故去的城镇居民的墓葬。尽管这片土地上的墓地里十分拥挤，但这片墓地也拥有许多的自然美景；它占据了一片山坡，山地的自然特征都保留了下来。这片小小的山丘和山谷上覆盖着树木和灌木，还有一段小小的悬崖和峭壁，上面满是些野花和高山植物，这些都为这片不寻常的墓园平添了几分别致。我们不是研究墓地的专家，也许那里的习俗并不仅仅是波兰人的习俗，但是我们仍对这些逝者的亲属所采取的现实主义态度感到几分震惊：在许多墓碑上都附有逝者的照片，还带有相框并做了防破坏的保护。[1]

在大教堂的地下室里，美国游客看到了最近才展示出来的西吉斯蒙德·奥古斯都以及他心爱的妻子芭芭拉·拉齐维拉沃瓦（立陶宛语：拉德维莱特）[Barbara Radziwiłłowa (Radvilaite)] 的遗体，他是 16 世纪的波兰国王和立陶宛大公然后他们又被带去参观了一处隐藏在老城地下通道中的更加恐怖的景观：

在 1597 年建成的多明我会修道院的某个地方，我们听说此处的圣灵教堂的地下室里收集了大量的干尸。但是当我们到达教堂时，我们几乎没有做好任何准备来目睹这些阴森可怕的景象。我们从古老的修道院的院子里的一条石阶下去，到达了阴暗的地下室里，我们面对着数百年前离开这个世界的许多圣徒和罪人的遗骸和骷髅，他们都被制成了干尸。这些遗骸曾经长眠在他们的棺材中，这些棺材有序地排列在教堂的地下墓穴里。但是他们现在这个幽暗的地下拱顶结构中却是一片混乱。如此无视逝者的神圣性是对俄罗斯人的不人道行为提出的一项指控；在战前很长的一段时间里，在零星爆发的一次波兰革命活动中，遭到逮捕的政治犯的数量足以让城里设施最多的监狱感到负担沉重。多明我会的地窖宽敞而且隔间众多，这里处于地下并具有适当的暗度，俄罗斯领主们对这个地方产生了兴趣，要把这里作为生活的宿舍，而非逝者的安息之地。他们拆除了棺材并成列地将其放置到粗糙的拱形地窖里未铺砌的地板上。然而，棺木的木材由于年代久远而发脆，承受不了这种移动。结果就是许多棺材都破开了，里面的尸体也露了出来，他们的这种保存状态令人吃惊。地窖里的空间显然已经用尽，由于监狱里需要更多的空间，地下室继续被迫交出这些沉默的居民。显然，俄罗斯当局丝毫没有考虑过要尊重这些长眠于此的人们，他们为了容纳这些收来的棺材而在墙上钉上架子。在拱顶结构中选择一个深凹下去的角落，他们将尸体从棺材中取出，毫不客气地把它们成堆地扔进这个黑暗的开口里。他们仍旧在那里，不夸张地说有数百个骷髅，现在大部分都是裸露着的，他们横七竖八地躺在一个巨大的土堆中；那些在顶部的人姿势奇特，在这个可怕的尸体堆中他们的头部、手臂、腿部、手和脚朝着四面八方伸出来。

能被慷慨地允许留在他们的棺材里的尸体都是些很好的干尸，很多都可以辨认出年龄，性别和社会地位。我们检查了一位贵族妇女，她可以通过服装和珠宝的碎片辨认出来；另一位是个老太太；一位绅士还留有一簇簇头发和胡须的残余物，但没有穿衣服；还有另一个女人，她是一枚金戒指的主人，这枚戒指从她毫无生气的手上被偷走，后来又被良心发现的小偷送了回来。桌子上摆放着有百年历史的神父和修女的服装，因为这栋建筑作为一个教会的中心享有悠久的历史；还有从莫斯科撤退后死去的拿破仑士兵脚下的靴子；以及在穹窿形墓

威尔诺的城堡街，约 1930 年。（明信片由 A. 库比拉斯提供）

穴的废墟中发现的杂物。[2]

到了 20 世纪中叶，人们把威尔诺看作一个过时的欧洲的化身，在这里，一种古老而被人遗忘的过去仍旧徘徊于现在这个时代。露西·达维多维茨（Lucy Dawidowicz）对这座城市的第一印象是一个在历史上充满异国情调的浪漫之地。“对美国游客更具吸引力的是维尔纳在历史上被毁的中世纪遗迹，街道上到处都可以看到这些，正如在山丘上可以看到这些一样。这是一座历史极为悠久的城市。对我来说，维尔纳是旧世界的缩影，这是一处富有传奇历史的传奇之地。”[3]这个城市写在重写羊皮纸上的特征并不是每个人都喜欢的。1940 年 7 月，年轻的英国工会活动家安·路易斯·斯特朗（Ann Louise Strong）在她前往莫斯科的旅途中曾在这座城市逗留。她总结了这个地方特有的地缘政治位置：“谁解决了维尔纳的问题谁就能解决欧洲的问题。维尔纳是一个充满民族仇恨而且无解的混合体（并且）它也是一个世界性的例子——在欧洲有许多这样的例子——关于资本主义统治下的民族仇恨问题的不可解决性。”[4] 同时，她也受到一位美国外交官冷嘲热讽的劝告：“与维尔纳相关的唯一一件能做的事情就是把它捡起来，把它带出去走上很长的一段路，然后把这些民族从它里面挤出来再塞进各自的国家里，然后再把这座城市放进博物馆里。”[5]

第一次出现了标签的变化。威尔诺于 1939 年 9 月 1 日作为波兰城市陷入了第二次世界大战；它又于 1945 年以立陶宛苏维埃共和国首都维尔纽斯的身份出现。随之而来的是当地地名的变更，因为操波兰语和意第绪语的人在文化和人口上的统治地位被俄语和立陶宛语所取代，后两者在意识形态和行政上占据着至高无上的地位。这种转变遭到了一些不同民族和意识形态色彩的打断。根据 1939 年纳粹与苏维埃所缔结条约的秘密协议，苏联占领了这座城市和波兰东部的地区，苏联出于战略原因将其归还给立陶宛。半年以后，维尔纽斯突然成为中立的立陶宛虽然合法但还未承担行政职能的首都，它仍处于超现实的地缘政治的边缘位置。席卷而来的战争将这里与欧洲的其他地区隔绝起来，这座城市成了从纳粹手中和苏联占领的波兰中逃出来的数千名犹太人和波兰难民不稳定的避风港。来自华沙的犹太医生赫尔曼·克鲁克（Herman Kruk）是那些能够逃脱纳粹轰炸并穿过苏占区到达这座城市的人之一：

> 这些成百上千的人到达维尔纳后就挤作一团，他们感到恐惧、饥饿还有疲惫。他们弓着身子——这些人已经习惯在每次听到炸弹的爆炸声时弯下腰去。他们被发生在他们周围的诸如恐怖和悲剧等的一切吓坏了，这些人以闪电般的速度飞奔。……人流如海水般泛滥，淹没了维尔纳。能有个躺下的地方成了一种梦想。连一片面包都很少见到。一件衬衫——谁还能考虑衬衫呢？……肥皂都是一种奢侈品。热

饭热菜更是一种幻想。每个看起来很正常的房间都会让你感到颤抖：一个房间！？人们还有房间吗？……人们还能在床上睡觉吗？……他们在睡觉吗？当每个难民看到正常生活仍然在某个地方持续而非一切都遭到毁坏和碾压时，他们都会感到颤抖。……因此，他们步履艰难地走在维尔纳的街头，这些都是来自波兰各地的难民。有来自华沙的工人，来自卢布林（Lublin）的犹太学校的学生，来自卡托维兹（Katowice）的商人、工程师、医生——这些人拖着沉重的步子走过维尔纳的中世纪小巷以寻求避难。寻找一扇敞开的门，一些能用来洗漱的水，以及一块能躺下的板子。总而言之，这是警报的汽笛。每个人都以他自己的方式在回应着，每个人都想以某种方式提供帮助，但是……维尔纳忙于解决自己的烦恼，自己的痛苦和所承受的折磨。维尔纳刚刚摆脱了战争的噩梦，德国人的轰炸，黑暗的夜晚和终有一死的生活。与世隔绝之后维尔纳遭遇了饥荒，当时没有人会在意这些难民。[6]

立陶宛对维尔纽斯的控制是暂时的。1940 年 6 月 15 日，即德国军队进入巴黎后的第二天，立陶宛被苏联军队占领。两个月内，以维尔纽斯为首都的立陶宛苏维埃共和国成为苏联的成员国，但德军在纳粹入侵苏联三天后于 1941 年 6 月 24 日以闪电战的方式占领了这座城市。晚上，一名当地与共产党有关系的 14 岁犹太男孩伊茨阔克·鲁达舍夫斯基（Yitskhok Rudashevski）观察到老城里的“街道空荡荡的而又令人伤感”。“一名持枪的立陶宛人穿过街道。黎明时分，一辆摩托车在街上跑着。还有灰色的方檐头盔、眼镜、大衣和步枪。不幸的是，我看到了德国侵略军的第一个士兵。他的头盔邪恶地泛着冷光。不久之后，我去了街上（在那儿）我遇见了一位同志。我们像陌生人一样走在宽阔的街道上。德国军队正在行军。我们都低着头站着。眼前是一幅由坦克、摩托车和机器构成的黑色海市蜃楼。”7月8日，“他们颁布法令规定维尔纳的犹太人必须在胸前和背后戴上徽章——那是一个黄色的圆圈，里面是字母J。此时正是黎明，我透过窗户往外看，面前看到了第一个带着徽章的维尔纳犹太人。看到人们总是盯着他们，这是痛苦的。……我羞于在街上出现，这倒不是因为有人会注意到我是犹太人，而是因为我对（他们）对我们的所作所为感到羞耻”。两个月后，“又开始了迷人而且阳光灿烂的一天。立陶宛人封锁了街道。街上乱乱哄哄的。他们允许犹太工人进入。他们正在为维尔纳的犹太人设立一个贫民区”。在动荡中，鲁达舍夫斯基被推搡着穿过贫民区的大门：“我觉得我遭到了抢劫，他们从我这里夺走了我的自由，我的家和维尔纳那些我所熟悉并且深爱着的街巷。……他们突然把我跟别人推到了一起，我听到了那些人焦躁不安的呼吸，他们突然强迫像我这样的人离开了自己的家。”在犹太区的第一天，德国军官开始拍摄“那些弯弯曲曲的街道和受惊的人们。他们以中世纪取乐，而他们已经进入了20世纪!!!!”[7]

克鲁克（Kruk）写道，在这座城市的老城区设立的贫民区“像蜂箱一样拥挤。一块供3000～4000人使用的土地上现在已有数万人。这里人挨着人。一个人踩着另一个人。每个人有不到一平方米的空间，这比墓地还要糟糕”。空旷的土地上突然盖起密密麻麻的建筑，这达到了让人患上幽闭恐惧症的密度。“每个院子都是一条街巷。每条街巷都是一座城市。这就如同成群麇集的蚁冢一般：人们推搡着、追逐着、奔跑着——这是痛苦中的痛苦。”尽管有饥饿、疾病和反复出现的德国人制造的谋杀，但贫民区的人口从未减少。来自其他犹太社区的新移民顶替了这些死者和被谋杀者的位置。虽然在1943年只有少数当地犹太人还留在贫民区里，“他们把成群的人们从周围城镇中驱赶出来，这些人逃离了惨遭屠戮的地方，或是逃离了行刑广场，或是逃离了大清洗，又或是逃离了洞穴和藏身之处。他们经历了恐怖和悲伤，他们洗刷掉痛苦，他们从地狱中回来了。他们变得狂热而肆意。死亡对他们来说不算什么，但他们不会自杀”。对他们来说，“维尔纳是最后的避难所。这是一个充满挑战的地方，这也是一个不要放弃的地方”。[8] 尽管每天都面临恐惧，但是一种超现实的正常感让生活感到更轻松。鲁达舍夫斯基在日记中写道：“我会一次忙上几小时。”“在学校和俱乐部很难完成某些事情，同时也要参与烹饪和清洁工作。在学校里，在我们上地理课的时候正以维尔纳为主题做报告。”[9]

维尔纳绝大多数的犹太人是被德国人和他们的立陶宛帮凶在波纳利（帕内利艾）杀害的，从这座森林覆盖的山丘上能俯瞰这座在 1812 年让拿破仑的军队惨遭覆灭的城市。1943 年 9 月 23 日，这个贫民区遭到清洗，11000 名居民中的大部分被送往爱沙尼亚的集中营，在那里，很少有人在艰苦的劳动和饥饿中幸存下来。在当地 60000 名犹太人中，不到 3000 人看到了战争的结束。1944 年夏天，在苏军解放了被纳粹占领的维尔纽斯后不久，曾被迫流亡到中亚的意第绪语作家哈伊姆·格雷德（Chaim Grade，1910—1982）回到了他童年时期在维尔纳住过的社区，当他回来后，他立即觉得自己像个陌生人。维尔纳已经不复存在了：犹太人的小镇甚至不是一座博物馆或一处墓地，而是一个幽灵，在这种令人焦躁不安的记忆中，这里没有一个地方可以称之为家，这是一个丧失了身体的灵魂。“自从我回到维尔纳后，”格雷德写道，“我已经走遍了曾经构成这个贫民区的七条小巷。我深深地陷入这些逼仄的小巷之中，它们囚禁了我，这里就像地下通道一样，也像一座满是古代坟墓的洞穴。这里遭到了遗弃，它们向我施了咒语；这里空荡荡的景象萦绕在我的脑海之中，它们像七条石链一样勒在我的身上。但我并不想摆脱它们。我希望它们能够更深入地融入我的身体，进入我的肉体。我感觉到了带螺栓的大门和房门的黑暗，它们冰凉而僵硬，这种感觉在我的皮肤下面蔓延着。破碎的窗户在朝着我的眼睛凝视，我内心里有个人在大声喊叫着：‘就这样吧！我想成为一座废墟！’”[10]

维尔纳被埋葬在了幸存者的心里，他们带着这种记忆奔往世界上的各个角落，然后新的居民又很快占领了维尔纽斯。一些人来自立陶宛的其他城市以及道德败坏、暴力横行的乡村地区（第二次世界大战结束后，立陶宛抵抗苏联占领的活动持续了数年，当地的大规模人口驱逐行动只是在1953年斯大林去世后才结束）。其他人则从更远的地方抵达这里，他们主要是从俄罗斯来的。将当地的地名进行苏维埃化和立陶宛化有助于新移民适应环境。但是，虽然波兰语和意第绪语在战前的统治地位被俄罗斯和立陶宛的行政当局所取代，但这座城市里的新居民从未在家中感到过安心。立陶宛诗人托马斯·温茨洛瓦（Tomas Venclova）记得小时候是在战后抵达维尔纽斯的。对于大多数立陶宛人来说，“这是一座完全陌生的城市”，“在维尔纽斯，一开始的生活像是一个在新土壤中艰难扎根的过程。总的来说，这里很混乱”。[11]

历史的变迁掩盖了这座城市里的人口崩溃：在战争期间和战后（1939—1949）的十年间，由于谋杀、驱逐、流放、遣返和移民，维尔纽斯失去了近百分之九十的人口。由于其犹太社区遭到毁灭，这里的许多波兰居民被迫离开这座城市迁往重新组建的波兰国家，苏联统治下立陶宛的维尔纽斯成了一个空洞的地方，这与博物馆不同，除非没有承认它最近的过去。随着时间的推移，一座新的城市出现了。尽管这里的民族构成发生了戏剧性的变化，维尔纽斯仍是一座多民族的城市，维尔纽斯成了这个被压迫的立陶宛国家里昏迷的心脏，而且仅在苏联解体之前，在现代历史上讲立陶宛语的人口才第一次获得了人口统计学上的多数地位。

第二次世界大战期间的一个悲剧性的悖论是，维尔纽斯不仅失去了大部分居民，而且还错失了大部分的故事和记忆。几十年来，这座城市里有许多的土著居民，即那些战前在维尔纽斯出生和生活的人，他们生活在这座城市之外，而不是在城内。苏联时期的维尔纽斯基本上是一座移民城市，他们对这座城市家庭般的依恋感很弱，而且他们对这个地方的个人知识也很浅薄。不可否认，许多新的居民主要是立陶宛人和俄罗斯人，还有

战后废墟中的维尔纽斯和其中未受损的巴洛克式教堂，1947 年。（维尔纽斯大学图书馆）

一些波兰人和犹太人，他们都喜欢这座城市并为其过去感到自豪，但在苏联体制的限制之下，他们对这座城市的记忆永远无法完全跨越这个分裂的世界中政治的边界。这种错位导致了一种当地人身份的转变：维尔纽斯的这一代移民居民对最近的过去几乎一无所知，而老居民和他们的后代则从这个地方搬走了，但他们往往觉得自己仍是这座城市的一部分。在某种程度上，将本地人与外国人分开的界限被颠倒了：一个本地人变成了一个陌生人—— 一个新来的却变成了一个本地人。这种人口上的反转改变了这座城市的个性，用立陶宛诗人的话说，当代的维尔纽斯是一个中性的，不断变化的，但同时又是贫瘠的地方：

这个城市

在破裂后

改变了性别

而且它每次都逃离了

持续宁静的陷阱……

有多少诗人亲吻了

巴洛克式的丝绸系带

但他们只学会了一件事

——离开。

“铁狗：到维尔纽斯来”[12]

这座城市先前的波兰居民大部分都被安置到了波兰西部和北部那些“恢复的土地”上，这是以前普鲁士地区的东部诸省。威尔诺的斯特凡·巴托里（Stefan Batory）大学及其全体波兰教师被重新安置于托伦市（Torun），但绝大多数遣返者都在弗罗茨瓦夫（Wrocław）和格但斯克（Gdańsk）定居了，威尔诺的民间传统融入了新波兰的文化结构中。德国作家君特·格拉斯（Günter Grass）在小说《蟾蜍的召唤》（*The Call of the Toad*）中描写了老威尔诺人的这种怀旧情绪，这本书描述了两位海外移居者之间的恋情：一位是根在但泽的德国鳏夫，另一位是出身于一个威尔诺家庭的波兰寡妇。在苏联解体的那一年，他们于11月2日第一次见面，而他俩都是在格但斯克的墓园里瞻仰家庭墓地。“他们互称对方为莱施科先生（Herr Reschke）和皮雍特科夫斯卡夫人（Frau Piątkowska）。他们交换意见后放松下来，他们突然发现周围所有其他参加万灵节（All Souls' Day）纪念活动的人都在用鲜花和防风灯向那些逝者致敬”。而且直到那时，这位寡妇才评论到，那位鳏夫在他的日记中逐字地记录：“当然，妈妈和爸爸宁愿躺在威尔诺的墓地而并非这里，从那时起直到现在觉得这里的一切都是奇怪的。”[13] 来自世界各地天主教教区的无数移民也理解了这座城市里蕴含着的波兰（以及立陶宛）精神，这些教区的名字包括黎明门（波兰语的 Ostra Brama 或立陶宛语的 Aušros Vartai）以及圣卡西米尔（Saint Casimir）。

尽管维尔纳的记忆在战后显得非常忧郁，但它仍然有助于加强犹太民族的抵抗、文化延续、宗教传统主义和社会变革的精神意志力。维尔纳一直活跃在犹太家庭的故事和回忆中，他们的祖先曾在立陶宛扎根。在以色列，提到维尔纳最多的场合是：提到贫民区里的游击队的那些史诗般的事迹以及威尔纳的神学教育传统的精神复原力。在美国，维尔纳通过诸如意第绪语科学研究所（1925 年在维尔纳成立，在战时迁往纽约）和在波士顿重建的旧威尔纳犹太会堂（Vilna Shul）等学术和社区机构而被奉为犹太侨民的知识和文化中心。在法国，这座城市里犹太知识分子的学术和政治传统被 60 年代的法国学者和活动家们所接受，如杰出的哲学家埃马纽埃尔 · 列维纳斯（Emmanuel Levinas，1906—1995），他用“追求差异的权利（le droit à la différence）”的口号对这种传统进行了总结。这句话挑战了单一化的理想以及集中的法国文化，这呼应了战时威尔诺的意第绪语圈子的社会复杂性，这一点让德布林着了迷，因为它具有整合当地多元的文化并将其融入现代性的普遍原则中的能力。美国学者朱迪思 · 弗里德兰德在《塞纳河上的维尔纳》（*Vilna on the Seine*）一书中捕捉到了这种改变法国学术氛围的精神。在 1968 年后的巴黎，弗里德兰德指出：“犹太人的维尔纳似乎无处不在：它在电影院里，也在剧院里；在书里也在期刊里；它还体现在年轻人最近选择的回归犹太教的方式中，他们选择了做忏悔（teshuva）。受到象征主义而非历史真相的启发，（塞纳河上的）维尔纳超越了立陶宛的耶路撒冷城墙。它凝聚起了曾经沿着涅里斯河和尼曼河排布的，以及跨越整个立陶宛茂密森林的古老犹太社区……它涵盖了一个在意第绪语中叫作 Lite（立陶宛）的地方，这部分地区在战后曾被铁幕从欧洲的另一部分上切去。”[14]

在冷战的分离下，在意识形态和政治壁垒的背后，旧时代的魂灵遭到了社会主义进步精神的驱逐。苏联时期的维尔纽斯，现在被称为“立陶宛的气息和生命”，这座城市被宣称是“一座对比鲜明的城市，但不是在西方的资本主义城市里遇到的那种对比——也不是贵族的奢侈品与工人阶级地区的贫困之间的对比；维尔纽斯市罕见地同时具有现代的建筑和古老的历史古迹，因此它独树一帜”。苏联的宣传部门说，维尔纽斯的城市景观“是如此的不同寻常，以至于你对它的第一印象是你处在一座剧院中，剧院里所有的一切都是一位热爱过去的艺术家所做的装饰”。[15]与资本主义的那一套不同，苏联的现代性是一种面向未来发展的普世价值观及其标准，但它会略微地赞同当地的地方美学。因此，苏联时期的维尔纽斯被设想成是“明天的首都”，其中“立陶宛民族建筑的元素有机地融入了新建筑物的社会主义建筑风格之中”。这样一个创新的城市“前无古人，今无匹敌”，而且“任何在过去的三四年里没有在维尔纽斯住过的人会认不出这座城市的许多角落，这是一座既古老又充满青春气息的城市。几年后，从城堡山顶部望去的景色又将是一幅全新的、更美的景色。但无论维尔纽斯再怎么变化，它都将永远是立陶宛几百年历史的一座纪念碑，它是人民的骄傲和荣耀”。[16]然而，就立陶宛的维尔纽斯的这种宾至如归的感觉而言，它所建立的基础是一种记忆空虚，以及幽灵般的地图重制，用立陶宛诗人尤蒂塔·外秋奈忒（Judita Vaičiūnaitė，1937—2001）的话来说，这种感觉的用意在于帮助新来的人适应这个地方。在诗歌《博物馆街》（*Museum Street*）（战后为维尔纽斯老城里的德国街道命名时，部分地使用了那个时期的命名方法进行改名）中，它表现出这座城市具有的新身份是一种平凡的遗忘：

在桌子上——有白盘子、面包和黄苹果。

还有夏天——在五楼打开的窗户之外。
雷声和雨声都安静了下来。
而太阳在勾勒
它自己的风景……
一个女人走近广场——她有浅色的头发，高挑的身材。
屋顶上的水滴为她闪烁。
假期的照片准备好了。
用一双烫热的手遮住这些嘈杂疲惫的街道——
而窗户，
从塔那边唤来鸽子
和麻雀，
面包投喂器，
像一曲高音的旋律一样升起
到犹太贫民区的大火上方，
这是一支安魂曲，留下一片灰烬……[17]

在现代城市美化和城市空间扩张的过程中，这座城市把它的历史缩小到只关注立陶宛主题和时代主题上来。在这两种情况下，许多当地文物都遭到审查并销毁，以便清理城市的地表形态。通常情况下，当地在意识形态或民族起源上可疑的那些不受欢迎的死者被苏联时期英雄人物的遗物所取代了。就在第二次世界大战结束后不久，埋葬着两次世界大战中阵亡军人的德国战争公墓首当其冲遭到了破坏。接下来是消灭旧的新教墓地，这里埋葬着许多当地的欧洲（主要是德国）外籍人士，包括许多大学的教授。乔治·福斯特和约瑟夫·弗兰克的许多大学同事的尸体和坟墓都遭到了当时立陶宛政府命令的亵渎，这所大学的大部分传记都被抹去。保罗·蒙蒂一战期间在城市主监狱附近遇到的那座小型穆斯林墓地也被夷为平地。随着墓地和邻近清真寺遭到的破坏，历史悠久的鞑靼社区的最后遗迹也被从城市景观中除掉了。此外，民事部门将波兰和立陶宛在宗教和民族上的各种历史人物的遗体转移到了不那么显眼的地点，这一举动严重地削弱了这些人的知名度。例如，包含圣卡西米尔遗骸的银棺从大教堂搬到了圣彼得和保罗教堂。对这座城市的历史地形所造成的另一次毁灭性打击来自对两座犹太墓地的无情破坏——在纳粹灭绝当地犹太人以及战后对大为减少的犹太社区进行镇压之后，这两座墓地就是几个世纪以来关于犹太人在维尔纳的历史和地理活动的最具代表性的纪念物。新维尔纽斯的民间和意识形态的纪念碑通常就建在这些被毁坏的墓地之上。事实上，地方当局把许多来自犹太墓地和新教墓地的墓碑在各地的建筑工地上用作建筑材料。一些犹太人的墓碑最终成了通往山顶的台阶中的踏脚石，从那里可以看到改变后的地形和战后维尔纽斯天际线的全景。

总的来说，那时的维尔纽斯是一个孤立的，在意识形态上和政治上都遭到限制的城市。虽然这座城市与西欧之间没有直通的公路、铁路或者通航，但它经常出现在国家宣传的幻想世界中，如果它不是作为大陆的中心，那么至少是作为一个充满活力的国际旅行中心。20 世纪 50 年代的官方旅行指南以一种典型的方式使维尔纽斯成了这个梦想世界壮观的入口，这里的机场几乎容纳不下从巴黎、布拉格（Prague）、莫斯科、华沙、柏林等地飞入的飞机。

在机场大厅里："搬运工们正忙着搬运来自许多国家的行李，行李上还有酒店的标签，人们在这里说汉语、英语、波兰语和德语……对于许多从国外抵达的人来说，维尔纽斯是通往这个世界的空中门户，他们在这座国际机场的大楼里与这个国家第一次相识。"[18] 然而，政府首脑从未热衷于维尔纽斯过，无论是它属于波兰人和犹太人的这段最近的过去，还是立陶宛处于萌芽状态的未来都是对现行意识形态的挑战。因此，维尔纽斯的建筑虽然具有美感，这座城市也有历史意义，但它却很少出现在官方认可

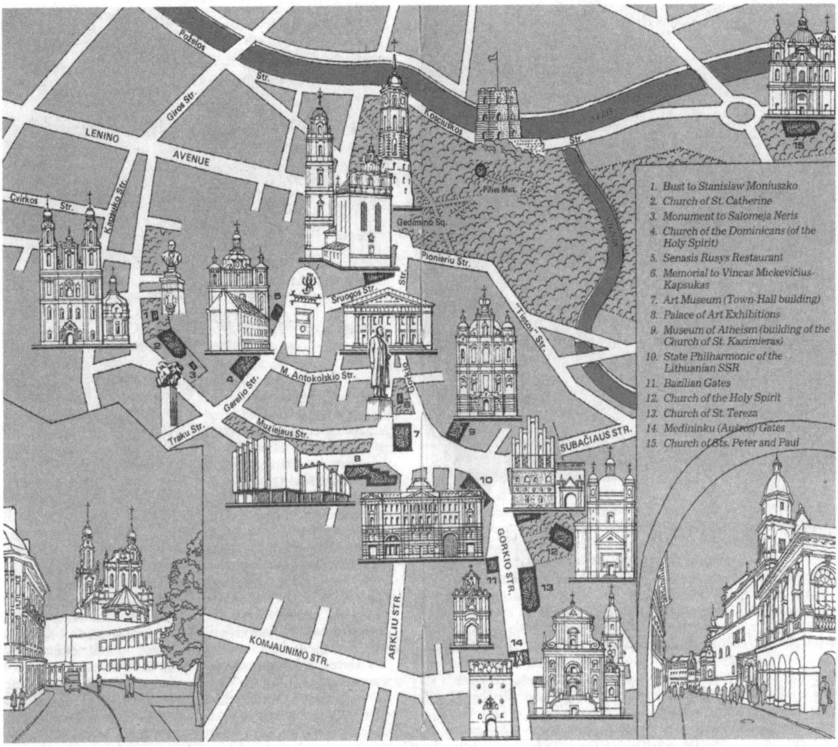

一张苏联时期维尔纽斯的游览图，1981 年。在苏联时期，图中标为第 9 号的圣卡西米尔教堂改用作无神论博物馆。

的专门为外国游客设计的国际旅行社的行程中。此外，当局很害怕在国内进行独立旅行，并对此进行控制，特别是在立陶宛等边境地区，甚至离开该国的维尔纽斯旧居民也是通过加入由旅行社代办的旅行团来探访他们仍居住于该市的亲属。在维尔纽斯的外国人十分罕见，很容易通过他们的着装或无拘无束的社会行为认出这些人，但是出于对克格勃的恐惧，大多数当地人会避免与其接触。在当局的密切关注下，与外国人非正式或无限制的友好关系很容易会变成一种意识形态上的恶习，同时也是社会恶习。除了零星的家庭团聚外，只有文化精英、高级官员、持不同政见者和妓女才能定期与没有问题的外国人交往。

一些游客，如西蒙娜·波伏娃（Simone Beauvoir）和让—保罗·萨特（Jean-Paul Sartre），他们在1965年经过立陶宛，带来了哲学（如果不总是意识形态的）独立的光环。唉，这是一个单一的事件，他们的来访受到了当局的监督，有些人得到了允许可以与这对格调高雅的夫妇结识，而他们的到访对这些人的思想产生了深远的影响。那些受到当局的允许在此停留更长时间的人或多或少地同情社会主义政权，但即使他们与这座城市的相遇也受到了官方审查和意识形态监护。其中一位访客是菲利普·波诺斯基（Phillipe Bonosky），他于1916年出生于宾夕法尼亚州的一座钢都，他的父母是立陶宛人，他后来把自己描述成一名美国的无产阶级作家。波诺斯基也是美国共产党出版的《每日工人报》（*Daily Worker*）在莫斯科的通讯记者，他在20世纪60年代中期访问了维尔纽斯。1967年，他在一本名为《超越神话的边界：从维尔纽斯到河内》（*Beyond the Borders of Myth: from Vilnius to Hanoi*）的书中汇总了他对这座城市的印象。波诺斯基当然对苏维埃政府的社会主义体制抱有友好的态度，即便他不是抱有完全支持的态度。然而，他与后斯大林主义时代的维尔纽斯的相遇却产生了惊人的个人共鸣，很少能在对这个地方的宣传鼓动性的描述中发现这一点。在冷战的高峰期，波诺斯基是首批公开承认这种虚幻力量（如他此次对维尔纽斯的访问）的外国游客之一：

> 有一个这样的维尔纽斯：这个维尔纽斯可以用眼睛看到，用耳朵听到，用鼻子嗅到也能用其他感官感知到。这是一个这样的维尔纽斯，全世界都同意这是欧洲最可爱的城市之一。作为一个城市，它已经遭受了太多的苦难，但它的痛苦与人类的苦难是如此的密切相关，所有人认为它像半人似的，它也有感情，也像人类一样持久。
>
> 还有另一个维尔纽斯，那是属于某个人的维尔纽斯，也是那个人为自己所构想出的维尔纽斯。维尔纽斯成为这个人自传中的一部分。

“当我第一次来到维尔纽斯时，我感觉仿佛是曾经去过那里好几次了，好像是‘我曾经失去了你’。它已经像梦一样让人熟悉。”[19]

随着他与这座城市接触的加深，维尔纽斯从一种令人着迷的样子变成了一种可怕的景象。对于波诺斯基来说，这种转变导致了对维尔纽斯这座城市的普遍性的认可，维尔纽斯代表了新旧两个欧洲：

老维尔纽斯是一座活的博物馆，虽然它带来了双重生活。纳粹几乎摧毁了所有这一切。但实际上，立陶宛人在破败的地基上重建了这座城市，就像它曾经的样子一样。现在只有原子之火可以熔化这些石头。

这就是在观察这座古老的维尔纽斯时，为什么没有过于强烈的怀旧感的原因之一。因为没有感觉，人们便可以忘记这里的痛苦。就是踏在这些石头上，有许多人有更好的走路的权利，但就在此时，筑在这些石头上的还有寂静而未知的坟墓。

你也伴着幽灵走在这里——沿着这条通往帕内利艾的路，那里有成千上万的人走在你面前。路的尽头是一条没有鸟儿能飞过的沟壑——即便是这里的死者也完全变成了灰烬。

所以离开吧！相反，请造访美丽的老维尔纽斯，你希望的，忘记所有这一切。突然间——你会面对面地碰到这里的贫民区！

这些你现在踩着的石头正在你的脚上退缩。没有“艺术”，尽管它是羞怯的，也可以使它们沉默。但却没有足够长的时间能让他们忘记。因为仅仅在昨天他们还是精力充沛的，这不应该被遗忘，不仅是因为应该永远记住死者，而且更应该记住悲剧的原因。……所以这是维尔纽斯的一些侧面，而不是全部，这也不是每个人的维尔纽斯，这是这座城市新的部分中的一小段而已，这是历史所知道的维尔纽斯，它向游客展示着自己。这位作家来到这里并把自己与这里所历经的过往联系到了一起，因为这是具有普遍性的。[20]

尽管它具有普遍的吸引力，但大多数的外国或本地作家都很少关注这一时期的维尔纽斯。除了这里以前的居民之外，西方人既没有机会也没有渴望去探索一个位于文化和政治边缘的不熟悉的城镇。当地人对其过去缺乏好奇心，或者害怕冒险进入它复杂的历史之中，担心引起当局的意识形态审查者不必要的注意力。这一时期的立陶宛作家和艺术家可能过着城市生活，但他们出身于农村的环境，因此他们大多专注于表现战后立陶宛乡村在社会和文化上的大变革。同时代的俄罗斯知识分子也对这座没有那么多俄罗斯人口或文化记忆的省城没什么特别的兴趣。另外，诗人所受的约束力要小得多，如果不是限制他们自由说话的能力，那么在现实社会中，他们至少渴望在单调的意识形态想象里看到捕捉到并且表现出不同之处。

在 20 世纪 70 年代到 80 年代，维尔纽斯给知识分子提供了一个不完美的而且充满冒险的逃离机会。与国内的许多其他城市形成鲜明对比的是，维尔纽斯保留了过去破碎的遗迹，不仅仅是石头，而且还有精神。这座城市的许多新居民对当地的圣祠有着宗教上的亲和力，尽管受到强硬的宗教压迫，但是巴洛克式教堂的圆顶和尖顶仍然主宰着此时维尔纽斯的天际线。

（虽然当局摧毁了大犹太会堂的遗存并将许多其他宗教建筑改用于其他社会功能，但在战后时期只拆除了一两座教堂。）维尔纽斯的现代美学，特别是在建筑、剧院、爵士音乐、设计和时尚方面，比国内的其他任何地方都更有那么一点西方的味道。或许，对外国人来说，来自国内其他地区的游客很快就能辨别出维尔纽斯所具有的细微文化差别。约瑟夫 · 布罗德斯基（Joseph Brodsky，1940—1996）是一位来自列宁格勒的俄罗斯诗人，也是一位诺贝尔奖的获得者，他与新维尔纽斯的这种友善的相遇促使他做出了富有诗意的转变，他进入了描写历史可能性的传记领域。回溯布罗德斯基家族的起源，可以追溯到立陶宛的犹太人。他曾因“社会寄生者”的罪名入狱接受劳动改造，被释放后他造访了维尔纽斯。由于遭到迫害并遭到驱逐，他一直过着居无定所的生活，在 1972 年他被驱逐出境。在这种四处游荡的状态之下，他能够重新想象旧维尔纽斯里犹太人的生活，他把这种生活作为开篇，用以描述现代人类之间的隔阂。他于 1971 年创作了组诗《立陶宛的消遣》(*Lithuanian Divertissement*)，其中有一首名为 *Liejyklos*（立陶宛语中铸造场路的路名）的诗，布罗德斯基回应了德布林的话，描述了他祖先在强迫或自愿的情况下接受重新安置时所付出的个人代价：

出生在一个世纪以前，
向窗户外面望去，
透过晾晒的羽绒被褥，看到一个草木繁盛的花园
和凯瑟琳的十字架，孪生的两座穹顶高高耸立；
因圣母像而感到尴尬，呃逆
当挥舞着长柄眼镜仔细检查的时候
推一辆垃圾堆如山的小车，
沿着犹太贫民区黄色的小巷，
叹息，在床上从头到脚蜷成一团，
例如，对于波兰女士而言；
徘徊着去面对敌人
然后陷入波兰，这里的某些地方遭到了蹂躏——
为了信仰，沙皇，祖国，或者如果没有的话，
然后把犹太人的长卷发刮成鬓角
并且离开，飞快地奔向新大陆，

当螺旋桨搅动起来的时候，在翻滚的海浪里呕吐。[21]

到20世纪80年代后期，东欧发生了革命性的变化，维尔纽斯的人口已经增长到近60万人。但随后对社会主义时期所刻铭文的清洗又把城市变成了一片空白，留下空置的广场，他们（列宁和其他苏联英雄）的雕塑被清空，暴露出这个地方缺乏连贯的视野。据伦敦《泰晤士报》在莫斯科的通讯记者阿纳托尔·列文（Anatol Lieven）描述，当地居民对这座城市所具有的历史之美或未来的潜在市场不屑一顾：

与塔林的爱沙尼亚人（Estonians）和里加的拉脱维亚人相比，住在老维尔纽斯的立陶宛人通常不了解关于他们所住街道的历史和传说……在贫民区的遗址周围延伸出几条老城里的街道，有一片讨人喜欢的、迷宫般的古老房屋和庭院，它们中的大多数显得非常贫穷而且简朴，但都涂上了黄色、蓝色和浅绿色，这些涂装让这里显得可爱，但有些褪色。一位英国游客将其中一处与德·契里科（de Chirico）的画作进行了对比。其中包括那些古老贵族越发奢华的宫殿，由阿特拉斯和女像柱（Caryatids）支撑着宫殿的大门。维尔纽斯大部分地区的优美建筑不仅仅是旅游业的资产，而且可以为商业提供一些高级办公场所。[22]

当维尔纽斯最终于1991年成为独立立陶宛的首都时，它在意识形态上的争议和国家领土面临的挑战再次成为确定欧洲地理和历史定义的象征性战场。立陶宛裔美国作家文茨洛娃（Venclova）表示："自由民主的立陶宛面临着为维尔纽斯创造一种新身份的任务，不能拒绝这座城市的任何一种历史和文化倾向。维尔纽斯整合了它的过去和它的整个文化潜力，在欧洲，它正在成为一个配得上它的奠基者和最佳公民的首都。"[23]

然而，欧洲对不同的人有着不同的含义，在维尔纽斯完全成为一个复兴的欧洲民族国家的充满活力的首都之前，它必须熟悉自己之前的地位，它是欧洲的一处墓园。在苏联解体后来到维尔纽斯的第一批游客是曾经从这座城市流亡到境外的土著居民（或者他们的孩子）。他们正在寻找那个熟悉的但已经消逝了的犹太人的维尔纳或者波兰人的威尔诺，但他们只能找到立陶宛的维尔纽斯。在这样的旅居中几乎没有什么忧郁甚至怀旧，因为这两种情绪都需要一种悲伤或安慰的感觉。而立陶宛的维尔纽斯提供不了这些。这个城市没有把疏远的游客视为自己的居民。语言、文化、宗教、地名以及最重要的人物的丧失成了它的标志：对它自己和欧洲来说，这个维尔纽斯都是陌生的。没有记忆，或者更确切地说，失忆了，这个城市似乎成了一个粗糙和空虚的地方。

在南非长大的露丝·紫薇（Rose Zwi）于1993年从澳大利亚来到立陶宛寻找她的家庭的祖源。正如经常发生的那样，她描述了作为归乡之旅而访问该国的想法："多年以来我一直隐藏着访问故乡（der heim）的愿望。我祖先的土地变成了坟墓的沙漠，被铁玷污了。然而，随着1991年立陶宛的独立，'回家'成为可能。"[24]她发现她的亲戚住在维尔纽斯，亲戚所住的公寓在老城里一个带有"石拱"入口的典型建筑中，"它通向一个鹅卵石铺成的庭院，这里满是些肮脏污秽的猫。跟着猫尿的气味沿着一个木制台阶进到一个黑暗的小入口，在那里它与一种潮湿而熟悉的气味交织在了一起……在昏暗的灯光下隐约可见的前门通往一个不同的世界。我们直接走进了一间小巧的、一尘不染的厨房里，里面有两扇门。左边的那个通向一间小卧室；右边的门把我们带到客厅，这里有高大的天花板"。[25]

紫薇和维尔纽斯的大家庭之间的沟通既很热烈又很棘手。维尔纳这里的人通常的母语是意第绪语，这种语言再也不能提供一种可靠的沟通联系方式了：紫薇在家里讲英语，她的亲戚说俄语和立陶宛语。在亲密的家庭领域之外，这个拥有大量立陶宛移民人口的城市出现了威胁：

> 维尔纽斯很漂亮。是维尔纽斯而不是维尔纳，后者已经不复存在了……欧内斯特（Ernest）指着远处的电视塔，周围是现代建筑群，就在18个月前立陶宛爱国者和苏联军队在那里发生了短暂而激烈的战斗。欧内斯特的热情使我无动于衷；“立陶宛爱国者”这个词组听起来有一种令人不寒而栗的回响。维尔纽斯的美丽突然变得暗淡下来，突然，从那座塔上，寒冷的细雨打在我们身上，冰冷的风也在吹着我们。
>
> ……在欧内斯特的坚持下，我被带去看在议会大楼外面对苏联部队竖起的路障，以及在抵抗中为那些遇难者竖起十字架的地方。
>
> 到这时候，我对立陶宛的爱国主义和伴随它的宗教热情都没有心情了。我不会对街头上和在教堂里排队的那些看上去严厉的立陶宛人抱有好感。我可能会对他们那些信仰异教，崇拜橡树的祖先做出更为热烈的回应。
>
> 我对这种反应感到烦躁不安；我为自己的宽容感到自豪。但也许在我们之间有着太多困扰人心的历史，因此很难不受其影响。[26]

作家丹·雅各布森（Dan Jacobson）是紫薇的同胞，他也出于同样的原因与他的儿子一起造访了维尔纽斯——在立陶宛的这座外观遭受了戏剧性变化的小城中寻找着家族之源。维尔纽斯是这次寻访的出发点，但它仍然是重要的一站。从这个城市来看，大多数犹太人，包括雅各布森的祖先，他们离开了立陶宛，这些人如果落入SS伞兵和立陶宛当地的帮凶之手，那么肯定会面临必死的命运。尽管立陶宛和维尔纽斯是家庭记忆中不可或缺的一部分，但它们仍然是遥远的地方。雅各布森的儿子说：“我以前从未去过一个我知之甚少的国家。”[27]

雅各布森所不熟悉的维尔纽斯用赤裸裸的空虚迎接了他。从机场到城市的道路穿过拉索斯（Rasos）墓地，这预示着一种失落感：

> 来了一辆车。又来了一辆车。最后，有一对夫妇在散步。另一对夫妇在公交车站等车。
>
> 太阳这颗巨大的红球傲然耸立在地平线上的锯齿状树冠之上。
>
> 出现了一些公寓楼。即使他们看起来空无一人。这些丘陵构成了一幅精致的微型立体地形图，这里有些山谷和多岩的小山，墓地就在这群山之间，只有当道路在树木茂密的墓地中间穿过时，我们才会遇到一些类似人群的东西。它完全由石头和青铜雕像组成：有天使，有真人大小的圣像，上面是背着十字架的耶稣或钉在十字架上的耶稣，有许多殉道者，他们或者耷拉着脑袋或者伸出手臂。还有一些穿着罩袍的人像，画的都是故去的人。它们中最高的一个在太阳漫射的光线中瞬间闪亮了起来。然后又有几条道路聚拢到了一起，然后又彼此岔开了——我们就在这里，就在维尔纽斯老城的边上。
>
> ……在我看来，整个维尔纽斯仿佛到处都是一样的。在我们的第一次郊游时，这个城市看起来就住着大约 14 个人。我们走进一些铺着鹅卵石的窄巷，然后又穿过不规则的斜坡。里面装着灯泡的路灯几乎和行人一样罕见……在黑暗的，而且一般来说没什么人的地方，有一些大型的平板玻璃窗，透过这些窗户可以看到里面展示着格调优雅并且充满现代感的椅子或玻璃器皿：这肯定经过了一种芬兰式的最后加工。但是，大多数商店里都没什么东西，橱窗也脏兮兮的，它们仍然还在过去的状态之中，好像从旧秩序结束以来没有发生过任何改变，或者永远都没有。[28]

雅各布森徘徊在这个看似被遗弃的，居住着 50 万居民的城市中，他脑子里没有任何更深层次的知识或记忆所提供的方向，他得出了一个惊人的情绪化的结论："我突然想到了一个奇怪的想法。难怪这个城市似乎是空的！曾经住在这里的人们中的四分之一——不，是三分之一——已经被消灭掉了。我们周围都是他们曾经占据过的空间。我们正在身处的空位，正是由于他们的缺席而产生的；城市的沉默正是他们和他们未出生的孩子们永远不会说出的话。"[29]

其他游客对城市的现状或历史还略微有些了解，但即使他们与这座城市的相遇也是由逝者的存在来定义的。美国记者安妮·阿普勒鲍姆（Anne Applebaum）在苏联解体时造访了维尔纽斯。外国游客在维尔纽斯仍然是闻所未闻的稀客，尽管正在酝酿着一场把她牵扯进来的政治动荡，但阿普勒鲍姆可能会在与这座空虚的城市相遇时享受片刻令人回味的孤独：

> 我一个人去了波兰墓地。一块巨大的黑色大理石板躺在正门外的草地上，上面写着"毕苏斯基之母与其儿子的心脏"。
>
> "幸好他没有活着看到他的心脏被埋在外国的那一天。"
>
> 一位身穿带圆点的真丝上衣和蓝丝绸喇叭形长裤的中年波兰妇女站在这一大片坟墓之前。她的上腹部是裸露的。她的双脚挤在一双露脚趾而且镶有水钻的小巧凉鞋里。她的指甲上涂着金漆，手腕上挂着金色的手镯，金耳环从耳朵上垂下来。她涂着闪亮的红色唇膏，带着又大又圆的美国太阳镜。奇怪的是，她很漂亮。
>
> 她的同伴，一个看上去30来岁的乡下兄弟，身上穿了一件满是灰尘的黄色衬衫，一声不吭地瞅着她，倾听着她的声音。
>
> "战争结束后，他们本应该把它带到克拉科夫，并把它与他身体的其他部分埋在一起。你看，亨利克（Henryk），毕苏斯基的尸体与波兰国王都葬在了克拉科夫，你必须记住他几乎就像一个国王一样。他的心被埋在这儿，在威尔诺，波兰的威尔诺，他的母亲也被埋葬在

维尔纽斯的伯纳迪恩和圣安娜教堂，J. 布乌哈克摄。（明信片由 A. 库比拉斯提供）

这儿。看看，哦，看看，这些花儿现在蔫成了这样。”

……自从战争爆发以来，她只在威尔诺住过几次：她用一只手就能数得过来她造访过几次。对于以前的居民而言，很难进行这次旅行，而且没有多少人想来这儿旅行；毕竟，她指出，“没有多少老威尔诺的痕迹，是吗？”在苏联人和立陶宛人之间（她不知道哪个更糟）他们设法摧毁了这个城市。

……“祖母和祖父现在是怎么想的，要是他们能看到威尔诺，看到这个可爱的威尔诺呢？对于全立陶宛的街道标志，他们会了解些什么呢？”[30]

拥有欧洲长期居留证的加拿大作家斯坦·佩尔斯基（Stan Persky）从柏林前往维尔纽斯，因为他说：“我的父亲说他出生在那儿。确切地说，他是出生在那里，当他还是一个婴儿的时候，他离开了维尔纽斯前往芝加哥（Chicago），只要是他这边的家人在一起聚齐的时候，三个兄弟和四个姐妹出生的顺序和日期都伴随着一连串喧闹并且永无休止的争吵。”[31] 佩尔斯基在这个城市里没有亲戚，但是他带着一个男同性恋者的好奇心走进了这座城市宁静的生活之中，他想寻找一些同性伴侣，也许还有更多肉体上的冒险活动。他几乎阅读了当时用英语写作的关于这座城市的所有内容：这里以前的犹太居民的回忆录，著名的本土波兰文人的散文以及现在立陶宛作家的小说。他与这座城市的接触日益增多，逐渐地，他觉得这座城市里既有来自过去的鬼魂，也有目前生活于此的居民。他对这座城市里唯一的半合法同性恋酒吧表示出应有的尊重，他参观了博物馆并会见了立陶宛新上任的政治领导人。不可避免的是，记忆的道路通向了帕内利艾的森林，这座城市里的大多数犹太人与德国占领时的许多其他受害者都是在这儿被杀害的：

> 当作博物馆的这间小屋已经关闭并在进行修缮，我们看到的只有几个工人。在森林中，蜿蜒的人行道通往两三个不显眼的纪念碑。在其中一个的后面有细长而宽阔的一排被烧掉的松树和一辆生锈废弃的巴士。我徘徊于烧焦的树木遗骸之中。但是这些树林里发生的事情早在火灾发生前就已经发生了。从某种意义上说，这里没有什么可看的。只有安静的，森林中的阳光。[32]

我们来到的是沉默而且没什么收获的帕内利艾，然后佩尔斯基和他的立陶宛向导去听了幸存者说的话：

> “1945 年的维尔纽斯是什么样子的？”我问格里戈里·卡诺维奇（Grigory Kanowitsch）。他是位 60 多岁的犹太小说家。他的父母曾经

以某种方式逃离了立陶宛并前往苏联的哈萨克斯坦。卡诺维奇在第二次世界大战结束时回到了维尔纽斯，那时他还是一名16岁的孩子。

他回答道，“这是在卡夫卡（Kafka）的小说里”，在公寓宽大的客厅里，他坐在我们对面的沙发上，他和他的妻子住在这儿。他穿着一件短袖衬衫，领带略显歪斜。“每个人，不仅仅是犹太人——还有士兵、立陶宛人、波兰人——似乎都被连根拔起，在天地之间飞行。这就是我记得卡夫卡的原因。”

“当你回来的时候，你是否能明显地感受到这场大屠杀的程度？”

他说，“它大喊大叫着。它大喊大叫着”，然后他又把这个话重复了第三遍。“从每个窗口里，从每间地下室里，从每个洞里。”

……在我们离开小说家之后……我们站在有轨电车的后面，偶尔瞥见了河上的太阳，就在这一个瞬间我感到活着是那么的舒适——只是为了看见落枫和菩提树花所飘落下来的花粉堵塞了黑砖之间的裂缝——以及我们失去的那种忧郁。没有人把逝者归还给我们。[33]

佩尔斯基在白天与这座城市的遭遇变形成了一种寓言般的幻象，一幅属于现代欧洲或整个世界的梦魇般的画面——一幅无声的，支离破碎的，但仍旧剧烈不安的景象，它通往一个将来未知的目的地，那里有湮灭的迹象。这不是一个梦想，而是一支当代版的巴洛克式的死亡之舞，生与死在这里相互环抱，然后一起被遗忘了。为了摆脱这一被诅咒的历史循环，佩尔斯基提出了一项不可能完成的任务，用以结束他在欧洲新划定的（旧）边界地区的文学之旅。在维尔纽斯，他呼吁死者与生者之间进行对话，从而将这座城市置于分享人类共同命运的这幅超凡的地图之上。在离世与现在的人类世界之间的这种对话性的联盟里包含了消除历史迷雾的诺言，这可以创造一种新的地理结构，它不是基于差异性而是基于相似性构成的。在这幅来世的地图上，一切事物都变成了当地的事物，每个人都成了这个地方的本地人：

> 在这天晚上，我还记得当天下午在帕内利艾的森林里所想象的那些。一些死者坐在椅子上，其他人站在烧焦的树林周围，手上拿着咖啡杯和茶碟，穿着他们死时的衣服——深色的夹克和裤子，穿着衣领轻微受损的白色衬衫，头上戴着黑色帽子；这些女人穿着朴素的黑色连衣裙，就像我看到我的祖母所穿的那样，其中一两个人心不在焉地抚平布上的皱纹。在树丛中，死去的孩子们离得更远了。
>
> 他们不全是犹太人，尽管犹太人在他们中间显得很突出。他们的队伍包括来自南斯拉夫（Yugoslavia）、亚美尼亚、阿富汗（Afghanistan）和其他地方的当代士兵，一旦晚间新闻里公布了这座被围的新城市陌生的名字，我们就忘记了这些人陌生的名字。也许我甚至能想象出一个古代的、失明的保加利亚人。
>
> 他们从一段时间的另一边古怪而耐心地凝视着我们。他们之间没有互相说话，我们也没有说话。但我觉得被这段时间所分开的生者和逝者都想要彼此间说些什么。似乎一切都可以有的说。[34]

在某种程度上，来自另一个世界的这幅来世的地图反映了一种令人向往但又无法实现的地理结构。在这种情况下，遗骨与它们所长眠的场所——物质上的遗物——经常会变成形而上学上所认可的灵活的符号；它们变成了该地区特定的意识形态和地缘政治秩序的理想标志。在研究关于逝者的后社会主义“政治生活”时，人类学家凯瑟琳·维德里（Katherine Verdery）指出了文物所表现出的弹性和社会深度。存在，或者就此而言，逝者遗骸的缺失是公共叙事必不可少的组成部分之一：

> 遗骸是具体的，但仍然是可变的；它们没有单一的含义，而是可

以做出多种不同解读的。……逝者带着简历或个人概述——几种可能的个人概述，这取决于他们正在考虑自己生活中的哪个方面。他们可以将自己的个人概述与其他人的进行类比。

也就是说，他们鼓励从几个可能的有利位置中辨识出他们生前的故事。它们的复杂性导致很容易能辨别出不同的几个重点，然后可以提取出不同的故事，从而重写历史。将逝者的遗骸作为符号还有另一个很大的优点：它们不会自己说得太多（尽管它们曾经做过一次）。可以将要说的话放进他们的口中——这通常是些含混不清的话——或者可以通过断章取义来歪曲他们实际说过的话。因此，用这些逝者来重写历史比使用其他那些无声的符号要更为容易。

然而，因为他们每个人都只有一个名字和一副身体，他们呈现出的错觉也就只有一种意义。这种幻觉的强化所加强的是他们的物质性，这意味着他们每个人都只有一种坚定地"扎根"下来的意义，即便事实上他们没有这样的单一含义。不同的人可以将这些遗骸作为符号，认为这些遗骸对所有人来说意味着同样的事情，而实际上他们可能对每个人来说都意味着不同的东西。所有这一切都使每个人认识到这位逝者的某种重要性。[35]

传统上，当重塑这座城市在欧洲所处的位置时，维尔纽斯的逝者是重要的参与者。动荡和有争议的区域历史持续地提供了含义不同的逝者，他们的个人概况相互差异很大，离世后这些遗骸所指向的意义也是相互矛盾的。因此，正如我所看到的，维尔纽斯的墓地和纪念场所是一个门槛，在巴赫金（Bakhtin）思想的意义上，欧洲的各种叙事节点同时被捆绑和解开。进入维尔纽斯在物理和寓意上变形过的空间是为了有可能见证欧洲不断变化的地方特点。

在后苏联时代的维尔纽斯转变为欧洲首都的过程中，当地的死者成为地缘叙事剧的主要参与者。一个德国志愿者协会不仅在地理上，也在意识形态的意义上修复了被摧毁的维尔纽斯阵亡军人墓地：德国士兵的坟墓与俄国士兵的坟墓都被修复了。事实上，二战之后修复的德国和俄国阵亡军人墓地已经失去了历史的真实性，竖起的墓碑具有象征性，这是用来纪念具有犹太血统的德国士兵和伊斯兰教信仰的俄国士兵。今天，在林立的新教和天主教十字架群中，人们可以找到一片东正教的十字架，其间穿插着带有大卫之星或伊斯兰新月的墓碑。（原来的德国墓地只包含基督教和世俗的民族主义的纪念符号。）然而其他被毁坏的墓地尚未得到修复，这一点加深了现代维尔纽斯纪念性场所内的记忆裂痕。

此外，波兰战争墓地——包括葬有毕苏斯基心脏的衣冠冢的墓地——都位于一种纪念性的民族边界之上。虽然这些纪念碑一般都有很多人前来瞻仰并由波兰政府支持的当地和外部的波兰协会照顾，但它们很少被列入受到官方保护的立陶宛历史古迹名单之中。这使得波兰的墓地变成了私人的而非国家的纪念馆，这座城市中占主流地位的历史是从立陶宛的角度叙述的，因此他们基本上已经被排除在外了。类似的，红军士兵和苏联工作人员的坟墓很少被标记在后社会主义时期维尔纽斯的旅游地图上。尽管官方没有宣布，但这些墓地和其他“外国”墓地往往与立陶宛政府所尊重的各种逝者的坟墓共享同一个空间。这种纪念场所上的混合——这种在意识形态上受到认可的和不受认可的逝者在空间上的亲密关系——给这个地方的历史造成了一种起伏不平的地貌，受到纪念的高峰与失忆的深谷交替出现；在两个极端之间——是由当地各种派别的逝者所描绘的平凡记忆构成的巨大平台。漫步于当代维尔纽斯的墓地［例如，拉索斯或安塔卡尔尼斯（Antakalnis）墓地］之中，就像听一支无调式的曲子，这种不和谐的音乐又分裂成不同的和声，每一种都有自己的节奏和副歌，但它们中的每一个都来自同一种基调。在这样的音乐或纪念作品中，统一不是通过协议而是通过不和谐来实现的，这使得旋律或记忆一直处于受到蔑视的状态。从这个意义上说，维尔纽斯的墓地是反记忆的地方，它挑战着每一种视角下的当地历史。无法走入维尔纽斯这片土地上的纪念场所，这是欧洲地图上一块局部的死角。

2001 年秋天，欧洲历史给予维尔纽斯的负担急剧增加，在一个巨大的商业和住宅开发区内出土了数千人的遗骸。最初，这一发现只在当地产生了一种轻微的轰动，不仅仅是因为骸骨的数量多，而主要是因为它们神秘的来源以及带有凶兆的位置。万人冢位于苏联军事基地的范围之内；因此，可以理解的是，它的位置让人回忆起无数冤案。毕竟，在这次考古发现之前的第七年，在距离这个新发现的万人冢只有几百米的地方，在由从前的图斯库雷乃（Tuskulėnai）[图斯库拉努姆（Tusculanum）] 庄园所改建的公园中发现了受到克格勃 [NKVD (KGB)；译注：NKVD 是内务人民委员部，为克格勃的前身] 迫害的数百名遇难者的遗体。新发现的墓地可能很容易成为第一个遗址的延伸。还有人怀疑这些遗骸可能属于第二次世界大战开始时被杀害的波兰士兵，而且是匆匆地成群埋葬的。然而，很快在金属探测器的帮助下，工人和人类学家发现了更多常见的而且容易识别的物体，如散落在骨头之间的硬币和纽扣。许多金属制品上都有法文的铭文，并可识别出有拿破仑的肖像。很快，这一切就变得明显了，这些人类遗骸属于阵亡的士兵，他们属于 1812 年在维尔纳覆灭的大军。

虽然有一万名法国士兵埋葬于维尔纳这一历史事实从未受到过争议，但没有证据表明他们在哪，因为俄罗斯当局似乎故意将他们埋葬到了没有标记（很快遭人遗忘）的地方。例如，即使是弗兰克，他于 1813 年夏天回到这座城市，却找不到应该包含数千人遗体的大规模墓地的痕迹。维尔纳在拿破仑统治下的欧洲的历史上扮演了一个悲剧角色。因此，最近发现的遗骸为这个史实提供了第一个考古证据。一旦确定了这些遗骸的“国别”身份，市政当局就联系了法国驻维尔纽斯的大使馆。法国政府迅速回应了维尔纽斯提供的消息，派遣了一个人类学家小组，并立即对这些军事遗存承担起管理责任。

尽管如此，成千上万的尸体与当代和历史上的法国之间的民族关系已经成为国际上宗谱辩论的一个主题，因为组成大军的绝大多数士兵、军官和随行人员都不具有法国血统。事实上，当时至少有来自 20 个欧洲国家的士兵参加了挺进莫斯科的那场具有决定性意义的军事行动，所以除法国人外，还有德国人 [巴伐利亚人、普鲁士人、威斯特伐利亚人（Westphalians）、撒克森人（Saxons）]、荷兰人、佛兰芒人（Flemings）、意大利人、西班牙人、葡萄牙人、奥地利人、波兰人、立陶宛人、瑞士人、克罗地亚人、匈牙利人等。此外，根据有限的考古证据，到目前为止，在维尔纽斯发现的 3000 具尸体中的大部分都被认定为属于大军中的非法国军事单位。

因为维尔纽斯的万人冢是拿破仑战争中有史以来最大的埋葬地点，所以它提供了巨大的科学价值和政治资本。从科学的角度来看，遗骸多样性的种族构成一直是人类学的宝藏，因为它提供了一个解剖学上的关于欧洲男性人口的横断面（在逝者中只发现了少数女性），在 1812 年至 1813 年的那个致命的寒冬，这些骸骨黏合到了一起："现在，在建筑用起重机和一堆混凝土砖块之间挤满了一队考古学家和解剖学家，他们正在挖掘拿破仑士兵的万人冢，并还原这支军队最后几天的状态——他们采取了一个非凡的衡量标准来衡量近两个世纪以前一个男人在欧洲所面临的状况是什么样子的。"[36]

披露这些遗骸的消息也为全球媒体提供了一个来到立陶宛的机会，立陶宛很少成为国际头条新闻。维尔纽斯市长邀请了所有主要的国家和国际新闻机构的记者来见证这一发现。随后两个电视网络公司——英国广播公司（BBC）和探索频道（Discovery Channel）——直接参与了该遗址的人类学探索活动。在维尔纽斯的大型墓地中，英国广播公司为《与祖先相遇》（*Meet the Ancestors*）这档系列节目找到了大量的资料，探索频道为其纪录片《时间的瞬间》录制了镜头。除了媒体曝光和独家录制权之外，两家公司都为该遗址未来的勘探提供了额外的资金。市政府也通报了预期要在其他殡葬场所进行的由媒体引导的科学探索活动，这是外国人在这座城市里早该进行的发掘。维尔纽斯市长宣称："这件事把我们标在了地图上。"因为它"证实了这座城市在争夺欧洲历史命运的斗争中所起的作用是多么重要"。[37]

然而，这些欧洲的国际机构却有意掩盖了维尔纽斯在"统一"欧洲和现代立陶宛国家内具有争议而且模棱两可的地位。维尔纽斯的这些逝者通常是在历史上存在争议的，并且在地理上也有问题，因为从隐喻的角度和字面的意思上讲，他们根据不同的民族身份和命运对这座城市进行了割裂、隔离和划分。在图斯库雷乃庄园内发现了内务人民委员部（NKVD）迫害致死的人们的遗骸，这些就构成了一种典型的挑战。根据内务人民委员部的记录，所有的受害者都是在 1944 年至 1947 年间被杀害的，其中许多人是立陶宛抵抗运动的成员。尽管如此，这里还有被控犯有针对平民的暴行的德国军官的遗骸；还有一些当地投靠纳粹的人，这些人因参与了针对犹太人的种族灭绝而受到处决；也有许多苏军的逃兵，这些人犯有严重的刑事罪；以及被控杀人的当地平民。[38]考虑到各种各样的刑事犯罪和人身攻击，任何一种单独的纪念活动都无法包含这些被处决者的相互矛盾的行为和记忆。一项悼念所有惨遭内务人民委员部迫害的死难者的纪念活动遭到了当地犹太社区的强烈反对，该社区反对这种纪念活动，因为死难者中也包括一些纳粹的刽子手。像当地的许多其他遗体一样，这些遗骸提出了极为敏感的历史和道德问题：所有遗体都应该得到同样的纪念吗？他们应该一起重新安葬，还是按照他们载入档案的生平事迹分开安葬？由于严重腐烂的尸体没有明确的身份标记，那么是否可以正确地识别它们？（到目前为止，只识别了大约 50 具尸体。）

与当地的逝者相比，大军中的这些"外国"遗骸或许更令人安心，是它们把这个历史的进程投射到了欧洲的统一之中。事实上，从一开始就能清楚地看到，这些来自远方的、无言的欧洲人所构成的国际组合经过当地人的验尸之后可能会成为维尔纽斯最大的旅游景点之一。发现这一遗址后不久，维尔纽斯旅游局开始计划该国的所谓“拿破仑之旅”。他们自豪地在全国发行的日报《立陶宛晨报》（*Lietuvos rytas*）上公布了头条新闻，“维尔纽斯也将为拿破仑军队的遇难者庆祝”。[39] 因为在军队服役的士兵中，接近百分之八十的人不是法国人，他们的集体形象以一种奇怪的方式符合了扩大后的欧盟的国际特征。因此，法国和立陶宛当局都坚持认为，虽然在立陶宛土地上发现的遗骸“是法国集体记忆的一部分”，但它们属于欧洲的跨国遗产。[40]

尽管事实上是“属于”欧洲的，但遗骸仍由巴黎和维尔纽斯联合保管。将多国遇难者的遗骸带回法国这一提案遭到了否决，由于法国法律不允许对法国士兵进行火化，因此决定将这些遗骸重新葬在立陶宛。经过详细的科学分析，重新安葬遗骸的活动于 2003 年 6 月 1 日举行。这些遗体在维尔纽斯（意识形态以及国家意义上）最具多元化色彩的墓地中得以长眠。这个大型墓地被称为士兵公墓，这里安葬着多次战争中遇难的多国士兵的遗骸。除了德国、俄罗斯、波兰和苏联以及现在的拿破仑军队之外，还有立陶宛共产党官员，当地的文化和学术精英，以及 1991 年苏军袭击维尔纽斯时受害者的坟墓。法国政府支付了大约六万欧元用于设立纪念碑，虽然重新安葬仪式是由维尔纽斯市政府精心策划的，但这一仪式依然严格遵循法国官方关于亡故的法国士兵入葬规程的指示。许多立陶宛国家官员，大多数欧洲国家的外交使团成员和法国拿破仑协会（Napoleon Society）的代表出席了仪式。牧师们为这块土地祝圣，法国驻立陶宛大使让·伯纳德·阿特（Jean Bernard Harth）在他的悼词中将 1812 年和 2003 年进行了对比，他提到在立陶宛加入欧盟前三周举行的公民投票中同意加入欧盟的支持率占到了百分之九十。重新安葬仪式的与会者也受到了谨慎的提醒，其中提到了战争的荒谬以及强行统一欧洲的危险。大使说："拿破仑正在寻求一个统一的欧洲，但这一想法失败了，因为它试图以武力来统一这片大陆。……今天，我们看到这个欧洲统一的梦想变成了现实，因为它是通过和平的方式完成的。"[41]

随后，大家回到城里庆祝了这场肃穆的纪念仪式里最后的部分，这是一场庆祝战争的盛会，战争成了巩固欧洲政治重要的组成部分。遗体的安葬活动成了官方庆祝活动"维尔纽斯 1812"的一个组成部分，这是为了让立陶宛人民熟悉这段法国短暂占领这座城市的历史。为期三天的活动也是为了庆祝维尔纽斯成为一个关键的地缘政治节点，是它改变了立陶宛和欧洲的历史。庆祝活动的主要赞助者和组织者是立陶宛国防部，这一城市庆祝活动的高潮是在涅里斯河右岸［这里有新的市政大楼和毗邻欧洲广场(Europe Square）的现代商业和娱乐中心］再现了"法国"和"俄罗斯"部队之间的战斗。自 1812 年之后，在维尔纽斯或其周围的地区内这两支军队之间再也没有发生过战斗，这场战斗表演不仅是一部古装剧，而且是一部历史闹剧。不过，在这场庆祝之前，立陶宛国防部长曾大胆地宣称："拿破仑军队通过立陶宛的军事活动给立陶宛带来了自由的微风和解放的可能。此外，它还为立陶宛提供了接近欧洲的机会。"[42]

而相反地，一些当地的逝者拒绝将维尔纽斯带到欧洲，他们并不觉得这有什么羞耻的。一个新的商业开发项目使得曾经遭到根除的犹太墓地附近的地方——欧洲最古老的墓地之一和维尔纳的加翁墓地——成了他们主要的房地产。这座墓地位于城堡山脚下那条河的对岸，这里在几十年前被苏联当局清理干净，但没有明确的证据表明所有遗迹都已被清除。然而，即使在这个一具遗骸也没有的地方，它仍然表明了犹太人在这座城市里的存在，也呈现出了关于这种毁灭的赤裸裸的、遭到亵渎的记忆。出于显而易见的原因，各种犹太团体提高了全球对这一开发项目的关注，作为回应，美国国会以政治责难威胁立陶宛。立陶宛政府要求地质学家（研究自

17 世纪佚名艺术家所绘的维尔纳。（立陶宛国家博物馆）

然现象的专家）确定墓地的确切位置，因为市政当局认为立陶宛考古学家（社会科学家）的工作是不适当的，而且具有误导性。这座城市的历史成了一个地球物理学所要处理的问题，仿佛人类的记忆和损失是自然形成的地质环境里的一部分。这种科学的“回归自然”的呼声回应了这座城市里的第一处文化印记，这是迷失在欧洲荒野中的一处遗址。当然，事实并非如此：在当地房地产业逐利的过程中，这座城市将犹太人变成了当地的陌生人，这些故去的游牧民成了一群无家可归的魂灵。

维尔纽斯的地理叙事结构动摇在“本地的陌生人”和“外国的本地人”之间，约翰内斯·鲍勃罗夫斯基（Johannes Bobrowski，1917—1965）以最好的方式捕捉到了这种相互作用，他是一位德国诗人，强烈的个人和历史赎罪感塑造了他与这片萨尔马提亚神话之地的关系。1961 年，他出版了他的第一组名为《萨尔马提亚时代》(*Sarmatische Zeit*)的组诗，他希望能与萨尔马提亚终生相伴。简言之，这组诗表现了诗人广阔的地理和情感体验，他曾是东部战线上的纳粹国防军（Wehrmacht）士兵，也曾是苏联的战俘。然而，用鲍勃罗夫斯基自己的话说，对于历史上德国与其东方邻国之间的遭遇战而言，他的抒情诗既是一种冥想中的又是一种调解性的赎罪："这成了一个主题，有些事情就像这样：德国人和欧洲东部——因为我是在默默尔（Memel）河周围的地区长大的，波兰人、立陶宛人、俄罗斯人和德国人生活在一起，其中还包括犹太人——这是长长的一段充满了不幸和罪恶的历史，自从条顿骑士团时代以来，我的民族就应该为此负责。这一点无法被抹去，或许也无法得到救赎，但值得在德国诗歌中满怀希望地，诚实地去努力做到这一点。"[43]

对鲍勃罗夫斯基来说，欧洲的历史和当地的地理环境都融合在了萨尔马提亚之中，这创造了一个叙事空间，也开放了一个入口，这一片膨胀起来的地形中容纳了各种图像、经验、地名、语言、记忆、故事、传记、面孔、声音和自然特征。这是一片关于发现和唤醒的时空，同时它也充满了失落和无可改变的物是人非。因此，他开始用一首诗来绘制他的萨尔马提亚地图，这首诗以这座城市在地名中的痕迹开头并以预言收尾：

维尔纳，你的
橡木——
我的桦树，
诺夫哥罗德——
曾在树林里哭泣
我的岁月，飞离了我的春天，
脚步声回响在河畔。

哦，它很明亮
夏天的群星，闪闪发光，
消逝掉了；在篝火旁边
蹲着讲故事的人，
那些整夜听故事的人；那些年轻人，
已然离开。

孤独的他会歌唱：
穿过草原
狼在游走，这位猎人
发现一块黄色的石头，
它在月光下燃烧。——

什么是神圣的遨游，
一条鱼，
穿过古老的山谷，它树木繁茂
山谷还在，父亲们的
话语还能听见：
欢迎这些陌生人！
不久之后，你会成为一个陌生人。

《呼叫》(*Call*)[44]

写在最后

维尔纽斯古城戴着一顶用青翠山丘编织成的绿色花环，它周围是一条条奔流不息的河流，这座古城是一处尚未被人发现的宝藏，它给人留下的是一种郁郁寡欢的印象。在欧洲以外它仍然鲜为人知。甚至对于当地人来说，这座城市仍然是一个谜。维尔纽斯常被冠以诸如“立陶宛的心脏”“欧洲之桥”和“北部的耶路撒冷”之类的修饰词。但这些均不足以体现出人们对这个地方的感觉（以及在此留下的记忆）。人们通常将这座城市描述成一个美丽、和谐或者迷人的地方。这些词儿说明了一点：维尔纽斯风景如画—— 一种简单却完美的印象。但这座城市不应该限于用眼睛去看，因为维尔纽斯最应当被理解为是美与和谐的演绎或奏鸣。因此，例如，维尔纽斯的诗人并不能按照那些正确而且众所周知的方式将这座城市用一部音乐作品表现出来，也不能用一首歌曲、赋格曲或一出清唱剧将它形象地表现出来。确实，关于维尔纽斯建城的传说表明，这座城市成名的关键在于声音的魅力。

声音，尤其是音乐中的声音，比一般的声响更能引起人的遐想。维尔纽斯那令人难忘的老城是由一座座巴洛克建筑奇珍所构成的，而且可以明确地说，搭建起这些建筑的就是石头。尽管如此，根据当地传说所述，这座城市却始于一场噩梦中的惊嚎。14 世纪初统治立陶宛的格迪米纳斯大公最初居住在今天维尔纽斯以西约 30 公里处的湖边小镇特拉凯，这里城防坚固。有一天，他带领扈从外出狩猎，登上了一座可以俯瞰涅里斯河和维尔尼亚河汇合之处的青翠山丘。游猎和狂欢之后，精疲力尽的他决定在附近一处作为圣地的橡树林中过夜，这处圣地为的是显扬立陶宛异教众神的显灵。大公没有安稳地入睡，在梦境中他看到了一头披挂铁甲的恶狼在厉声嗥叫，它的嗥叫让一百只猎犬都惊恐地咆哮起来。这位立陶宛的统治者在噩梦中惊醒，他惧怕凶兆，因此醒来后征求了大巫师的意见。巫师一直在守卫着树林中长燃的圣火，他听了大公讲述的噩梦之后对大公进行抚慰，把大公在光怪陆离的梦境中听到的异响解释成是好运的预兆。巫师解释说，铁狼那一声地动山摇般的嗥叫意味着上天将把大任降给格迪米纳斯。巫师告诉他，那只野兽是一座强大城市的化身，而它那声凄厉的长啸则是这座城市赫赫威名的标志，它会将这座城市的名字带到地球上最遥远的地方。那一声长啸则预示了这座城市对寰宇世界的影响。

立陶宛的统治者对这一启示感到高兴，并将他的愿景付诸实践，命令在该地区最高的一座山丘上起建一座坚固的城堡。格迪米纳斯把他的朝廷从特拉凯移至这座城堡，让梦中幻影变成了立陶宛的政治中心和灵魂。因此，我们可以借此解释维尔纽斯最负盛名的波兰语诗人之一——亚当·密茨凯维奇（Adam Mickiewicz）的诗句，猎人在梦中的音景，昭示着立陶宛由森林和钢铁建成。这座要塞奠定了维尔纽斯未来发展的形态和形式。如今，城堡山成了维尔纽斯最著名的地标之一，它是立陶宛建国的象征。

即便这座城市诞生于一场梦中，但在想象维尔纽斯的形象时也存在困难，原因是缺乏在这座城市里产生的或者围绕这里产生的虚构故事。维尔纽斯没法借助任何（单独）的一种想象可以让它轻易地呈现出自己的面貌。生于立陶宛的美籍波兰诗人切斯瓦夫·米沃什，这位诺贝尔文学奖获得者在第二次世界大战前的几十年里在这座城市度过了他的青年岁月，他把维尔纽斯视为故乡，并试图揭示出这座城市的灵魂，基于以上原因，这种想法变成了一种西西弗斯式的任务[1]。他评论道："我看到了不公。"有一

1 西西弗斯式的任务，比喻看不到希望的徒劳——译注

次他对一个巴黎人说道："每当他想形容这座城市的时候，不一定非得让它摆脱虚无。"对巴黎的叙事——想象力——依赖那些汗牛充栋的典故，因为这座城市"存在于文学作品之内，浮现于绘画作品之上，又体现在建筑雕刻之中；即使它消失于尘世，人们仍可以在想象中重现它"。与之相反，每当人们谈起维尔纽斯，它的形象总是让人不甚了了。米沃什继续说："确实存在一定数量的版画、照片和回忆录，但在这个地区狭小的范围之外，其他东西通常就鲜为人知了。"与许多地方一样，至少在过去是这样，这些当地人"缺乏洞察力，大部分时间都没有注意到那些现在看起来值得思考的东西"。而考虑到自己的生命中最关键的时期都是在这里度过的，米沃什被迫通过发明"一些最实用的符号"来"凝聚"想象力，正如人们所期望的那样，"从地理、建筑到天空的色彩，这一切都应如此"。因此，从所有方面讲，维尔纽斯逃离了具象性而进入了想象中的世界，在这里它更像是一种梦幻或海市蜃楼的片段，而不是一幅描绘现实世界、清晰而且完好的图画。这座城市让人惊叹不已，但当它进入想象世界时，用诗人的话说，就像一个未被构想出来的东西，"一种不明说的也无法言说的东西"。尽管如此，一切都理应会好起来的，这些事情可能已经尘埃落定，并在历史上找到了自己应有的位置，米沃什又警告说："只要语言没有在不同的时间和地点为同一事物找到不同的名称而欺骗我们。"

维尔纽斯在历史上为人所知的名字很多，每个名字都将这座城市卷入一场欧洲在政治和语言上新的风波。地名的多变性伴随着对于该地区在文化和意识形态上的不同解读，这使人们弄不清该地区的本来面目。城里的大多数地名，例如街名和邻里社区的名称，甚至某些局部地形地貌的名称，例如河流、湖泊、丘陵、公园和森林等的名称，老是在各种语言之间变来变去。结果就是，维尔纽斯的地图会为这座城市打上时代的印证，随着每次区域政治局势的变化，这些地图很快就过时了。尽管如此，维尔纽斯的地图还是有一定的稳定性，大约在20世纪，尽管街道名称遭到多次变更，但这座城市里老城的基本布局仍（几乎）没变。因此，维尔纽斯的持久性总是对抗着这种变化性。

蜿蜒的街道和小巷，神秘交错在一起的庭院，宗教建筑的尖顶和建筑上迷人的灰墁装饰，这些讲述了一个（除了俄罗斯人和德国人之外）立陶宛人、波兰人、白俄罗斯人、犹太人和鞑靼人缠绵纠结的故事，他们管维尔纽斯叫作家。因此，了解这座城市无异于一场跨境旅行，要去探索未知的土地，探访众多的异乡。因此，正如我所见到的那样，维尔纽斯要求旅行者走上不同的旅途。为了回应这些让维尔纽斯变得多元化而又多样化的变化，我在写作时需要找到回到这座城市的方式，并以一个陌生人的视角重新介绍这座城市。对于我们这些出生在这座城市的人而言，还有一种从反方向进行探险的可能，就是把我们的家乡描述成一片未知而遥远的土地。本书分别从这两个方向切入，一方面从外国人的视角叙述维尔纽斯的历史，另一方面又从当地人的角度出发看待同样的问题。换句话说，这本书主要是关于这座城市的过去，但它也反映了这个地方当前的状态。

维尔纽斯不仅是立陶宛历史上的首都，也是现在的首都。立陶宛与拉脱维亚和爱沙尼亚一样，是位于欧洲北部波罗的海东南岸的波罗的海国家之一。立陶宛占地约 65000 平方公里，但人口不到 300 万，国内只有几个大城镇，它是一个面积很小而人口又稀少的国家。该国近三分之一的土地上覆盖着落叶林和针叶林混交而成的森林，无数的湖泊、河流和湿地交错其间。广阔的林地间点缀着小型的农场，这使立陶宛成了欧洲最具田园风情的国家之一，斗转星移间，这一幅幅美景似乎是亘古不变的。总的来说，这一片林地荒野造就了维尔纽斯这样一座城市，许多传统的当地文化都与乡村生活息息相关，在立陶宛人的想象中，森林仍然隐约可见。

立陶宛人占该国人口的 80% 以上，在语言谱系中，他们所使用的语言是两种波罗的语言中的一种（另一种是拉脱维亚语），二者共属于更大的印欧语系。根据语言学家的说法，立陶宛语是现存的印欧语中最古老的语种之一，与古梵语之间存在某些可识别的关联。由于传统上立陶宛人都在乡下居住，因此立陶宛语仅在19世纪末才开始重新调整变化以适应现代更加城市化的生活。因此，立陶宛语一方面极为存古，在书面语系统（而且在许多方面甚至是词汇系统）中确实如此，但同时，它又实在是一个近代的发明。原始语汇与新造的词语在立陶宛语中混为一体，这在总体上也反映了当地的文化。几个世纪以来，立陶宛一直是欧洲最偏远的国家之一。但同时，尤其是在20世纪，它在欧洲历史上又遭到外国的占领，历经了最为残酷的岁月。

在18世纪的最后十年，立陶宛被俄罗斯帝国吞并。沙皇的统治带来了俄语压倒性的优势地位，这持续了一个多世纪，直到第一次世界大战爆发，立陶宛于1915年被德军占领。在1918年到1940年间立陶宛曾是一个独立的国家，尽管未能将维尔纽斯作为首都。立陶宛在1940年并入苏联。除了1941年至1943年的3年（纳粹德国占领该国）之外，直到1990年，立陶宛一直都是苏联的一部分。在苏联时期，降临的铁幕基本上将立陶宛与世界上大部分地区隔离开了。很少有人能离开立陶宛，只有一小撮外国人得到允许可以访问该国。然而，那些来访者注意到，立陶宛尤其是维尔纽斯的当地人渴望着自由，而苏联的其他地区则有所不同。独立使得立陶宛与国际社会迅速融合，它于2004年作为一个自由共和国加入了欧盟。立陶宛的人口的确一直在稳步下降，尽管如此，但自那以后，据估计有超过50万人口（该国目前居民的大约六分之一）居住在国外。所有这些变化的结果是，立陶宛人往往非常重视保护自己的文化，同时仍然能够对外开放。例如，许多母语为立陶宛语者已能熟练地掌握其他地区的语言。实际上，该国超过90%的人口除了母语以外还能至少说一种外语，这个比例在欧洲国家中是最高的之一。即便如此，在过去的30年中，文化背景和语言影响的方向发生了重大变化：虽然上岁数的立陶宛人可能更偏好俄语或波兰语，但绝大多数的年轻人还是使用英语作为第二语言。

与波罗的海北部邻国形成鲜明对比的是，立陶宛虽然坐落在海边，看上去却像内陆国家。在这方面，该国与南部和东部的较大邻国（如波兰和白俄罗斯）更加相像。的确，当代立陶宛只是历史上立陶宛领土的一小部分，历史上的立陶宛领土向西一直延伸到欧洲腹地，向东一直延伸到黑海，包括大片土地，其中包括了当今白俄罗斯和乌克兰的大部分地区，此外还有俄罗斯西部和波兰东部边缘的一大块土地。据估计，在 16 世纪初的鼎盛期，这个被称为立陶宛大公国的国家的面积是当今立陶宛面积的 15 倍。大公国曾是欧洲最大的政治实体之一，境内的语言和文化极为多样。但是讲立陶宛语的人口却很少。因此，历史上的维尔纽斯具有更广泛的领土和文化影响。维尔纽斯的“黄金时代”大约可以追溯到 16 世纪初，持续了大约一个半世纪，之后莫斯科领导的部队入侵立陶宛，并随后占据这座城市长达 6 年之久（于 1661 年结束）。俄国所占领土面积与立陶宛大公国鼎盛期的领土范围相吻合。在这场浩劫之前，政治上的稳定和经济上的繁荣使得教育、学术和印刷业得以发展。 16 世纪 20 年代在维尔纽斯印刷的第一本书是东正教的宗教文献，使用的是西里尔字母。天主教大学于 1579 年在该城创立。在同一时期，维尔纽斯在波兰和立陶宛的土地上被称为犹太人的“主城”。

维尔纽斯的人口略多于 50 万，今天的维尔纽斯是迄今为止立陶宛最大也是最重要的城市（尽管如此，它仍是欧洲最小的首都城市之一）。维尔纽斯位于该国的东南角，距立陶宛与白俄罗斯的边界仅 30 公里。这座城市位于立陶宛现代版图的边缘地带，这一点提醒人们，维尔纽斯对立陶宛大公国的历史领土具有文化和语言上的依赖性。维尔纽斯只有 60% 的人口是立陶宛人，因此维尔纽斯仍然是一个文化多元、语言多元的地方——这也表明了该国悠久的历史。

计算结果表明，维尔纽斯位于欧洲的地理中心附近，如果循着地图的逻辑，地图上指示东西南北四个方向的图线交汇于此。这使维尔纽斯成了连接欧洲各个民族、各种传统和文化的桥梁，或更准确地说，是节点。在某种程度上，各个民族的历史都积淀在这里，在这座拥有不同民族和宗教的城市中交织着欧洲古往今来的世态人情。因此，尽管维尔纽斯体现了立陶宛历史文化和语言上的多样性，但在欧洲它也暴露出了矛盾与不和谐。例如，就气候而言，维尔纽斯是一座典型的北欧城市，夏季阳光充沛，但又雨量充足；秋季美景易逝却又色彩鲜明；铅灰色的冬季漫长而寒冷，姗姗来迟的春季刚一到来就已是绿意盎然，这一点多么让人惊讶。相比之下，维尔纽斯的建筑却是南欧的苗裔，比波罗的海北部的苍穹更符合地中海温暖气候带给人们的审美观。如果您在炎炎夏日来到维尔纽斯，您可能会觉得自己仿佛置身于南欧而非北欧，在老城里大多数建筑外墙都饰以淡雅的粉彩，到处都是美轮美奂的巴洛克式教堂。影翳与阳光一样重要。不过在冬季，维尔纽斯给人的印象却是不得其所的：被阳光拥吻的城市又换上了银装素裹。这座城市的举止如变色龙般善变，它用迷彩掩盖了一种身份，而本应修饰它的却是另一种与之对立的色彩。

作为欧洲的交汇点，也许维尔纽斯应该更广为人知，但它却羞于抛头露面，而是选择隐藏起来，变成欧洲大陆最鲜为人知的秘密之一。几个世纪以来，层峦叠翠掩映下的维尔纽斯孤独自处，分割它与欧洲其他地区的是青翠的林海。因此，在维尔纽斯建城传奇为人所知之后，亚当·密茨凯维奇发表了一番高论，他将这座城市比作那匹孤狼，它在森林中徘徊着，周围是熊、野猪和野牛。

立陶宛大部分地区为低地，周边地区也是如此，这使维尔纽斯起伏的地貌独具特色，并为它赢得了迷你瑞士的美誉。大自然的装点与城里美轮美奂的建筑交相辉映。尽管维尔纽斯缺乏罗马和圣彼得堡那种壮丽的景观和华美的丰碑，但就其美学内核而言，它仍是一座巴洛克式的城市。尽管如此，维尔纽斯还是敞开心扉，从封闭的山丘中打开了一座圆形剧场，欢迎来宾们成为立陶宛梦幻般历史传奇的见证人。在这种情况下，可以将维尔纽斯比作一块琥珀，一块半透明的半宝石，一旦它暴露于光线之下便会发光——迸发出火彩并焕发青春。维尔纽斯的一位犹太诗人曾将这座城市做了如下的比喻：它矗立在立陶宛的土地上，它是一块魔石制成的护身符，它又是一首用粘土与钢铁拼写而成的赞美诗。另一位诗人则认为这座城市是一块黄色的彩石，在月光下莹莹闪光。因此，维尔纽斯就像是琥珀，它允许光线进入自己，照亮它的过去。

注 释

前言 出发

1. Renate Lachmann, Memory and Literature: Intertextuality in Russian Modernism, 译者为 Roy Sellars 和 Anthony Wall (Minneapolis: University of Minnesota Press, 1997), 164.

2. Jan Bułhak, Vilniaus peizažas: fotografo kelionės (Vilnius: Vaga, 2006), 21-23.

第一章 欧洲的边缘

1. Gediminas's letter to Pope John XXII in V. Pašuta and I. Štal, 编者为 Gedimino laiškai (Vilnius: Mintis, 1966), 22.

2. Gediminas's letter to the burghers of Lubeck, etc., 同上书 , 28-35.

3. 更多关于 Vilnius 神话学意义见 Vladimir Toporov, "Vilnius, Wilno, Vil'na: miestas ir mitas" in Baltų mitologijos ir ritualo tyrimai (Vilnius: Aidai, 2000), 35-98.

4. 教皇使团的报告见 Pašuta and Štal, 如上文中的 127.

5. 同上书 , 128.

6. 同上书 , 128-131.

7. 同上书 , 145.

8. 如 Eric Christiansen, The Northern Crusades (London: Penguin Books, 1997) 所引 , 156.

9. Jonathan Riley-Smith, The Crusades: A History (New Haven: Yale University Press, 2005), 253.

10. 如 James Charles Roy, The Vanished Kingdom: Travels through the History of Prussia (Boulder: Westview Press, 1999) 所引 , 69.

11. 如 Christiansen, 如上文中的所引 , 176.

12. Ghillibert de Lannoy，见 Juozas Jurginis 和 Algirdas Šidlauskas 等编 , Kraštas

ir žmonės (Vilnius: Mokslas, 1983), 49.

13. 同上书 , 49-50.

14. Zacharias Ferrerius, Vita S. Casimiri, in Mintautas Čiurinskas, 编者为 Ankstyvieji Šv. Kazimiero gyvenimai (Vilnius: Aidai, 2004), 75.

15. 同上书 , 79.

16. Jacobus Piso, "De Lithuania," 载于 Eugenija Ulčinaitė, 编者为 Gratulatio Vilnae (Vilnius: Lieuvių literatūros ir tautosakos institutas, 2001), 27.

17. Ferrerius, 如上文中的 81.

18. 同上书 , 69.

19. 同上书 , 51.

20. 同上书 , 75.

21. 同上书。

22. 同上书 , 83-85.

第二章 描绘萨尔马提亚

1. 见 Aldona Bieliūnienė 等编 , Lithuania on the Map (Vilnius: Lietuvos nacionalinis muziejus, 1999), 24-25.

2. 关于 Vilnius 名称历史上的变体，见 Jonas Jurkštas, Vilniaus vietovardžiai (Vilnius: Mokslas, 1985) 以及 Aleksandras Vanagas, "Miesto vardas Vilnius" Gimtasis žodis, nr. 11(59), 1993 年 11 月.

3. Hartmann Schedel, Sarmatia, Liber chronicarum 中关于萨尔马提亚的那章印于 Nuremberg，制作者为 Anton Koberger，1493 年 , 译者及编者为 B. Deresiewicz (London: Oficyna Stanisław Gliwa, 1973), 86.

4. Sigismund Herberstein, Notes upon Russia: being a translation of the earliest account of that country, entitled Rerum Moscoviticarum commentarii, 译者及编者为 R.H. Major (New York: Burt Franklin, 1963), 87.

5. 同上书 , 86.

6. 同上书 , 94.

7. 同上书 , 99.

8. 如 Norman Davies, God's Playground: A History of Poland, vol.1 (New York: Columbia University Press, 1982) 所引 , 45.

9. Schedel, 如上文中的 85.

10. Thomas Da Costa Kaufmann, Court, Cloister and City: The Art and Culture of Central Europe, 1450-1800 (Chicago: University of Chicago Press, 1995), 288.

11. Harry E. Dembkowski, The Union of Lublin: Polish Federalism in the Golden Age (Boulder: East European Monographs, 1982), 210-211.

12. Schedel, 如上文中的 88.

13. Alexander Gwagnini, 引自 Artūras Tereškinas, Imperfect Communities: Identity, Discourse and Nation in the Seventeenth-Century Grand Duchy of Lithuania (Vilnius: Lietuvių literatūros ir tautosakos institutas, 2005), 237.

14. Juozas Jurginis 和 Algirdas Šidlauskas 合著的 Kraštas ir žmonės (Vilnius: Mokslas, 1983), 78-79.

15. 同上书 , 79.

16. Schedel, 如上文中的 91.

17. Petri Royzzi Maurei, "Facies Urbis Vilnae" 载于 Eugenija Ulčinaitė，编者为 Gratulation Vilnae (Vilnius: Lietuvių literatūros ir tautosakos institutas, 2001), 86.

18. In Jurginis and Šidlauskas, 如上文中的 82.

19. Boemus Joannes, The manners, lawes and customs of all nations with many other things... (London: 1611), 221-222.

20. Lawrence Korvin Novotarski, "Sapphic Ode on Poland," 译者为 Kenneth Mackenzie, in Schedel, 如上文中的 111-112.

21. John Hale, The Civilization of Europe in the Renaissance (New York: Atheneum, 1994), 38.

22. 同上书 , 20.

23. 同上书 , 24.

24. In Jurginis and Šidlauskas, 如上文中的 85.

25. Daniel Stone, The Polish-Lithuanian State, 1386-1795 (Seattle: University of Washington Press, 2001), 211-213.

26. Davies, 如上文中的 367.

27. 如 Larry Wolff, Inventing Eastern Europe: The Map of Civilization on the Mind of the Enlightenment (Stanford: Stanford University Press, 1994) 所引 , 30.

关于萨尔马提亚风格更多信息，见 Marija Matušakaitė, Apranga XVI-XVIII a. Lietuvoje (Vilnius: Aidai, 2003), 95-222; 也见 Gražina Marija Martinaitienė, "At the crossings of western and eastern cultures: the contush sashes" 载于 Lietuvos Didžiosios

Kunigaikštystės barokas: formos, įtakos, kryptys, Acta Academiae Artium Vilnensis 21 (2001), 167-175.

28. Aivas Ragauskas, Vilniaus miesto valdantysis elitas: XVII a. antrojoje pusėje (Vilnius: Diemedžio leidykla, 2002), 448.

29. Algimantas Miškinis 和 Vytautas Jurkštas, 载于 Vilniaus architektūra, 编者为 A. Jankevičienė (Vilnius: Mokslas, 1985), 9. 更具体地说，市民拥有 233 所砖房和 163 所木质房屋，贵族拥有 53 所房屋，犹太人拥有 49 所（砖制和木制）房屋。

30. Kaufmann, 如上文中的 421.

31. J. Jurginis, V. Merkys 和 A. Tautavičius, Vilniaus miesto istorija: nuo seniausių laikų iki Spalio revoliucijos (Vilnius: Mintis, 1968), 190.

32. Rosario Villari, "Introduction" 载于 Baroque Personae, 编者为 Rosario Villari (Chicago: University of Chicago Press, 1995), 2.

33. Remy G. Saisselin, The Enlightenment against Baroque: Economics and Aesthetics of the Eighteenth Century (Berkeley: University of California Press, 1992), 6.

第三章 启蒙的阴影

1. Georg Forster 致 Samuel Thomas Sömmerring, 1784 年 12 月 12-13 日 , Georg Forsters Werke: Sämliche Schriften, Tagebücher, Briefe (Briefe 1784 - Juni 1787), vol. 14, 编者为 Brigitte Leuschner (Berlin: Akademie Verlag, 1978), 232. 德国生理学家兼解剖学家宋莫林（Sömmerring，1755-1830）是福斯特的密友之一。

2. George Forster, A Voyage Round the World, vol. 1 (Honolulu: University of Hawai'i Press, 2000), 6.

3. Friedrich Schlegel, Kritische Schriften, 引自 Thomas F. Saine, Georg Forster (New York: Twayne Publishers, 1972), 13.

4. Alexander von Humboldt, Kosmos, 引自 Forster, A Voyage Round the World, vol. 1, 如上文中的 xl.

5. Forster 致 Sömmerring, 1784 年 7 月 2 日 , Georg Forsters Werke 14, 如上文中的 114.

6. 同上书 , 113-114.

7. Forster, 引自 Saine, 如上文中的 163.

8. Goethe, 引自 Wolff, 如上文中的 333.

9. Louis-Phillipe de Ségur, Mémoires, souvenirs, et anecdotes, par le comte de Ségur,

vol.1, 引自 Wolff, 如上文中的 19.

10. 同上书 , 19-20.

11. William Coxe, Travels in Poland, Russia, Sweden and Denmark (London: J. Nicholas, 1784), 148.

12. 同上书 , 226.

13. 同上书 , 211.

14. 同上书 , 226.

15. 同上书 , 230-31.

16. 同上书 , 234.

17. Friedrich Schulz in Jurginis and Šidlauskas, 如上文中的 106.

18. 同上书 , 97.

19. Georg Forster 致 Friedrich Heinrich Jacobi, 1784 年 12 月 17 日 , Georg Forsters Werke 14, 如上文中的 248-249.

20. 同上书 , 249.

21. Georg Forster 致 Therese Heyne, 1784 年 12 月 12 日 , Georg Forsters Werke 14, 如上文中的 205.

22. Georg Forster 致 Joachim Heinrich Campe, 1786 年 7 月 9 日 , 同上书 , 503.

23. Forster 致 Jacobi, 1784 年 12 月 17 日 , 同上书 , 249.

24. Georg Forster, Georg Forster Werke: Sämliche Schriften, Tagebücher, Briefe, vol.12, 编者为 Brigitte Leuschner, (Berlin: Akademie Verlag, 1978), 189.

25. Forster 致 T. Heyne, 1784 年 12 月 13 日 , Georg Forsters Werke 14, 如上文中的 242.

26. Forster 致 T. Heyne, 1785 年 1 月 24 日 , 同上书 , 267.

27. 同上书 , 269.

28. Georg Forster 致 Maria Wilhelmina von Thun, 1784 年 11 月 24 日 , 同上书 , 215-216.

29. Forster 致 Sömmerring, 1785 年 2 月 3 日 , 同上书 , 271.

30. 同上书 , 273.

31. Forster 致 Sömmerring, 1784 年 12 月 12 日 , 同上书 , 232.

32. Georg Forster 致 Christian Gottlob Heyne, 1786 年 8 月 10 日 , 同上书 , 521.

33. Georg Forster 致 Johann Gottfried Herder, 1786 年 7 月 21 日 , 同上书 , 513.

34. Forster 致 Campe, 1786 年 7 月 9 日 , 同上书 , 502-503.

35. Therese Forster, Johann Georg Forster's Briefwechsel, 引自 Saine, 如上文中的 43.

36. Forster 致 Sömmerring, 1786 年 10 月 8 日 , Georg Forsters Werke 14, 如上文中的 561.

37. Georg Forster 致 Johann Karl Phillip Spener, 1787 年 6 月 17 日 , 同上书 , 699.

38. Forster 致 T. Heyne, 1785 年 2 月 16 日 , 同上书 , 282.

39. Forster 致 Sömmerring, 1784 年 12 月 12-13 日 , 同上书 , 236.

40. 这位医生很可能是 Judah ben Mordechai ha-Levi Hurwitz, 尽管福斯特在他的信件中从未提到过此人的名字。.

41. Georg Forster 致 Petrus Camper, 1787 年 5 月 7 日 , Georg Forsters Werke 14, 如上文中的 677-680.

42. Georg Forster 致 Georg Christoph Lichtenberg, 1786 年 6 月 18 日 , 同上书 , 491-492. (English translation from Wolff, 如上文中的 338.)

43. Forster 致 Sömmerring, 1785 年 2 月 3 日 , 同上书 , 271.

44. Forster 致 Herder, 1786 年 7 月 21 日 , 同上书 , 512.

45. Therese Forster 致 Spener, 1786 年 2 月 19 日 , 同上书 , 793.

46. Forster 致 Herder, 1787 年 9 月 1 日 , Georg Forsters Werke, vol. 15, 编者为 Horst Fiedler (Berlin: Akademie Verlag, 1981), 32.

47. Georg Forster 致 Johann Georg von Zimmermann, 1788 年 5 月 4 日 , Georg Forsters Werke 15, 如上文中的 151.

48. Forster 引自 Saine, 如上文中的 147.

49. Goethe 致 Sömmerring, 1794 年 2 月 17 日 , 引自 Saine, 如上文中的 155.

第四章 拿破仑的诅咒

1. Jozefas Frankas (Josef Frank), Atsiminimai apie Vilnių, 译者为 Genovaitė Dručkutė (Vilnius: Mintis, 2001), 42.

2. 同上书 , 44.

3. 同上书 , 46.

4. 同上书 , 44-45.

5. Tomas Venclova, Vilnius: City Guide (Vilnius: R. Paknio leidykla, 2001), 37. 1795 年的人口统计未能获取非基督徒居民的统计资料。

6. Frank, 如上文中的 49.

7. 同上书。

8. Norman Davies, Heart of Europe: the Past in Poland's Present (Oxford: Oxford University Press, 2001), 173.

9. 随后，这栋建于 17 世纪的建筑物被称为弗兰克之家，今天它是法国大使馆的所在地。

10. Frank, 如上文中的 49.

11. 同上书 , 49-52.

12. 同上书 , 50.

13. 同上书。

14. 同上书 , 65-68.

15. 同上书 , 110-111.

16. Davies, 如上文中的 142.

17. 总的来说，似乎法军关于立陶宛的地理和地图的知识水平非常差。尽管如此，在对俄发动战争之前，拿破仑熟读了法国地理学家 C. 马尔特 - 布朗（C. Malte-Brun）的著作，此人于 1807 年发表了一份名为《图解古今波兰》（*Tableau de la Pologne ancienne et modern*）的关于波兰的地理历史研究，其中也包括立陶宛。

18. 引自 Paul Britten Austin, 1812: the March on Moscow (London: Greenhill Books, 1993), 31.

19. Phillipe-Paul de Segur, Napoleon's Russian Campaign, 译者为 J. David Townsend (London: Michael Joseph, 1959), 16-17.

20. 同上书 , 18.

21. Louis-François Lejeune, Mémories du Général Lejeune, 引自 Austin, 1812: the March to Moscow, 如上文中的 44.

22. H. A. Vossler, With Napoleon in Russia in 1812: the Diary of Lt. H. A. Vossler, a Soldier of the Grand Army 1812-1813, 译者为 Walter Wallich (London: Constable, 1998), 45.

23. Segur, 如上文中的 17.

24. Carl von Martens, Dänkwürdigkeiten aus dem Leben eines alten Offiziers, 引自 Austin, 1812: the March to Moscow, 57.

25. Segur, 如上文中的 19-20.

26. Vossler, 如上文中的 50-51.

27. Bourgogne, Memoir of Sergeant Bourgogne (London: Jonathan Cape, 1940 [1896]), 16.

28. Roman Soltyk, Napoleon en 1812. Mémoires Historiques et militaires sur la Campagne de Russie, 引自 Austin, 1812: the March to Moscow, 98.

29. 引自 Austin, 1812: the March to Moscow, 98.

30. Soltyk, 如上文中的 71.

31. François Dumonceau, Mémoires du Général Comte François Dumonceau, 引自 Austin, 1812: the March to Moscow, 74.

32. Segur, 引自 Austin, 1812: the March to Moscow, 71.

33. Armand de Caulaincourt, Mémoires du Général de Caulaincourt, Duc de Vizence, Grand Ecuyer de l'Empereur, 引自 Austin, 1812: the March to Moscow, 73.

34. 同上书。

35. 同上书 , 77.

36. M. de Fezensac, The Russian Campaign, 1812, 译者为 Lee Kennett (Athens: University of Georgia Press, 1970), 10.

37. Lois-Flarimond Fantin des Odoards, Journal du general Fantin des Odoards, 引自 Austin, 1812: the March to Moscow, 101.

38. Dumonceau, Mémoires du Général Comte François Dumonceau, 引自 Austin, 1812: the March to Moscow, 73.

39. Vincent Bertrand, Mémoires du capitaine Vincent Bertrand, 引自 Austin, 1812: the March to Moscow, 77.

40. Choiseul-Gouffier, 引自 Adam Zamoyski, Moscow 1812: Napoleon's Fatal March (New York: Harper Collins, 2004), 162.

41. Dumonceau, 如上文中的 74-75.

42. Vossler, 如上文中的 2, 53.

43. Eugene Labaume, The Campaign in Russia (London: Samuel, Leigh, in the Strand, 1815), 34. 拉鲍莫（Labaume）所描述的犹太人十分类似当地的卡莱特人。

44. Segur, 如上文中的 29-30.

45. 同上书 , 30.

46. 同上书 , 205.

47. Vossler, 如上文中的 52.

48. Stendhal, To the Happy Few: Selected Letters of Stendhal (New York: Grove

Press, 1952), 139.

49. Bourgogne, 如上文中的 27.

50. Stendhal, 如上文中的 144.

51. Bourgogne, 如上文中的 66-67.

52. Vossler, 如上文中的 89.

53. 同上书 , 73.

54. 同上书 , 90.

55. Segur, 如上文中的 205-206.

56. 同上书 , 226.

57. Bourgogne, 如上文中的 201.

58. Segur, 如上文中的 243.

59. Bourgogne, 如上文中的 203.

60. 同上书 , 209.

61. C. F. M. Le Roy, Souvenirs de Leroy, major d'infanterie, veteran des armies de la République et de l'Empire, 引自 Austin, 1812: the Great Retreat (London: Greenhill Books, 1996), 312.

62. Vossler, 如上文中的 92.

63. Bourgogne, 如上文中的 217.

64. Vossler, 如上文中的 93.

65. Segur, 如上文中的 261.

66. Bourgogne, 如上文中的 220-221.

67. Jean-Marc Bussy, in Soldats Suisses au service de la France, 引自 Austin, 1812: the Great Retreat, 365.

68. 引自 Austin, 1812: the March to Moscow, 76.

69. Stendhal, 如上文中的 136.

70. Marie Charlotte Oudinot, Récites de guerre et de Foyer, 引自 Austin, 1812: the March to Moscow, 70.

71. Bangowski, 引自 Austin, 1812: the Great Retreat, 367.

72. Austin, 1812: the Great Retreat, 367.

73. Porphyre Jacquemont, 引自 Austin, 1812: the Great Retreat, 368.

74. Segur, 如上文中的 253.

75. Stendhal, 如上文中的 152.

76. Fezensac, 如上文中的 109.

77. Dumonceau, 引自 Austin, 1812: the Great Retreat, 380.

78. Segur, 如上文中的 261-262.

79. Vossler, 如上文中的 84.

80. Louise Fussil, Souvenirs d'une Femme sur la retraite de Russie, 引自 Austin, 1812: the Great Retreat, 377.

81. Dumonceau, 引自 Austin, 1812: the Great Retreat, 376.

82. Roch-Godart, Mémoirs du general-baron, Roch Godart, 1795-1812, 引自 Austin, 1812: the Great Retreat, 367.

83. Fezensac, 如上文中的 108.

84. Vossler, 如上文中的 87.

85. Segur, 如上文中的 262.

86. Nicholas Louis Planat de la Faye, Vie de Planat de la Faye, 引自 Austin, 1812: the Great Retreat, 380.

87. Segur, 如上文中的 262.

88. Choiseul-Gouffier, 引自 Austin, 1812: the Great Retreat, 383.

89. Bourgogne, 如上文中的 222.

90. In Austin, 1812: the Great Retreat, 384-385.

91. Bourgogne, 如上文中的 222-223.

92. 同上书 , 230.

93. Segur, 如上文中的 265.

94. Jean Rapp, Mémoires écrits par lui-méme et publiés par sa famille, 引自 Austin, 1812: the Great Retreat, 382.

95. Segur, 如上文中的 264.

96. Charles François, Journal du Capitaine François, 引自 Austin, 1812: the Great Retreat, 393.

97. Segur, 如上文中的 266-267.

98. In Zamoyski, 如上文中的 513.

99. Fezensac, 如上文中的 112.

100. Denis Davidov, In the Service of the Tsar against Napoleon: the Memoirs of Denis Davidov, 1806-1814, 编者及译者为 Gregory Troubetzkoy (London: Greenhill Books, 1999), 156.

101. Boris Uxkull, Arms and the Woman: the Intimate Journal of a Baltic Nobleman in the Napoleonic Wars, 译者为 Joel Carmichael (New York: The Macmillan Company, 1966), 105.

102. Davidov, 如上文中的 156.

103. Uxkull, 如上文中的 105.

104. 同上书 , 106-109.

105. Robert Wilson, General Wilson's Journal, 1812-1814, 编者为 Anthony Brett-James (London: William Kimber, 1964), 92-94. 提尔孔内尔伯爵是英国驻圣彼得堡大使馆的专员，但他在冒险地追随拿破仑的时候却加入了俄军。

106. 同上书 , 96.

107. 同上书 , 97.

108. 同上书 , 96.

109. Aleksandr Chicherin, Dnevnik Aleksandra Chicherina, 编者为 S.G. Engel, M.I. Perper, L.G. Beskrovnyi (Moskva: Nauka, 1966), 67-68.

110. 同上书 , 74.

111. Uxkull, 如上文中的 107.

112. Chicherin, 如上文中的 93.

113. 同上书 , 75.

114. 同上书 , 94.

115. 同上书 , 95.

116. Uxkull, 如上文中的 111.

117. Frank, 如上文中的 415.

118. 同上书 , 416-417. 这幅油画于 19 世纪被制成了一幅石版画并被大量复制，在维尔纳和国外都广为流传。

119. 同上书 , 398.

120. 同上书 , 419.

121. 同上书 , 418.

122. 同上书 , 419.

123. 同上书 , 577-578.

第五章 俄国人的阴谋

1. Leo Tolstoy, 引自 Birutė Masionienė, Levas Tolstojus ir Lietuva (Vilnius: Vaga,

1978), 11-12.

2. Leo Tolstoy, War and Peace, 译者为 Constance Garnett (New York: The Modern Library, 2002), 1252-1256.

3. Benjamin Harshav, "Preface" 载于 Herman Kruk, The Last Days of the Jerusalem of Lithuania: Chronicles from the Vilna Ghetto and the Camps, 1939-1944, 编者为 Benjamin Harshav, 译者为 Barbara Harshav (New Haven: Yale University Press, 2002), xxx – xxxiii.

4. J. Jurginis, V. Merkys 和 A. Tautavičius, 如上文中的 275-276.

5. Age Meyer Benedictsen, Lithuania, "The Awakening of a Nation" – a Study of the Past and Present of the Lithuanian People (Copenhagen: Egmont H. Petersens, 1924), 139-141.

6. Handbook for Travellers in Russia, Poland and Finland (London: John Murray, 1867), 173.

7. Aleksandr Ostrovsky, Polnoje sobranije t. 10, eds. G. I. Vladykina, et al. (Moskva: Isskustvo, 1978), 379-381.

8. "Pamiati grafa Mikhaila Nikolaevicha Muravieva" 载于 Russkaja literature v Litve XIV-XX V., 编者为 Pavel Lavrinec (Vilnius: Lietuvos Rašytojų Sąjungos Leidykla, 1998), 218-219.

9. "Polskij Vopros" 载于 Severnaya Pchela (1863 年 5 月 5 日), 3.

10. A. Sas., "Poezdka v Vilno" 载于 Severnaya Pchela (1863 年 5 月 5 日), 1.

11. Handbook for Travellers in Russia, Poland and Finland, 51-52.

12. Joseph Frank, Dostoevsky: the Miraculous Years, 1865-1871 (Princeton: Princeton University Press, 1995), 161.

13. 同上书 , 184.

14. Anna Dostoevskaya, 引自 Frank, 同上书 , 185.

15. 同上书 , 184.

16. 同上书 , 189.

17. Joseph Frank, 同上书 , 191.

18. 同上书。

19. 同上书。

20. Anna Dostoevskaya, Dnevnik 1867 goda, 编者为 S. Zhitomirskaya (Moskva: Nauka, 1993), 4-6.

21. David Goldstein, Dostoevsky and the Jews (Austin: University of Texas Press, 1981), 57.

22. 同上书 , 56.

23. Joseph Frank, 如上文中的 47.

24. 同上书 , 48.

25. 同上书 , 50.

26. 欲查询更多关于陀思妥耶夫斯基家族的立陶宛血统的信息 , 见 Birutė Masionienė, "F. Dostojevskio kilmės klausimu" 载于 Literatūrinių ryšių pėdsakais (Vilnius: Vaga, 1982), 7-35.

27. Joseph Frank, Dostoevsky: the Seeds of Revolt, 1821-1849 (Princeton University Press, 1976), 8.

28. 同上书。

29. 同上书 。

30. 同上书 , 9.

31. F. Dobryanski, Staraja i Novaja Vilna (Vilna: Typografia A.G. Syrkina, 1904), 10-11.

32. "Pamiati grafa Mikhaila Nikolaevicha Muravieva" in Lavrinec, 如上文中的 221-224.

33. A. A. Vinogradov, Putevoditel po gorodu Vilna i evo okrestnosiam (Vilna: Tipografia Shtaba Vilenskavo Voenava Okruga, 1908), 41.

34. Benedictsen, 如上文中的 174-177.

35. Venclova, 如上文中的 53.

36. Katerina Clark and Michael Holquist, Mikhail Bakhtin (Cambridge: Harvard University Press, 1984), 22.

37. 同上书 , 25.

38. Mstislav Dobujinsky, Vospominaniya, vol. 1 (New York: Put' Zhizni, 1976), 72.

39. 同上书 , 150.

40. 同上书 , 169.

41. 同上书 , 152.

42. 同上书 , 213.

43. 同上书 , 256.

44. 同上书 , 289-290.

45. Feodor Tyutchev, "Nad Russkoj Vilnoj starodavnej" in Lavrinec, 如上文中的 330.

46. 为纪念 1812 年战争一百周年也出版了很多图书，包括不少俄文的回忆录，里面有关于维尔纳的战时角色的内容；例如，见 C.F. Dobryanski, K istorii otechestvenoi voiny. Sostoyania Vilny v 1812 g. – Zapiski Sev.-zapadnovo otdeleniia imperatorskovo russkovo geografichestkovo o-va, book 3 (Vilna: 1912); 以及 O. A. Kudrinskii, Vilna v 1812 godu (Vilna: 1912).

47. Bernard Pares, Day by Day with Russian Army, 1914-1915 (London: Constable & Company, 1915), 17.

48. Stanley Washburn, On the Russian Front in the World War I: Memoirs of an American War Correspondent (New York: Robert Speller and Sons, 1982), 41.

49. Valery Bryusov, Sem' tsvetov radugi: stikhi 1912-1915 (Moskva: Izdatelstvo K.F. Nekrasova, 1916), 116.

50. Stephen Graham, Russia and the World (New York: The Macmillan Company, 1915), 145-147.

51. 同上书 , 90.

52. 同上书 , 160-161.

53. 同上书 , 167-168.

54. 同上书 , 110.

55. Bryusov, 如上文中的 115.

第六章 德国的入侵

1. Hayyim Schauss, The Jewish Festivals: History and Observance (New York: Schocken Books, 1975), 154.

2. Joseph Roth, The Wandering Jews, 译者为 Michael Hofmann (New York: W. W. Norton, 2001), 40-43.

3. Vejas Liulevicius, War Land on the Eastern Front: Culture, National Identity and German Occupation (Cambridge: Cambridge University Press, 2001), 19.

4. Erich Ludendorff, My War Memories, vol. 1 (London: Hutchinson & Co., 1919), 175.

5. 同上书 , 243.

6. 同上书 , 210-212.

7. 同上书, 221-222.

8. 同上书, 211.

9. 同上书, 211-212.

10. Ludendorff, My War Memories, vol. 2, (London: Hutchinson & Co., 1919), 154.

11. Alfred Brust, Die verlorene Erde, 引自 Dietmar Albrecht, Wege nach Sarmatien – Zehn Kapitel Preußenland: Orte, Texte, Zeichen (München: Martin Meidenbauer, 2006), 174.

12. Richard Dehmel, Zwischen Volk und Menschheit: Kriegstagebuch, 引自 Albrecht, 如上文中的 173.

13. Petras Čepėnas, Naujųjų laikų Lietuvos istorija, t. II (Vilnius: Mokslo ir enciklopedijų leidykla, 1992), 27.

14. Wiktor Sukiennicki, East Central Europe during World War I: from Foreign Domination to National Independence, vol. 2. (New York: Columbia University Press, 1984), 161.

15. Ludendorff, 如上文中的 My War Memories, vol. 2, 153-155.

16. Petras Klimas, Iš mano atsiminimų (Vilnius: Lietuvos enciklopedijų redakcija, 1990), 45.

17. Israel Cohen, Vilna (Philadelphia: The Jewish Publication Society of America, 1992), 366.

18. 保尔 · 费希特于 1958 年逝世于西柏林。

19. Paul Monty, Wanderstunden in Wilna (Wilna: Verlag der Wilnaer Zeitung, 1918), 76.

20. 同上书, 9.

21. 同上书, 10.

22. 同上书, 10-12.

23. 同上书, 17.

24. 同上书, 13.

25. 同上书, 15.

26. 同上书, 16.

27. 例如见, Paul Weber, Wilna: eine vergessene Kunstsstätte (Wilna: Verlag der Zeitung der 10. armee, 1917).

28. Modris Eksteins, Rites of Spring: The Great War and the Birth of the Modern Age

(New York: Anchor Books, 1990), 211.

29. Monty, 如上文中的 81.

30. 同上书 , 28.

31. 同上书 , 27.

32. 同上书。

33. 同上书 , 28.

34. 同上书。

35. 同上书。

36. 同上书 , 14.

37. 同上书 , 40.

38. 同上书 , 27.

39. 同上书 , 87.

40. 同上书 , 79.

41. 同上书 , 82-84.

42. 同上书 , 20.

43. 同上书 , 22-23.

44. 同上书 , 59.

45. 同上书 , 59-60.

46. Hirsz Abramowicz, Profiles of a Lost World: Memoirs of East European Jewish Life before World War II, 编者为 Dina Abramowicz 和 Jeffrey Shandler, 译者为 Eva Zeitlin Dobkin (Detroit: Wayne University Press, 1999), 193.

47. Monty, 如上文中的 62.

48. Abramowicz, 如上文中的 202.

49. Monty, 如上文中的 62-67.

50. 同上书 , 68-71.

51. 同上书 , 73.

52. 同上书 , 74.

53. 同上书。

54. 同上书 , 75-76.

55. Eksteins, 如上文中的 212.

56. Monty, 如上文中的 78-79.

57. Thomas Mann, Buddenbrooks: the Decline of a Family, 译者为 John E. Woods

(New York: Knopf, 1993), 643.

58. Monty, 如上文中的 79-82.

59. Ludendorff, My War Memories, vol. 1, op.cit., 137.

60. Jean-Noel Grandhomme, "Vilnius 1915-1918 m. seno kareivio iš Elzaso prisiminimai" in Metai (2000 年 7 月), 130.

61. 同上书 , 136.

第七章 缺席的国家

1. Mykolas Römeris, Dienoraštis, 译者为 Vaiva Grigaitienė (Vilnius: Versus Aureus, 2007), 183.

2. Alfred Döblin, Destiny's Journey, 译者为 Edgar Passler (New York: Paragon House, 1992), 105.

3. Heinz Graben, "Introduction," 载于 Alfred Döblin 所著的 , Journey to Poland, 译者为 Joachim Neugroschel. New York: Paragon House, 1991), xv.

4. Döblin, 引自 Graben, 如上文中的 xv.

5. 同上书。

6. Döblin, Destiny's Journey, 如上文中的 105-106.

7. 同上书 , 110.

8. Benedictsen. 如上文中的 212-214.

9. David Brenner, Marketing Identities: the Invention of Jewish Ethnicity in 'Ost und West' (Detroit: Wayne State University Press, 1998), 34.

10. 同上书 , 83.

11. Döblin, Journey to Poland, 如上文中的 7.

12. 同上书 , 191.

13. 同上书 , 240.

14. 同上书 , 9.

15. 同上书 , 31.

16. 同上书 , 151.

17. 同上书 , 187.

18. 同上书 , 70-71.

19. 同上书 , 84.

20. 同上书 , 84-85.

21. Döblin, Destiny's Journey, 如上文中的 109.

22. 同上书 , 322.

23. Gilbert Keith Chesterton, 引自 Michael Ffinch, G.K. Chesterton (London: Weidenfeld and Nicholson, 1986), 312.

24. Gilbert Keith Chesterton, Autobiography (London: Hutchinson and Company, 1936), 317.

25. Döblin, Journey to Poland, 如上文中的 33.

26. Chesterton, Autobiography, 如上文中的 317-318.

27. Döblin, Journey to Poland, 如上文中的 86.

28. Haim Sloves, 引自 Henri Minczeles, "A journey into the heart of Yiddishland" in Yiddishland, 编者为 Gerrard Silvain 和 Henri Minczeles (Corte Madera, California: Gingko Press, 1999), 7.

29. Cecile E. Kuznitz, "On the Jewish Street: Yiddish culture and the urban landscape of interwar Vilna" 载于 Yiddish Language and Culture: Then and Now (Creighton: Creighton University Press, 1998), 66.

30. 同上书 , 67.

31. Döblin, Journey to Poland, 如上文中的 37.

32. Robert Medill McBride, Towns and People of Modern Poland (New York: McBride and Company, 1938), 137-138.

33. Döblin, Journey to Poland, 如上文中的 98.

34. 同上书 , 89-90.

35. Monty, 如上文中的 23.

36. Döblin, Journey to Poland, 如上文中的 94.

37. 同上书 , 97.

38. 同上书 , 95-96.

39. 同上书 , 97-98.

40. 同上书 , 103.

41. 同上书 , 109.

42. 同上书。

43. 同上书 , 102-103.

44. Cohen, 如上文中的 415.

45. Lucy Dawidowicz, From That Place and Time: A Memoir, 1939-1947 (New York:

W.W. Norton & Company, 1989), 48-49.

46. Döblin, Journey to Poland, 如上文中的 66.

47. 同上书 , 111.

48. 同上书 , 111-113.

49. Döblin, Destiny's Journey, 如上文中的 110-111.

第八章 欧洲的旋涡

1. Robert Medill McBride, 如上文中的 113-117.

2. 同上书 , 130-132.

3. Lucy Dawidowicz, 如上文中的 28-29.

4. Anne Louise Strong, Lithuania's New Way (London: Lawrence & Wishart, 1940), 31.

5. 同上书。

6. Herman Kruk, The Last Days of the Jerusalem of Lithuania: Chronicles from the Vilna Ghetto and the Camps 1939-1944, 编者为 Benjamin Harshav, 译者为 Barbara Harshav (New Haven: Yale University Press, 2002), 28-29.

7. Yitskhok Rudashevski 载于 Laurel Holliday 编著的 Children in the Holocaust and World War II: Their Secret Diaries (New York: Pocket Books, 1995), 140-147.

8. Kruk, 如上文中的 656-657.

9. Rudashevski, 如上文中的 181.

10. Chaim Grade, My Mother's Sabbath Days, 译者为 Channa Kleinerman Goldstein 和 Inna Hecker Grade (New York: Alfred A. Knopf, 1986), 335.

11. Tomas Venclova 载于 Czesław Miłosz 所著的 , Beginning with My Streets, 译者为 Madeline G. Levine (New York: Farrar Straus Giroux, 1991), 40.

12. Romas Daugirdas, "The Iron Dog, to Vilnius", Antanas Danielius 译于维尔纽斯 : Lithuanian Literature, Culture, History (1997 summer), 67.

13. Günter Grass, The Call of the Toad, 译者为 Ralph Manheim (New York: Harcourt Brace & Company, 1992), 17.

14. Judith Friedlander, Vilna on the Seine: Jewish Intellectuals in France since 1968 (New Haven: Yale University Press, 1990), 5-6.

15. G. Metelsky, Lithuania: Land of the Niemen (Moscow: Foreign Languages Publishing House, 1959), 33.

16. 同上书 , 75-76.

17. Judita Vaičiūnaitė, “Museum Street,” 译者为 Jonas Zdanys 载于 Contemporary East European Poetry: An Anthology, 编者为 Emery George (Oxford: Oxford University Press, 1993), 85.

18. Metelsky, 如上文中的 36.

19. Phillipe Bonosky, Beyond the Borders of Myth: from Vilnius to Hanoi (New York: Praxis Press, 1967), 79.

20. 同上书 , 84-89.

21. Joseph Brodsky, A Part of Speech (New York: Farrar, Straus, Giroux, 1980), 37-38.

22. Anatol Lieven, The Baltic Revolution: Estonia, Latvia, Lithuania and the Path to Independence (New Haven: Yale University Press, 1993), 12.

23. Venclova, Vilnius, 如上文中的 9.

24. Rose Zwi, Last Walk in Naryshkin Park (North Melbourne: Spinifex, 1997), 61.

25. 同上书 , 125.

26. 同上书 , 142-145.

27. Dan Jacobson, Heshel’s Kingdom (London: Penguin Books, 1998), 114.

28. 同上书 , 111-113.

29. 同上书 , 115.

30. Anne Applebaum, Between East and West: Across the Borderlands of Europe (New York: Pantheon Books, 1994), 63-65.

31. Stan Persky, Then We Take Berlin: Stories from the Other Side of Europe (Toronto: Alfred Knopf, 1995), 350.

32. 同上书 , 380.

33. 同上书 , 381-382.

34. 同上书 , 384.

35. Katherine Verdery, The Political Lives of Dead Bodies: Reburial and Postsocialist change (New York: Columbia University Press, 1999), 28-29. 见原始文献中的斜体字 .

36. Michael Wines, “Baltic soil yields evidence of a bitter end to Napoleon’s Army” 载于 New York Times (2002 年 9 月 14 日), A5.

37. 引自 M. Tarm, “The Napoleon graves” in City Paper: The Baltic States (2002 年 11 月), 11.

38. 欲查更多内容，见 Severinas Vaitiekus, Tuskulėnai: egzekucijų aukos ir budeliai (Vilnius: Lietuvos gyventojų genocido ir rezistencijos tyrimo centras, 2002), 106-134.

39. "Vilnių garsins ir Napoleono palaikai" 载于 Lietuvos rytas, Sostinė 一节 (2002 年 9 月 13 日), 1.

40. "Rasti palaikai – daugelio tautų paveldas" 载于 Lietuvos rytas (2002 年 3 月 30 日), 7.

41. 引自 Ian Traynor, "Frozen victims of 1812 get final burial" 载于 The Guardian (2003 年 6 月 2 日) www. guardian.co.uk, 登载日期为 2003 年 6 月 2 日.

42. Linas Linkevičius, 引自 "Vilnius 1812", 来自立陶宛国防部的记者招待会文存, 2003 年 5 月 22 日.

43. Johannes Bobrowski 引自 Michael Hamburger, "Introduction" 载于 Johannes Bobrowski 所著的, Shadow Lands: Selected Poems, 译者为 Ruth 和 Matthew Mead (New York: New Directions Books, 1984), 16.

44. 同上书, 23.

参考文献

Abramowicz, Hirsz. Profiles of a Lost World: Memoirs of East European Jewish Life before World War II, 编者为 Dina Abramowicz 和 Jeffrey Shandler. 译者为 Eva Zeitlin Dobkin. Detroit: Wayne University Press, 1999.

Albrecht, Dietmar. Wege nach Sarmatien – Zehn Kapitel Preußenland: Orte, Texte, Zeichen. München: Martin Meidenbauer, 2006.

Applebaum, Anne. Between East and West: Across the Borderlands of Europe. New York: Pantheon Books, 1994.

Austin, Paul Britten. 1812: the March on Moscow. London: Greenhill Books, 1993.

Austin, Paul Britten. 1812: the Great Retreat. London: Greenhill Books, 1996.

Benedictsen, Age Meyer. Lithuania, "The Awakening of a Nation" – a Study of the Past and Present of the Lithuanian people. Copenhagen: Egmont H. Petersens, 1924.

Bieliūnienė, Aldona 等编 , Lithuania on the Map. Vilnius: Lietuvos nacionalinis muziejus, 1999.

Bobrowski, Johannes. Shadow Lands: Selected Poems. 译者为 Ruth 和 Matthew Mead. New York: New Directions Books, 1984.

Bonosky, Phillipe. Beyond the Borders of Myth: from Vilnius to Hanoi. New York: Praxis Press, 1967.

Bourgogne, Memoir of Sergeant Bourgogne. London: Jonathan Cape, 1940 [1896].

Brenner, David. Marketing Identities: the Invention of Jewish Ethnicity in "Ost und West." Detroit: Wayne State University Press, 1998.

Brodsky, Joseph. A Part of Speech. New York: Farrar, Straus, Giroux, 1980.

Bryusov, Valery. Sem' tsvetov radugi: stikhi 1912-1915. Moskva: Izdatelstvo K.F. Nekrasova, 1916.

Bułhak, Jan. Vilniaus peizažas: fotografo kelionės. Vilnius: Vaga, 2006.

Campbell, Thomas. "Poland." In English Romantic Writers, 编者为 David Perkins.

New York: Harcourt, Brace, Janovich, 1967.

Čepėnas, Petras. Naujųjų laikų Lietuvos istorija, t. II. Vilnius: Mokslo ir enciklopedijų leidykla, 1992.

Chesterton, Gilbert Keith. Autobiography. London: Hutchinson and Company, 1936.

Chicherin, Aleksandr. Dnevnik Aleksandra Chicherina. 编者为 S.G. Engel, M.I. Perper, L.G. Beskrovnyi. Moskva: Nauka, 1966.

Christiansen, Eric. The Northern Crusades. London: Penguin Books, 1997.

Čiurinskas, Mintautas. 编者为 Ankstyvieji Šv. Kazimiero "gyvenimai." Vilnius: Aidai, 2004.

Clark, Katerina 和 Holquist, Michael. Mikhail Bakhtin. Cambridge: Harvard University Press, 1984.

Cohen, Israel. Vilna. Philadelphia: The Jewish Publication Society of America, 1992.

Coxe, William. Travels in Poland, Russia, Sweden and Denmark. London: J. Nicholas, 1784.

Daugirdas, Romas. "The Iron Dog, to Vilnius" 译者为 Antanas Danielius in Vilnius: Lithuanian Literature, Culture, History, 1997 (summer), 67.

Davidov, Denis. In the Service of the Tsar against Napoleon: the Memoirs of Denis Davidov, 1806-1814. 编者及译者为 Gregory Troubetzkoy. London: Greenhill Books, 1999.

Davies, Norman. God's Playground: A History of Poland, vol.1. New York: Columbia University Press, 1982.

Davies, Norman. Heart of Europe: the Past in Poland's Present. Oxford: Oxford University Press, 2001.

Dawidowicz, Lucy. From That Place and Time: A Memoir, 1939-1947. New York: W.W. Norton & Company, 1989.

Dembkowski, Harry E. The Union of Lublin: Polish Federalism in the Golden Age. Boulder: East European Monographs, 1982.

Döblin, Alfred, Destiny's Journey. 译者为 Edgar Passler (New York: Paragon House, 1992.

Döblin, Alfred, Journey to Poland. 译者为 Joachim Neugroschel. New York: Paragon House, 1991.

Dobryanski, C.F. K istorii otechestvenoi voiny. Sostoyania Vilny v 1812 g. – Zapiski

Sev.-zapadnovo otdeleniia imperatorskovo russkovo geografichestkovo o-va, book 3. Vilna: 1912.

Dobryanski, F. Staraja i Novaja Vilna. Vilna: Typografia A.G. Syrkina, 1904.

Dobujinsky, Mstislav. Vospominaniya, vol. 1. New York: Put' Zhizni, 1976.

Dostoevskaya, Anna. Dnevnik 1867 goda. 编者为 S. Zhitomirskaya. Moskva: Nauka, 1993.

Dostoevsky, Feodor. The Brothers Karamazov. 译者为 David Magarshack. London: Penguin Books, 1982.

Eksteins, Modris. Rites of Spring: The Great War and the Birth of the Modern Age. New York: Anchor Books, 1990.

Fezensac, M. The Russian Campaign, 1812. 译者为 Lee Kennett. Athens: University of Georgia Press, 1970.

Ffinch, Michael. G.K. Chesterton. London: Weidenfeld and Nicholson, 1986.

Forster, Georg. Georg Forster Werke: Sämliche Schriften, Tagebücher, Briefe, vol.12. 编者为 Brigitte Leuschner. Berlin: Akademie Verlag, 1978.

Forster, Georg. Georg Forsters Werke, vol. 15. 编者为 Horst Fiedler (Berlin: Akademie Verlag, 1981).

Forster, Georg. Georg Forsters Werke: Sämliche Schriften, Tagebücher, Briefe (Breife 1784 – Juni 1787), vol. 14. 编者为 Brigitte Leuschner (Berlin: Akademie Verlag, 1978).

Forster, George. A Voyage Round the World, vol. 1. Honolulu: University of Hawai'i Press, 2000.

Frank, Joseph. Dostoevsky: the Seeds of Revolt, 1821-1849. Princeton: Princeton University Press, 1976.

Frank, Joseph. Dostoevsky: the Miraculous Years, 1865-1871. Princeton: Princeton University Press, 1995.

Frankas, Josefas (Josef Frank). Atsiminimai apie Vilnių. 译者为 Genovaitė Dručkutė. Vilnius: Mintis, 2001.

Friedlander, Judith. Vilna on the Seine: Jewish Intellectuals in France since 1968. New Haven: Yale University Press, 1990.

Goldstein, David. Dostoevsky and the Jews. Austin: University of Texas Press, 1981.

Graben, Heinz. "Introduction." 载于 Journey to Poland, Alfred Döblin 著，译者为 Joachim Neugroschel. New York: Paragon House, 1991, i-xxviii.

Grade, Chaim. My Mother's Sabbath Days. 译者为 Channa Kleinerman Goldstein 和 Inna Hecker Grade. New York: Alfred A. Knopf, 1986.

Graham, Stephen. Russia and the World. New York: The Macmillan Company, 1915.

Grandhomme, Jean-Noel. "Vilnius 1915-1918 m. seno kareivio iš Elzaso prisiminimai." In Metai, 2000 年 (7 月), 130-136.

Grass, Günter. The Call of the Toad. 译者为 Ralph Manheim. New York: Harcourt Brace & Company, 1992.

Hale, John. The Civilization of Europe in the Renaissance. New York: Atheneum, 1994.

Handbook for Travellers in Russia, Poland and Finland. London: John Murray, 1867.

Harshav, Benjamin. "Preface." In Herman Kruk, The Last Days of the Jerusalem of Lithuania: Chronicles from the Vilna Ghetto and the Camps, 1939-1944, 编者为 Benjamin Harshav, 译者为 Barbara Harshav. New Haven: Yale University Press, 2002, xv-lii.

Herberstein, Sigismund. Notes upon Russia: being a translation of the earliest account of that country, entitled Rerum Moscoviticarum commentarii. 译者及编者为 R.H. Major. New York: Burt Franklin, 1963.

Jacobson, Dan. Heshel's Kingdom. London: Penguin Books, 1998.

Jankevičienė, Algė 编著 ,Vilniaus architektūra. Vilnius: Mokslas, 1985.

Joannes, Boemus. The manners, lawes and customs of all nations with many other things ... London: 1611.

Jurginis, J., Merkys, V. and Tautavičius, A. Vilniaus miesto istorija: nuo seniausių laikų iki Spalio revoliucijos. Vilnius: Mintis, 1968.

Jurginis, Juozas 和 Šidlauskas, Algirdas 编著 , Kraštas ir žmonės. Vilnius: Mokslas, 1983.

Jurkštas, Jonas. Vilniaus vietovardžiai. Vilnius: Mokslas, 1985.

Kaufmann, Thomas Da Costa. Court, Cloister and City: The Art and Culture of Central Europe, 1450-1800. Chicago: University of Chicago Press, 1995.

Klimas, Petras. Iš mano atsiminimų. Vilnius: Lietuvos enciklopedijų redakcija, 1990.

Kruk, Herman. The Last Days of the Jerusalem of Lithuania: Chronicles from the Vilna Ghetto and the Camps 1939-1944. 编者为 Benjamin Harshav, 译者为 Barbara Harshav. New Haven: Yale University Press, 2002.

Kudrinskii, O. A. Vilna v 1812 godu. Vilna: 1912.

Kuznitz, Cecile E. "On the Jewish Street: Yiddish culture and the urban landscape of interwar Vilna" 载于 Yiddish Language and Culture: Then and Now. Creighton: Creighton University Press, 1998, 66-92.

Labaume, Eugene. The Campaign in Russia. London: Samuel, Leigh, in the Strand, 1815.

Lachmann, Renate. Memory and Literature: Intertextuality in Russian Modernism. 译者为 Roy Sellars 和 Anthony Wall. Minneapolis: University of Minnesota Press, 1997.

Lavrinec, Pavel. 编著，Russkaja literature v Litve XIV-XX v. Vilnius: Lietuvos Rašytojų Sąjungos Leidykla, 1998.

Lieven, Anatol. The Baltic Revolution: Estonia, Latvia, Lithuania and the Path to Independence. New Haven: Yale University Press, 1993.

Liulevicius, Vejas. War Land on the Eastern Front: Culture, National Identity and German Occupation. Cambridge: Cambridge University Press, 2001.

Ludendorff, Erich. My War Memories, vol. 1-2. London: Hutchinson & Co., 1919.

Mann, Thomas. Buddenbrooks: the Decline of a Family. 译者为 John E. Woods. New York: Knopf, 1993.

Martinaitienė, Gražina Marija. "At the crossings of western and eastern cultures: the contush sashes." 载于 Lietuvos Didžiosios Kunigaikštystės barokas: formos, įtakos, kryptys, Acta Academiae Artium Vilnensis 21, 2001, 167-175.

Masionienė, Birutė. "F. Dostojevskio kilmės klausimu." 载于 Literatūrinių ryšių pėdsakais. Vilnius: Vaga, 1982, 7-35.

Masionienė, Birutė. Levas Tolstojus ir Lietuva. Vilnius: Vaga, 1978.

Matušakaitė, Marija. Apranga XVI-XVIII a. Lietuvoje. Vilnius: Aidai, 2003.

McBride, Robert Medill. Towns and People of Modern Poland. New York: McBride and Company, 1938.

Metelsky, G. Lithuania: Land of the Niemen. Moscow: Foreign Languages Publishing House, 1959.

Miłosz, Czesław. Beginning with My Streets: Essays and Recollections. 译者为 Madeline G. Levine. New York: Farrar, Strauss and Giroux, 1991.

Minczeles, Henri. "A journey into the heart of Yiddishland." In Yiddishland, 编者为 Gerrard Silvain 和 Henri Minczeles. Corte Madera, California: Gingko Press,

1999, 7-32.

Monty, Paul. Wanderstunden in Wilna. Wilna: Verlag der Wilnaer Zeitung, 1918.

Ostrovsky, Aleksandr. Polnoje sobranije t. 10. Eds. G. I. Vladykina, et al. Moskva: Isskustvo, 1978.

Pares, Bernard. Day by Day with Russian Army, 1914-1915. London: Constable & Company, 1915.

Pašuta V. 和 I. Štal, 编著 , Gedimino laiškai. Vilnius: Mintis, 1966.

Persky, Stan. Then We Take Berlin: Stories from the Other Side of Europe. Toronto: Alfred Knopf, 1995.

"Polskij Vopros." 载于 Severnaya Pchela (1863 年 5 月 5 日), 3.

Ragauskas, Aivas. Vilniaus miesto valdantysis elitas: XVII a. antrojoje pusėje. Vilnius: Diemedžio leidykla, 2002.

"Rasti palaikai – daugelio tautų paveldas" 载于 Lietuvos rytas. 2002 年 3 月 30 日，第 7 版 .

Riley-Smith, Jonathan. The Crusades: A History. New Haven: Yale University Press, 2005.

Römeris, Mykolas. Dienoraštis. 译者为 Vaiva Grigaitienė. Vilnius: Versus Aureus, 2007.

Roth, Joseph. The Wandering Jews. 译者为 Michael Hofmann. New York: W. W. Norton, 2001.

Roy, James Charles. The Vanished Kingdom: Travels through the History of Prussia. Boulder: Westview Press, 1999.

Rudashevski, Yitskhok. In Children in the Holocaust and World War II: Their Secret Diaries, Laurel Holliday 编著 , New York: Pocket Books, 1995.

Saine, Thomas F. Georg Forster. New York: Twayne Publishers, 1972.

Saisselin, Remy G. The Enlightenment against Baroque: Economics and Aesthetics of the Eighteenth Century. Berkeley: University of California Press, 1992.

Sas. A. "Poezdka v Vilno." 载于 Severnaya Pchela (1863 年 5 月 5 日), 1.

Schauss, Hayyim. The Jewish Festivals: History and Observance. New York: Schocken Books, 1975.

Schedel, Hartmann. Sarmatia, the Sarmatian chapter from Liber chronicarum printed in Nuremberg by Anton Koberger in 1493. 译者及编者为 B. Deresiewicz. London:

Oficyna Stanisław Gliwa, 1973.

Segur, Phillipe-Paul. Napoleon's Russian Campaign. 译者为 J. David Townsend. London: Michael Joseph, 1959.

Stendhal, To the Happy Few: Selected Letters of Stendhal. New York: Grove Press, 1952.

Stone, Daniel. The Polish-Lithuanian State, 1386-1795. Seattle: University of Washington Press, 2001.

Strong, Anne Louise. Lithuania's New Way. London: Lawrence & Wishart, 1940. The Story of Wilno. The Polish Research Centre. London: The Cornwall Press, 1942.

Sukiennicki, Wiktor. East Central Europe during World War I: from Foreign Domination to National Independence, vol. 2. New York: Columbia University Press, 1984.

Tarm, M. "The Napoleon graves." 载于 City Paper: The Baltic States (2002 年 11 月), 9-13.

Tereškinas, Artūras. Imperfect Communities: Idenity, Discourse and Nation in the Seventeenth-Century Grand Duchy of Lithuania. Vilnius: Lietuvių literatūros ir tautosakos institutas, 2005.

Tolstoy, Leo. War and Peace. 译者为 Constance Garnett. New York: The Modern Library, 2002.

Toporov, Vladimir. Baltų mitologijos ir ritualo tyrimai. Vilnius: Aidai, 2000.

Traynor, Ian. "Frozen victims of 1812 get final burial." 载于 The Guardian (2003 年 6 月 2 日) www.guardian.co.uk, 登载日期为 2003 年 6 月 2 日 .

Ulčinaitė, Eugenija, 编著 , Gratulation Vilnae. Vilnius: Lietuvių literatūros ir tautosakos institutas, 2001.

Uxkull, Boris. Arms and the Woman: the Intimate Journal of a Baltic Nobleman in the Napoleonic Wars. 译者为 Joel Carmichael. New York: The Macmillan Company, 1966.

Vaičiunaitė, Judita. "Museum Street," 译者为 Jonas Zdanys. In Contemporary East European Poetry: An Anthology. 编者为 Emery George. Oxford: Oxford University Press, 1993.

Vaitiekus, Severinas. Tuskulėnai: egzekucijų aukos ir budeliai. Vilnius: Lietuvos gyventojų genocido ir rezistencijos tyrimo centras, 2002.

Vanagas, Aleksandras. “Miesto vardas Vilnius.” 载于 Gimtasis žodis, nr. 11(59) 1993 年 11 月 , 4-7.

Venclova, Tomas. “Dialogue about Wilno with Thomas Venclova.” In Beginning with My Streets, Czesław Miłosz, 译者为 Madeline G. Levine. New York: Farrar Straus Giroux, 1991, 36-57.

Venclova, Tomas. Vilnius: City Guide. Vilnius: R. Paknio leidykla, 2001.

Verdery, Katherine. The Political Lives of Dead Bodies: Reburial and Postsocialist change. New York: Columbia University Press, 1999.

Villari, Rosario. “Introduction.” In Baroque Personae, 编者为 Rosario Villari. Chicago: University of Chicago Press, 1995.

“Vilnių garsins ir Napoleono palaikai” 载于 Lietuvos rytas, Sostinė 一节 (2002 年 9 月 13 日), 1.

Vinogradov, A. A. Putevoditel po gorodu Vilna i evo okrestnosiam. Vilna: Tipografia Shtaba Vilenskavo Voenava Okruga, 1908.

Vossler, H. A. With Napoleon in Russia in 1812: the Diary of Lt. H. A. Vossler, a Soldier of the Grand Army 1812-1813. 译者为 Walter Wallich. London: Constable, 1998.

Washburn, Stanley. On the Russian Front in the World War I: Memoirs of an American War Correspondent. New York: Robert Speller and Sons, 1982.

Weber, Paul. Wilna: eine vergessene Kunststätte. Wilna: Verlag der Zeitung der 10. armee, 1917.

Wilson, Robert. General Wilson’s Journal, 1812-1814. 编者为 Anthony Brett-James. London: William Kimber, 1964.

Wines, Michael. “Baltic soil yields evidence of a bitter end to Napoleon’s Army.” 载于 New York Times (2002 年 9 月 14 日), A5.

Wolff, Larry. Inventing Eastern Europe: The Map of Civilization on the Mind of the Enlightenment. Stanford: Stanford University Press, 1994.

Zamoyski, Adam. Moscow 1812: Napoleon’s Fatal March. New York: Harper Collins, 2004.

Zwi, Rose. Last Walk in Naryshkin Park. North Melbourne: Spinifex, 1997.

图书在版编目（CIP）数据

维尔纽斯传：琥珀之城 / （立陶宛）莱蒙纳斯 · 布里迪斯著；胡爱博译 .
-- 北京：新星出版社，2020.4
（丝路百城传）
ISBN 978-7-5133-3777-9
Ⅰ . ①维… Ⅱ . ①莱… ②胡… Ⅲ . ①维尔纽斯－概况 Ⅳ . ① K951.18
中国版本图书馆 CIP 数据核字（2019）第 245156 号

出版指导：陆彩荣
出版策划：彭明哲　简以宁

维尔纽斯传：琥珀之城

[立陶宛] 莱蒙纳斯 · 布里迪斯 著；胡爱博 译

责任编辑：简以宁
出版统筹：丁　宁
责任校对：刘　义
责任印制：李珊珊
装帧设计：冷暖儿

出版发行：新星出版社
出 版 人：马汝军
社　　址：北京市西城区车公庄大街丙3号楼　　100044
网　　址：www.newstarpress.com
电　　话：010-88310888
传　　真：010-65270449
法律顾问：北京市岳成律师事务所

读者服务：010-88310811　　service@newstarpress.com
邮购地址：北京市西城区车公庄大街丙3号楼　　100044

印　　刷：北京中石油彩色印刷有限责任公司
开　　本：660mm × 970mm　　1/16
印　　张：23.5
字　　数：320千字
版　　次：2020年4月第一版　　2020年4月第一次印刷
书　　号：ISBN 978-7-5133-3777-9
定　　价：79.00元